朝日ジュニア学習年鑑 別冊

日本の世界遺産

イラスト図解と写真でよくわかる！

朝日新聞出版

朝日ジュニア学習年鑑 別冊

日本の世界遺産

イラスト図解と写真でよくわかる！

目次

姫路城（P20）

白川郷の合掌造り（P28）

小笠原諸島（P76）

琉球王国の
首里城正殿（P66）

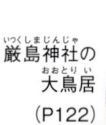

厳島神社の
大鳥居
（P122）

富士山(P114)

屋久島の縄文杉(P84)

日光東照宮(P36)

原爆ドーム(P148)

鎌倉大仏
(P196)

この本の使い方

もっと知りたい

イラスト図解

総合学習

各遺産を テーマ別に紹介

第1章は「名建築」、第2章は「古都」、第3章は「大自然」、第4章は「信仰」、第5章は「近代」の世界遺産と、テーマ別に紹介。第6章は登録待ちの世界遺産候補を紹介しています。

各遺産の名称

公益社団法人日本ユネスコ協会連盟の遺産名表記にしたがいました。第6章の世界遺産候補の名前は、日本政府の推薦名で表記しています。

各遺産のデータ

登録年

世界遺産に登録された年。第6章の世界遺産候補は暫定リスト（P9）に記載された年。

所在地

世界遺産、または世界遺産候補がある都道府県と市町村名。

登録物件

世界遺産として登録されている物件。第6章は世界遺産候補として推薦された物件。
※数が多いものは主な物件をのせています。

登録区分

人類の歴史を物語る「文化遺産」か、美しい自然景観や貴重な動植物の生息地である「自然遺産」かを記しています（第6章は、どちらの区分で推薦されているかを記載）。世界遺産には10の登録基準があり、各遺産がどの基準を満たしているかを記したのが、カッコ内の「登録基準」です。
※登録区分と登録基準については、P10で詳しく解説しています。

アクセス

主要な駅や空港から各遺産の物件までの行き方を紹介しています。

第 ① 章「名建築」の世界遺産

日光の社寺

家康をまつる豪華な神社

栃木県中部にある日光は古くから山岳信仰の場でしたが、江戸時代、徳川家康が東照宮にまつられたことによって、よりいっそう人びとの注目を集める場所となりました。世界遺産には二荒山神社、日光東照宮、輪王寺の2社1寺に属する103棟の建物と周辺の景観遺跡が登録されています。

唐獅子
ライオンをモデルとした霊獣。力の象徴。

麒麟
龍の鱗をもつ霊獣。平和な世界に姿を現すといわれている。

龍
2本の角をもつ霊獣で王権の象徴。龍（辰）は、陽明門をたてた家光の干支でもある。

息
龍に似ているが、ワニをモデルにしたとされる霊獣。

唐子遊び
鬼ごっこや竹馬などをする子どもたちの彫刻。こうした安心して遊べる平和な社会を築いてくられたといわれている。

龍馬
龍の顔と馬の体をもつ霊獣。

日光東照宮のシンボル、陽明門。門の高さは約11m、幅は約7m、奥行きは約4.4mある。たくさんの動物や人物、不思議な力をもつさまざまな霊獣などの彫刻で埋めつくされている。

登録年	1999年
所在地	栃木県日光市
登録物件	二荒山神社、日光東照宮、日光山輪王寺、輪王寺大猷院、神橋など
登録区分	文化遺産（登録基準①④⑥）
アクセス	【日光東照宮】東武日光駅からバスで約8分、「表参道」下車、徒歩約5分。

36

〔地図〕 新潟県　福島県　群馬県　前橋　栃木県　宇都宮　日光山内　水戸　埼玉県　さいたま　茨城県　山梨県　東京都・東京　横浜　千葉　神奈川県　千葉県

ココがすごい！ 登録ポイント
◎東照宮だけでも5173体のみごとな彫刻がある。
◎東照宮本殿や大猷院などに用いられている建築様式（権現造り）が江戸時代の神社建築のよい見本になった。

場所がわかる 広域マップ

各遺産の場所を示す広域地図。所在地や登録物件、推薦物件の場所は赤字で記しています。

ひとつの世界遺産について、6〜10ページで紹介しています。最初の見開きで基本情報を解説し、「もっと知りたい」ページ、「イラスト図解」ページ、「総合学習」ページと続きます。国内の世界遺産候補（第6章／もうすぐ! 世界遺産）は、それぞれ2〜4ページで紹介しています。

日光の社寺（栃木県）

各遺産の名称と所在地の都道府県名をのせています。

奈良時代から聖地だった日光

日光が山岳信仰の場として栄えるようになったのは、奈良時代のこと。8世紀後半、修行僧の勝道上人が男体山（二荒山）を拝むための小さなほこらを築いたことにはじまります。そのころ、のちに輪王寺となる四本龍寺がたてられ、782年には男体山をご神体として二荒山神社もつくられました。そして江戸時代初期、徳川家康をまつるために3代将軍・家光によって東照宮が豪華な建物に大改修されると、庶民の信仰をさらに集めるようになったのです。

なぜ東照宮に家康がまつられているの?

1616年に家康は死去しますが、生前、「自分が死んだら江戸の真北にある日光に小さなお堂をたてて、そこにまってほしい」と遺言していました。死の翌年、家康は天皇から「東照大権現」の神号（神としての称号）を受け、東照宮の社殿も完成。こうして家康は自ら日光の地を選び、神様としてまつられることになりました。

東照宮の境内から続く207段の石段を上ると、家康の墓がある奥社が見えてくる。奥社には高さ5mの宝塔（写真）がたち、その下に家康が眠っている。

東照宮には彫刻がいっぱい!

東照宮の建物にはたくさんの彫刻が彫られていて、東照宮全体で5173体、陽明門だけでも508体もあります。「見ざる・言わざる・聞かざる」で有名な三猿のほか、象や獏もいます。象の下絵を描いたのは天才画家・狩野探幽。象は当時とても珍しく、実物を見たことがなかった探幽は想像で描いたそうです。こうした数々の彫刻をはじめ、有能な技術者によってつくられた日光の美術と建築は、世界遺産に登録された理由のひとつでもあります。

陽明門をくぐると正面にある唐門には、たくさんの人物や霊獣の彫刻がある。

東照宮の上神庫の上部に彫られている象の彫刻。

陽明門の左右につらなる回廊に彫られたクジャクの彫刻。

そうだったのか!

家光が短期間で東照宮の大改修をした理由とは?

徳川家康の孫にあたり、江戸幕府の基礎を築いた3代将軍・家光。家康を尊敬していた家光は、一流の技術者を多数集め、わずか1年5カ月で東照宮を豪華な建物に仕上げました。短期間で大改修した理由には、徳川家の力を天下に示す意味もあったといわれています。

「そうだったのか!」コラム

世界遺産にまつわる謎や意外な話を紹介します。楽しみながら世界遺産について学べるコラムです。

「ゆかりの人物」コラム

世界遺産と関係の深い人物を紹介するコラムです。ゆかりの人物を知ることで、世界遺産への理解が深まります。

ゆかりの人物
徳川慶喜
（1837〜1913年）

江戸幕府の最後の将軍（15代）。水戸藩主・徳川斉昭の七男。1867年に大政奉還を行ったのち、新政府軍と戦った鳥羽・伏見の戦いに敗れ、水戸や駿府（現在の静岡市）で謹慎生活を送った。明治時代に入ると表舞台に立つことはなくなり、弓道や油絵、写真、サイクリングなど、趣味の世界に没頭した。

「なぜすごいのか」がひと目でわかる

世界遺産登録の際に評価されたポイントや各物件の主な見どころ、第6章では世界遺産候補として推薦されたポイントについて紹介。

ご当地キャラクターも登場!

世界遺産のキャラクターや、遺産がある場所のご当地キャラクターも登場します。どの世界遺産に登場するか、お楽しみに!

姫路市キャラクター
しろまるひめ

「もっと知りたい」ページ

屋久島はどんなところ？

最大の屋久杉「縄文杉」

何百種ものコケに
おおわれた白谷雲水峡

北太平洋のアカウミガメの産卵地

ヤクシマジカ

ヤクシマザル

この島だけ
にすむ！

世界最大級の
照葉樹林がある西部林道

黒潮がもたらした豊かな気候

人間とスギの歴史が見られる
ヤクスギランド

豊富な写真やマップで
見どころがわかる!

世界遺産の見どころについて、たくさんの写真やマップとともにさらに詳しく紹介するページ。世界遺産の魅力がより深くわかります。

島全体が炭鉱の町「軍艦島」

日本の産業革命を支えた小さな島

なぜ「軍艦島」と呼ばれるの？

「日本最高層」の
鉄筋コンクリート製アパート

700人以上の生徒がいた学校

世界一の人口密度だった!

蛇には神社仏閣も!

最高品質の石炭がとれた

掘られた炭坑で働く人びとの暮らし

「日本最古」の
鉄筋コンクリート製アパート

「イラスト図解」ページ

姫路城は何階建て？

城には地下もある!

なぜ西の心柱は2本継ぎ？

【大天守】

六重
五重
四重
三重
二重
初重
二階
一階
地下
心柱

ブナの森に生きる樹木と動物たち

ブナの森で暮らす動物たち

遺産の謎や不思議について
詳細イラストで解説!

世界遺産の全体像はどうなっているのか、建物の内部はどうなっているのか、昔はどんな姿をしていたのかなど、遺産の謎や不思議についてイラストで解説します。

第❸章 「大自然」の世界遺産

総合学習

「外来種」って何のこと?

小笠原諸島では、もともといた動植物の生態系をおびやかす「外来種」の存在が問題となっています。この外来種とは、どのような生物なのでしょうか。

身近なところにもいる外来種

もともとその地いになかったのに、人間の活動によってほかの地域から入ってきた生物を外来種といいます。海外から日本に入ってきた生物の数は、わかっているだけでも約2000種にのぼるといわれています。「四つ葉のクローバー」などで知られるシロツメクサも、かつては日本になかった外来種です。

外来種の中には、もともと生息していた動植物と共生しているものもありますが、生態系に悪い影響を与えるものも少なくありません。沖縄本島や奄美大島に持ち込まれたマングース、小笠原諸島に入ってきたグリーンアノールやニューギニアヤリガタリクウズムシ、水田や用水路、池に生息するアメリカザリガニなど、地域の自然環境に大きな影響を与えるおそれのある外来種は、とくに「侵略的外来種」に分類されています。

小笠原諸島の主な外来種

グリーンアノール
北米原産の小型のトカゲ。人の住んでいる父島、母島に数百万匹が生息しているといわれ、オガサワラトントンボやオガサワラシジミといった貴重な昆虫を食べ荒らしている。

ノネコ
野生化したネコ。希少な野生動物であるカツオドリやカラスバトや海鳥などの繁殖をおびやかし、生態系に大きな影響を与えている。
(写真:小笠原村観光局)

ニューギニアヤリガタリクウズムシ
ヒルに似た肉食性の生物。5cm程度と小さく、人の靴について移動するため、全域にわたって陸産貝類が大打撃を受けた。

ノヤギ
家畜として持ち込まれ、野生化したヤギ。固有植物を食べ、地表を覆いなく植物の生態系にダメージを与えました。

山口先生の 調べてみよう!

身近な外来種を探してみよう!
シロツメクサやアメリカザリガニ、ブラックバスも外国からやってきた外来種。ほかには、どんな外来種があるかな?身近な動植物を調べて、外来種を見つけてみよう。

日本列島の成り立ちを調べてみよう!
小笠原諸島は大陸や日本本土と陸続きになったことがない「海洋島」で、沖縄諸島を含む日本列島は、かつてユーラシア大陸と陸続きだった「大陸島」。海洋島や大陸島を知ることは、なぜそこにその動植物が生息しているかを理解することにもつながる。日本地図を見ながら、日本列島の成り立ちを調べてみよう。

小笠原諸島(東京都)

絶滅の危機にある「絶滅危惧種」

海洋の生物は、競争相手や天敵の少ない環境の中で進化してきました。そのため、ひとたび外来種が入ると、大きな影響を受けてしまいます。環境省は、日本の野生生物の中で現在絶滅の危機にある「絶滅危惧種」を生物グループごとにリストアップした一覧表「レッドリスト」を公表しており、小笠原諸島に生息する絶滅危惧種は植物107種、は虫類1種、鳥類29種、昆虫類59種、陸産貝類43種が記載されています。

「絶滅危惧種」の「アホウドリ」の繁殖の取り組みが順調に行われており、2015年3月にはじめての繁殖成功が父島で確認された。

貴重な固有種を守るための対策

固有種がつくり出す豊かな生態系を外来種から守るには、自然に任せるのではなく、積極的に外来種を排除する必要があります。そのため小笠原諸島では、グリーンアノールやノヤギ、東南アジア原産の高木であるアカギなど、固有種に大きな被害を与える外来種を駆除する取り組みが続けられています。また、小笠原諸島を訪れる観光客の増加も、自然に悪影響を及ぼしかねません。そこで、貴重な固有種を守る地域として特別保護区に指定されている南島や母島の「石門」などには、東京都の指定する自然ガイドの同行が義務づけられ、一日の訪問者の数を制限するなど、自然保護と観光の両立を目指したルールづくりが進められています。

絶滅危惧種のムニンツツジは小笠原諸島の固有種。かつては数種が生息し、現在環境をととのえているのは父島の温室にある1株のみ。
(写真:東京都)

グリーンアノールが生息する地域の木に設置した粘着式のワナ。これを定期的に回収して駆除する方法がとられている。

父島と母島を結ぶ「はは丸」の船内で靴の裏を洗う様子。外来種のニューギニアヤリガタリクウズムシなどの拡散を防ぐための取り組み。
(写真:小笠原村観光局)

「海洋島」の世界遺産
関連する世界遺産

世界には小笠原諸島と同様に、大陸と陸続きになったことのない海洋島が数多く存在します。ここでは、島の形成や独特な生態系が評価され世界遺産に登録されたものを紹介。

ガラパゴス諸島 (エクアドル)
南米大陸の約1000km西に位置し、13の大きな島、多数の小島・岩からなる。ガラパゴスゾウガメ、ガラパゴスリクイグアナなど固有種も多く、島ごとに生物の微妙に異なることから、博物学者ダーウィンが「進化論」のヒントを得た場所として知られている。

海にすむ種としてりクイグアナから進化したウミイグアナ。

ハワイ火山国立公園 (アメリカ)
太平洋のほぼ中央にあるハワイ諸島で最大の島、ハワイ島の東部にある国立公園。キラウエア火山は1983年の噴火以降、現在まで活発な活動を続けています。溶岩の粘性が低く、流出速度が速いため、溶岩を間近に見られる世界でも珍しいスポット。

キラウエア火山の溶岩。

アルダブラ環礁 (セーシェル)
アフリカ大陸から640km離れたインド洋に浮かぶ4つの島。周囲のサンゴ礁から盛り上がって形成された。手つかずのサンゴ礁が残り、世界最大級のリクガメであるアルダブラゾウガメをはじめ、インド洋で唯一のゾウガメの生息地となっている。

アルダブラゾウガメは大きいものでは体重250kgにもなる。

自主学習に役立つ
総合学習ページも充実!

世界遺産に関連する身近なテーマについて紹介、解説するページです。学校の総合学習や自主学習に役立つ内容です。

監修者・山口正先生の
「調べてみよう!」

知識を身につけるには、本を読むだけでなく、実際に見たり調べたりすることが大切です。監修者・山口正先生がおすすめする自主学習のテーマを紹介します。

海外の世界遺産も紹介!

日本の各世界遺産と似ている、または関連のある「海外の世界遺産」を取り上げています。たとえば富士山のページでは富士山に似た世界の山、姫路城のページでは世界の城を紹介しています。日本だけでなく、海外の世界遺産も知ることができます。

そもそも 世界遺産って何?

地球上の宝物を人類共通の財産として守り、未来に受け継ごうという世界遺産。
この制度はどのようにして生まれ、現在ではどのような課題に直面しているのでしょうか。

地球上の宝物を守るのに国境はいらない!

世界遺産誕生のきっかけとなったのが、1960年代に行われたエジプトとスーダンのヌビア遺跡救済キャンペーンです。遺跡がダムの底に沈むことになったため、ユネスコ(国際連合教育科学文化機関)が救済を呼びかけ、日本を含む60カ国が技術や資金を提供しました。このキャンペーンを通して、「貴重な遺跡を守るのに国境や民族は関係ない」という考えが世界中に広まり、72年のユネスコ総会で世界遺産条約が採択されたのです。

ヌビア遺跡のアブシンベル神殿。国際協力のもと高台へ移築され、水没の危機を逃れた。

自然と文化をともに守る

世界遺産の大きな特徴が、ひとつの条約の下で自然と文化を守っていることです。それまで、自然と文化は正反対のものだという考えが広まっていましたが、世界遺産条約では、自然と文化は互いに関係性が深いものであるととらえ、複合遺産(P10)や文化的景観(P10、146)など、新しい考えを生み出しました。

世界遺産の第一号は、1978年に登録されたエクアドルのガラパゴス諸島(上)、アメリカの遺跡メサ・ヴェルデ国立公園(左)など12件。

世界遺産の登録数は1000以上

2016年8月現在の世界遺産の数は、165カ国・地域の1052件。ヨーロッパを中心に数が増える一方、アフリカやオセアニアなど数の少ないところもあり、バランスの取り方が問題となっています。また、全体の4分の3以上を文化遺産(P10)がしめており、自然遺産がなかなか増えないといった課題もあります。

世界遺産数ランキング

1位	イタリア	51件
2位	中国	50件
3位	スペイン	45件
4位	フランス	42件
5位	ドイツ	41件
⋮	⋮	
12位	日本	20件

世界遺産候補を記載した暫定リスト

世界遺産条約を締結している国は、今後登録のために推薦する予定の場所を、「暫定リスト」として世界遺産委員会に提出します。登録準備の第一段階に作成される、とても重要なリストです。世界遺産への登録をめざすには、所有者や地元自治体、地域住民などの協力が不可欠。これら関係者の了解を得たうえで、リストに記載することが理想とされています（日本の暫定リストはP187以降で紹介）。

旧野首教会。日本の暫定リストに記載されている「長崎の教会群とキリスト教関連遺産」（P192）に含まれる。

世界遺産の登録範囲

世界遺産として登録される場所を「資産」と呼びます。多くの場合、資産のまわりには「緩衝地帯（バッファゾーン）」が設けられます。緩衝地帯は利用や開発が制限される地域のこと。世界遺産の登録範囲ではありませんが、資産を守るうえで大切な役目を果たしているのです。

姫路城（P20）は姫路駅から城までの町並みなどが緩衝地帯に指定され、景観が守られている。

世界遺産の大切な役割、「危機遺産」の保護

戦争や自然災害などで危機に直面している世界遺産は「危機遺産リスト」に登録され、国際援助を受けることができます。2016年8月現在、危機遺産リストに記載されているのは55件です。

先進国では都市開発による景観破壊も問題となっています。そのひとつがドイツのドレスデン・エルベ渓谷。新しい橋の建設が計画されたため危機遺産リストに記載され、景観を守ろうという運動も起こりました。しかし計画通り橋が建設されたため、09年に世界遺産の資格を取り消されてしまいました。

シリアの危機遺産、パルミラの遺跡。過激派組織「イスラム国」（IS）の攻撃で一部が破壊された（上）。世界遺産から抹消されたドレスデンの町並み（下）。

日本の遺産にも危機がせまる！

これまで日本から危機遺産リストに登録された場所はありません。しかし観光客が増えることで、自然破壊や住民とのトラブルが増えたり、都市開発によって景観が悪化したりと、多くの問題が起きています。世界遺産を守るためにはどうしたらいいのか、みんなで知恵を出し合うことが大切なのです。

石見銀山遺跡（P164）では観光車両の乗り入れを禁止し、昔ながらの風景を守っている（上）。屋久島（P84）の縄文杉（右）。以前は根元まで歩いて行けたが、見物客が増えたため展望デッキが整備された。

3種類の遺産

世界遺産には10の登録基準があり、①〜⑥に当てはまるものが文化遺産、⑦〜⑩に当てはまるものが自然遺産になります。複合遺産は、文化遺産と自然遺産の両方の基準を満たすものです。

文化遺産

建造物や町並み、遺跡など人類の歴史を物語るもの

登録基準

① 人類の才能を表す傑作。
② 建築、科学技術、記念碑、都市計画、景観設計に大きな影響を与えたもの。
③ ある文化・文明にとって唯一、または数少ない証拠。
④ 重要な段階を示す建築、科学技術、景観を代表するすぐれた見本。
⑤ ある文化を特徴づける集落や土地利用のすぐれた見本。
⑥ 重要な歴史上のできごとや行事、伝統、思想、信仰、芸術作品、文学作品と深く関係したもの（⑥のみでの登録は、一部の例外をのぞき認められない）。

白川郷の合掌造り集落（P28）。

【文化的景観】

庭園や農地のように、人の手が加わった自然景観や、聖地のように信仰の対象になっている景観のこと（詳しくはP146参照）。

紀伊山地の霊場と参詣道（P138）の那智滝。

【産業遺産】

産業には農業や漁業も含まれますが、産業革命後の鉱工業に関連した遺産に限って「産業遺産」といわれることがあります。

明治日本の産業革命遺産（P172）の遠賀川水源地ポンプ室は現役のポンプ場。

自然遺産

美しい自然景観や貴重な動植物の生息地

登録基準

⑦ 最上級の自然現象や自然美が見られる場所。
⑧ 生命進化や地形形成など、地球の歴史の重要な段階を代表する場所。
⑨ 生態系や生物進化のすぐれた見本。
⑩ 絶滅のおそれのある重要な生物が生息するなど、生物多様性を守るうえで重要な場所。

白神山地（上／P94）。幅2.7kmものイグアスの滝（下／ブラジル、アルゼンチン）。

複合遺産

文化と自然の両方の価値をあわせもつ遺産。日本からは登録例がありません（2016年8月現在）。

巨岩の上にたてられたメテオラの修道院（ギリシャ）。

第1章 「名建築」の世界遺産

世界でいちばん古い木造建築、敵の侵入を防ぐための工夫がつまった城、有能な技術者が集められてつくられた神社や寺など、「名建築」といわれる世界遺産を紹介します。

11

法隆寺 地域の仏教建造物

世界でいちばん古い木造建築

日本で最初に世界遺産に登録された物件のひとつが、「法隆寺地域の仏教建造物」です。法隆寺の金堂や五重塔など47棟の建物のほか、近くにたつ法起寺の三重塔が含まれています。なかでも有名なのが法隆寺の金堂で、「世界一古い木造建築物」とされています。

法隆寺の中心的な建物である金堂(左)と五重塔。寺に伝わる話によると、法隆寺は607年、聖徳太子が創建したとされている。

水煙
炎の形をした飾り。火という言葉は火災をイメージさせることから使わず、「水煙」と呼ばれる。

九輪
9つの輪がある飾り。五大如来と四大菩薩を表している。

【五重塔】
高さは31.5m(基壇上から)。日本最古の塔として知られる。

【金堂】
法隆寺の本尊があるところ。現存している木造建築では世界でもっとも古い。

廻廊
金堂や五重塔をぐるっと囲む廊下。真ん中がふくらんだエンタシス式(P15)の柱がある。

銅灯籠

江戸時代に5代将軍綱吉の母・桂昌院が寄付をした銅製の灯籠。

裳階
雨や風をよけるためのひさし。建物の外観を美しく見せる効果もある。

基壇
砂と粘土をつき固めた土台。金堂と五重塔の基壇は二重になっている。

登録年	1993年
所在地	奈良県斑鳩町
登録物件	法隆寺、法起寺
登録区分	文化遺産(登録基準①②④⑥)
アクセス	【法隆寺】JR法隆寺駅から徒歩20分。またはバス「法隆寺門前」行きで「法隆寺門前」下車。

岐阜
京都府　滋賀県　名古屋
京都　大津
兵庫県
神戸　大阪
大阪府　法隆寺　三重県　津
奈良県
和歌山
和歌山県

ココがすごい！　登録ポイント

◎法隆寺は、木でできた建造物としては世界でもっとも古い。

◎日本に仏教が伝わった直後にたてられたため、その後の日本の仏教建築物のモデルになった。

国宝がたくさん! 仏教美術の宝庫

法隆寺の境内の広さは18万7000㎡（東京ドーム約4個分）で、ここに西院と東院という2つの伽藍（寺の建物）がたてられています。西院には金堂、五重塔、中門などがあり、東院には739年にたてられた八角形の夢殿があります。

これらはすべて国宝に指定されていますが、そのほかの建物を含めるとじつに19もの建物が国宝となっています。さらに重要文化財も含めると、その数は190件ほど。まさに法隆寺は仏教美術の宝庫なのです。

法隆寺境内図

法起寺境内図

🔴 国宝
🔵 重要文化財

法起寺の三重塔（高さは23.9m）。

境内は国宝や重要文化財でいっぱいだ！

パゴちゃん

聖徳太子の子がたてた法起寺

法隆寺とともに世界遺産に登録された法起寺は、聖徳太子の子・山背大兄王が築いた寺。境内にたつ三重塔は706年ごろに完成した「日本最古の三重塔」で、国宝に指定されています。

ゆかりの人物

聖徳太子
（574〜622年）

推古天皇の摂政（天皇の代理）として、日本を国として組織するために冠位十二階（603年）や憲法十七条（604年）を定めたといわれる聖徳太子。この「聖徳太子」という呼び名は明治以降に広まったといわれており、正しい名前は「厩戸王（厩戸皇子）」という。ただし、聖徳太子が生きていた時代の史料はなく、「同時に10人の話を聞き分ける」といった伝説も、亡くなってからつくられた人物像といわれている。

1400年以上も昔の寺の姿

日本に仏教が伝わったすぐあとにたてられた法隆寺。そのため、ここにはとても古い時代の仏像や建物が残っています。1400年以上前、それらはどんな姿だったのでしょうか。

救世観音像は聖徳太子と同じ身長!?

救世観音像は夢殿の本尊で、1本のクスノキでつくられています。像の高さは179.9cmあり、聖徳太子の等身大と伝えられています。平安時代から「秘仏」とされ、長いあいだ人の目に触れずにいましたが、仏教美術の研究のため、明治時代に再びその姿を現すことになりました。

火事で燃えてしまった金堂の壁画

焼ける前の壁画(阿弥陀浄土図)の一部。
(写真:便利堂)

金堂内部の壁には、お釈迦さまなどが描かれた仏教絵画がありました。この壁画は7世紀末ごろの制作といわれ、インドのアジャンター石窟群や中国の莫高窟(P19)の壁画と並ぶ、とても古く貴重なものでしたが、1949年1月、火事によって焼けてしまいました。現在見ることのできる壁画は、焼ける前のものを再現したパネルです。

五重塔の下にはたくさんの像が!!

五重塔の1階部分には東西南北の4面にわたって土の像(塑像)が置かれ、お釈迦さまの人生が表現されています。たとえば北の面は「釈迦涅槃」の場面で、お釈迦さまが亡くなるときの様子を表したもの。横たわるお釈迦さまと、お釈迦さまの死を悲しむ弟子たち(羅漢)の姿が表現されています。

かつては寺の僧も見ることが許されなかった救世観音像。
(写真:飛鳥園)

なぜ柱の真ん中がふくらんでいるの?

金堂や廻廊、五重塔などにある柱は、下から3分の1あたりがもっとも太く、その上下は細くなっています。これは、外からの光によって柱の中央部がくびれて見えることを防ぐためで、建築用語で「エンタシス」といいます。ギリシャの世界遺産であるパルテノン神殿の柱もエンタシス式で、こちらは上にいくにつれて細くなっています。

パルテノン神殿の柱は下から見上げるとまっすぐに見える。

西院の廻廊の柱。真ん中が少しふくらんでいるのがわかる。

釈迦三尊像はどうして面長なの?

金堂の本尊である釈迦三尊像は、623年、聖徳太子の病気回復を願ってつくられました。中央の釈迦如来像は高さ87.5cm。面長の顔、アーモンド形の目などが特徴で、朝鮮半島から渡ってきた人の子孫である仏師・鞍作鳥の手によってつくられました。この仏像の顔に刻まれた微笑みは、アルカイックスマイル(古典的微笑)と呼ばれています。

【釈迦如来像】聖徳太子の等身大をイメージしてつくられた。

【光背】蓮の形をし、仏像から出る光を表している。

【脇侍】

【懸裳】台座にかかっている着衣。

【脇侍】蓮の花の上に立っている。

釈迦三尊像。(写真:飛鳥園)

そうだったのか!

法隆寺に伝わる七不思議

法隆寺には数多くの謎が伝えられていますが、じつは寺が公認している七不思議があります。

❶クモが建物に巣をかけない

❷南大門の前に鯛石と呼ばれる大きな石がある

❸五重塔の相輪(塔の上部にある金具)には鎌が4本刺さっている

❹不思議な伏蔵(地中に埋めた宝の蔵)がある

❺因可池にすむカエルには片目がない

❻夢殿の礼盤(僧が座る台)の下に水がたまる

❼雨だれが穴を開けるはずの地面に穴が開いていない

❶と❺は伝説のようですが、❷と❸は実物を見ることができます。そのほかは今も謎のままです。

鯛石。近くの大和川が氾濫しても、この石までしか水がこないという言い伝えがある。

鯛石。

15

大地震が起きても倒れない五重塔

日本は昔から大きな地震にみまわれてきましたが、法隆寺の五重塔は過去に一度も倒れたことがありません。五重塔はなぜこんなにも丈夫にできているのでしょうか。

雲の形をした木の役割とは?

　五重塔の各階にある柱の上部を見ると、雲の形をした木組みがあります。これは「組物」といって、たんなる飾りではなく、重い瓦屋根を支える役目をもっています。五重塔だけでなく、金堂にも見られるこの組物は、その形から「雲形組物」と呼ばれ、くねくねとした複雑な曲線を描いているのが特徴です。

丈夫なだけではない!塔が美しいヒミツ

　五重塔はただ丈夫なだけでなく、美しく安定した姿に見せるための工夫がつまっています。塔の5階部分の柱の長さが1階の柱の半分になっているなど、上にいくにつれて各階が小さくつくられているのです。こうすることで、塔のてっぺんにのせられた相輪と一体となって、きれいな二等辺三角形に見えます。

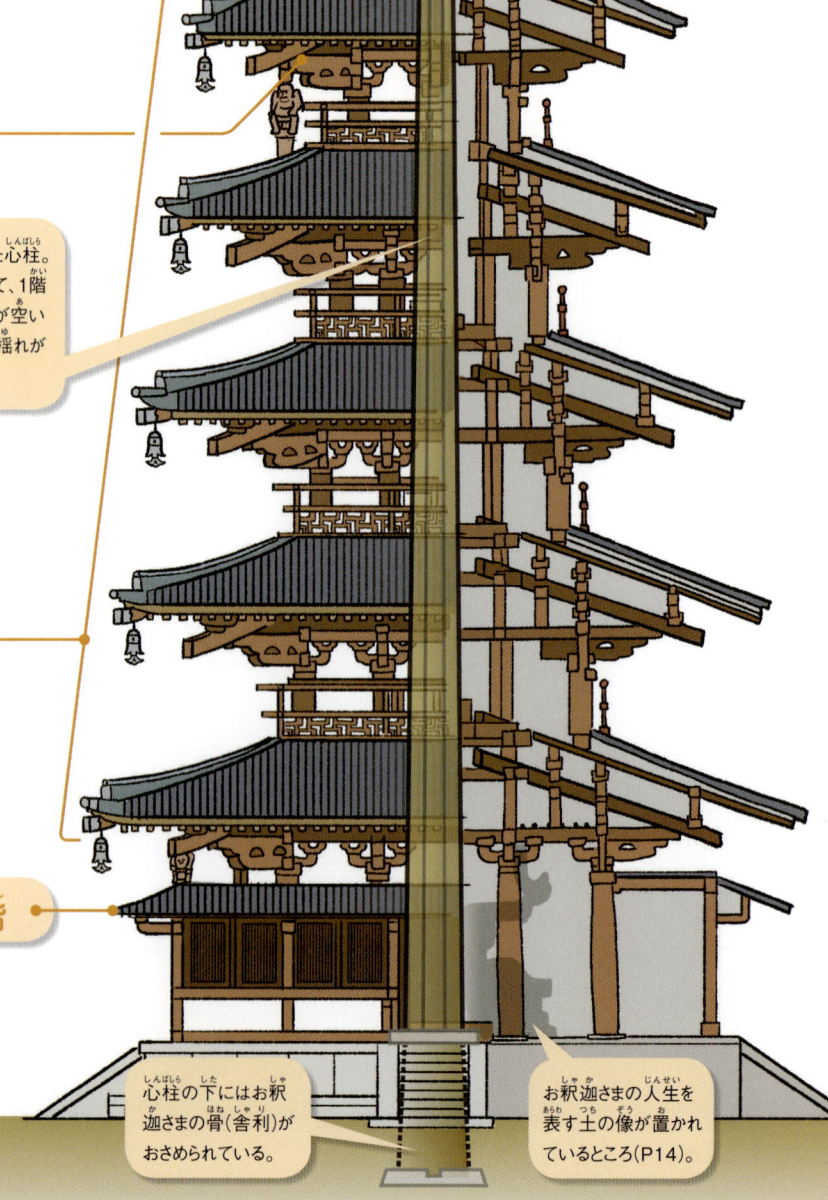

水煙 (すいえん)

相輪 (そうりん)

九輪 (くりん)

心柱 (しんばしら)

4本の鎌が刺さっている。法隆寺七不思議のひとつ(P15)。

594年に切られたヒノキを2本つないでつくられた心柱。五重塔の最上階で塔の骨組みとつながっていて、1階から4階部分は骨組みと心柱のあいだにすき間が空いている。これは心柱と骨組みをしっかりつなぐと「揺れが逃げられなくなってしまうため」という説がある。

裳階 (もこし)

心柱の下にはお釈迦さまの骨(舎利)がおさめられている。

お釈迦さまの人生を表す土の像が置かれているところ(P14)。

東京スカイツリーの中にもある心柱

五重塔の中央には、高層ビルにあるエレベーターの通り道のような空間が空けられていて、そこに大きな柱(心柱)が入れられています。大地震のときには、この心柱が左右に揺れることによって、建物の揺れを吸収するといわれています。これに似た構造は現代建築でも見られ、東京スカイツリーでは中心にある円筒状の鉄筋コンクリートの柱(心柱)が、揺れをおさえるはたらきをしています。

揺れを吸収するつくり

五重塔は多くの瓦や木材を積み上げて築かれていますが、木材どうしがゆるやかにつながれているため、大地震のようなとても大きな揺れがきても、1階部分が左に揺れると2階が右に揺れ、3階は左に揺れるというように、塔自体が揺れを吸収するつくりになっているといわれています。

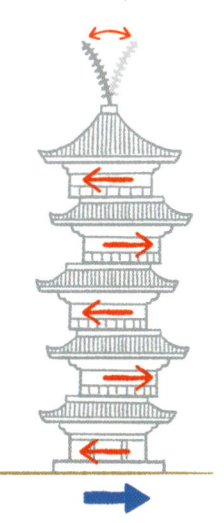

五重塔が揺れを吸収するしくみ。

まだある!五重塔が丈夫なヒミツ

五重塔には、砂鉄からつくった和釘が使われています。和釘は、現在よく使われている洋釘よりも鉄の純度が高いため、さびにくいのです。使われている木材も樹齢1000年以上のヒノキが多く、さらに槍鉋という道具で木の表面を削って仕上げることで、雨が染みにくくなっています。また、柱が石の上にたてられているので腐りにくいというのも、五重塔が丈夫にできている理由といえます。これらは五重塔にかぎらず、金堂にもあてはまるもので、法隆寺の境内にたつ建物を古い姿のままとどめるのに役立っているのです。

五重塔の柱の下にあったとされる巨石(1939年10月13日撮影)。

東京スカイツリーの心柱

心柱回りの平面

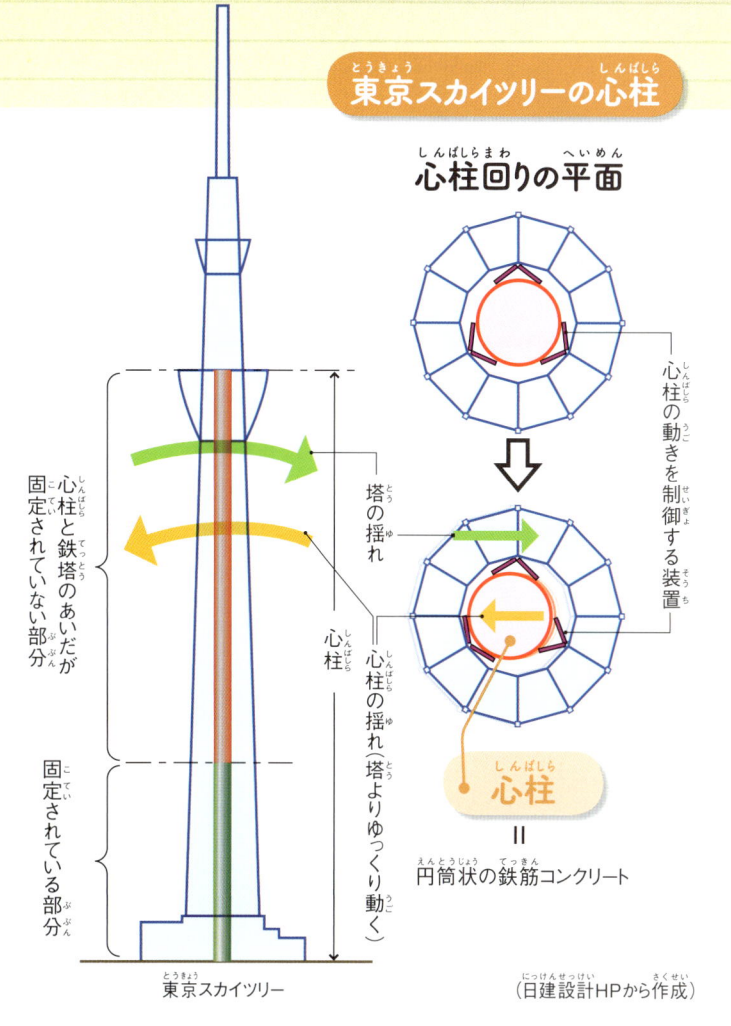

心柱と鉄塔のあいだが固定されていない部分

塔の揺れ

心柱

心柱の揺れ(塔よりゆっくり動く)

固定されている部分

心柱の動きを制御する装置

心柱
=
円筒状の鉄筋コンクリート

東京スカイツリー

(日建設計HPから作成)

そうだったのか！

法隆寺の修復で活躍した「宮大工」

神社や寺の建築や補修をする大工を宮大工といいます。ひとつの社寺の建築・補修にかかる年月は短くても2年とされ、根気のいる仕事ですが、飛鳥時代から日本に根づいてきた寺社建築の技術をあとの世代に伝えるためにはなくてはならない仕事です。法隆寺の昭和大修理などに多大な貢献をした宮大工が西岡常一さん(1908～95)で、「最後の宮大工」とたたえられています。

宮大工棟梁だった西岡常一氏。

総合学習

仏教はどうやって日本へ来たの?

インドで開かれ、遠く日本にも根づいている仏教。紀元前500年ごろに開かれたとされる仏教は、どのような道をたどって日本まで伝わってきたのでしょうか。

お釈迦さまが開いた仏教

ヒマラヤのふもとにあるルンビニーで生まれたお釈迦さま(本名はゴータマ・シッダールタ)が、インドで開いた教えが仏教です。お釈迦さまが亡くなると、その教えは弟子に引き継がれましたが、弟子たちのあいだで考え方に違いが生まれるようになりました。こうしてインドから中国、朝鮮半島などを経て日本へ渡った仏教(北伝仏教)と、インドからスリランカ、タイ、ミャンマーなどへ渡った仏教(南伝仏教)にわかれたのです。

朝鮮半島から日本へ渡ってきた仏教

かつて朝鮮半島にあった国・百済の王が538年、日本の朝廷に仏像を贈ったといわれ、これが日本への正式な仏教伝来とされています(※)。日本と百済のあいだで関係が結ばれると、百済を支配下に置いていた当時の中国からも僧侶が派遣されてくるようになり、仏像や仏教の教えが書かれた経典が伝わりました。その後も百済からは仏教だけでなく、医学、天体を観測して暦をつくる暦学なども伝えられました。

※仏教伝来は552年とする説もある。

聖徳太子の死後に増えた寺院の数

聖徳太子や朝廷の有力者・蘇我氏が仏教をあつく信じるようになると、都のあった飛鳥地方に大きな寺院がたてられ、仏教を中心とした文化が栄えました。それまでは古墳が有力者の力を象徴するものでしたが、寺院が権力を示すものになったのです。そして築かれたのが飛鳥寺(法興寺)や法隆寺、四天王寺などで、仏像も多くつくられるようになりました。太子死後の624年に寺院数はわずか46だったものが、692年には545(945とも)にも増えたといいます。

仏教の伝わった道すじ

モンゴル 13世紀

紀元前2世紀

カシミール(ガンダーラ) 紀元前3世紀ごろ

西域 紀元前1世紀ごろ

チベット 7世紀前半

朝鮮(高句麗)372年(百済)384年

日本 538年

中国 紀元前1世紀〜紀元後1世紀

台湾 17世紀

ネパール 紀元前6世紀

ブータン

インド

ミャンマー

ベトナム 2世紀ごろ

フィリピン

紀元前3世紀ごろ

タイ

カンボジア

スリランカ

マレーシア

インドネシア 7世紀ごろ

▨ 現在の北伝仏教圏	→ 北伝仏教	
▨ 現在の南伝仏教圏	→ 南伝仏教	
▨ 現在のチベット仏教圏	→ その他の経路	

インドの北にある中国などを経由して伝わった仏教を「北伝仏教」、インドの南にあるスリランカなどを経由して伝わった仏教を「南伝仏教」という。日本に伝わったのは、中国や朝鮮半島を経由してきた北伝仏教。

① 現在のネパール南部にある小さな村ルンビニー。仏教の八大聖地のひとつ。

② タイの僧侶たち。黄色い袈裟を着ているのが日本と異なる。

③ 世界遺産に登録されている古都ポロンナルワ(スリランカ)の涅槃像。

寺にはどんな建物がある?

　寺の境内には金堂(本堂)や塔などがたっていますが、これらの建物のまとまりを伽藍と呼びます。伽藍を構成する建物には金堂や塔のほか、講堂(僧が説法や講義をする建物)、鐘楼(鐘をつるす建物)、経蔵(お経をおさめる蔵)、僧堂(僧が坐禅や寝起きをする建物)、食堂(僧が食事をする建物)などがあります。建物の配置は寺によってさまざまで、法隆寺式や四天王寺式、飛鳥寺式などがあります。

西側から眺めた四天王寺(大阪市)。南から見ると五重塔と金堂は縦に並んでいる。

山口先生の　調べてみよう!

寺の本尊を見くらべてみよう!

　法隆寺に釈迦三尊像がまつられているように、各寺には必ず本尊がある。いろいろな寺を訪れて、どんな仏像がまつられているのか見てみよう。

本堂以外の建物に目を向けてみよう!

　寺の中心となる建物は本尊のある本堂だが、小さなお寺にも講堂や山門(お寺の正門)といった本堂以外の建物がたっている。近所のお寺の境内にどんな建物があるのか、確かめてみよう。

仏教と一緒に伝来したものって?

　仏教と同時期に日本へ伝わったものにはお香、瓦、コマ、豆腐、蘇(チーズ)などがあるよ。ほかにもないか、身のまわりのものの歴史を調べてみよう。

世界各地にある仏教遺跡

関連する世界遺産

　インドで生まれた仏教は、その後アジアを中心に広まり、各地に寺院もたてられました。仏教は各国の文化と合わさり、独自に発展していったのです。

ボロブドゥル寺院遺跡群

インドネシア

　8世紀後半から築かれたとされる世界最大の仏教遺跡。ムラピ山の噴火によって約900年も地下に埋もれていましたが、1814年に発見されました。建物はピラミッドのように階段状になっており、階段の側面にはお釈迦さまの生涯などが彫られています。

ストゥーパ(塔)の中には仏像が飾られている。

アジャンター石窟群
インド

　紀元前1世紀ごろからおよそ800年もかけて、岩を削ってつくられた寺院(石窟)の遺跡です。この石窟内に描かれている蓮華手菩薩とされる像は、法隆寺の金堂にかつてあった壁画(P14)にも影響を与えたとされています。

インド中部のワゴーラー川に沿ってつくられた石窟群。

莫高窟
中国

　法隆寺やアジャンターと並び、古代仏教美術を今に伝える寺院遺跡。中国の西の玄関口といわれる敦煌の近郊にたつ莫高窟には、約1.6kmの断崖に492もの寺院(石窟)が彫られています。石窟内の壁画は、4世紀ごろから描かれたといわれています。

莫高窟のシンボルである第96窟(高さ約43m)。

姫路城

城の中は工夫がいっぱい！

戦国時代から江戸時代のはじめにかけて、日本の各地に天守のある城がたてられました。なかでも日本を代表する城といわれているのが姫路城です。この城には軍事的な技術だけでなく、芸術的にもすぐれた点がたくさんあります。

【大天守】

シャチホコ
鯱は想像上の動物。水をはいて火を消すぞ！

【小天守】

千鳥破風
屋根の三角形の部分（破風）の先が鋭い！

白壁
鳥のシラサギにもたとえられる白い壁。

軒唐破風
曲線状に反りかえっている。

狭間
この穴から敵に鉄砲を撃つ。

石落とし
壁のすきまから鉄砲を撃って、石垣を登る敵をやっつける。

石垣
どっしりとした基礎部分。高さは14.85mもある。

大天守を支える石垣は高さ14.85m。標高45.6mの姫山の上に立ち、建物自体の高さは31.5mあるので、大天守のてっぺんまでの高さは海抜91.95mになる。

登録年	1993年
所在地	兵庫県姫路市
登録物件	姫路城
登録区分	文化遺産（登録基準①④）
アクセス	姫路駅から徒歩20分。または駅からバスで「姫路城大手門前」下車、徒歩5分。

鳥取県　鳥取
兵庫県　京都府　京都
岡山県　姫路城　大阪
岡山　明石　神戸　大阪府　奈良
高松　大阪　奈良県
香川県　和歌山
徳島県　和歌山県

ココがすごい！ 登録ポイント

◎白い壁や飾りなど、城としての美しさは日本の建築の中でも最高峰。

◎天守や石垣、塀、堀などが江戸時代の姿のまま、よく保存されている。

何度も改修されてできた姫路城

1993年12月、奈良県の法隆寺(P12)とともに、日本初の世界文化遺産となった姫路城。そのはじまりは、1346年に豪族の赤松氏が築いた砦で、1581年に羽柴(豊臣)秀吉が三重の天守をつくり、関ケ原の戦いののちに池田輝政が8年かけて大改修し、現在のような大天守をもつ城になりました。天守とは、城の中心となる高い建物のこと。姫路城のまっ白な天守は、2009年から行われた修理によって築城時の姿に生まれ変わったものです。

どっしりとした石垣

姫路城の大天守の総重量は約5700トンもあり、定員1000人ほどの大型客船と同じくらいの重さです。これだけの重量を支える立派な石垣をつくるためには多くの石が必要でした。そのため、姫路城近くの山々から切り出された石だけでは足りず、古墳の石棺や石灯籠、墓石などの石も使われています。

大天守の石垣。

江戸時代末期の姫路城内を描いたもの。(兵庫県立歴史博物館／高橋秀吉コレクション)

城内はこんなに入り組んでいる！

軍事の拠点でもあった姫路城は、敷地内がまるで迷路のように複雑に入り組んでいました。敵が城の入り口にあたる「三の丸」を突破したとしても、城の中心部分である「二の丸」「本丸」にはなかなかたどり着けないようになっていたのです。また、城のまわりにある堀が「の」の字形に巻かれているのも、簡単に敵に攻め落とされないための工夫でした。

なぜ白鷺城と呼ばれるの？

翼を広げたシラサギ。

姫路城の別名は「白鷺城」といいます。これは城の外壁をはじめ、屋根瓦の目地にも白漆喰が塗られたことから、城下の人びとが「まるで翼を広げたシラサギのようだ」と親しみをこめて呼んだことに由来するとか。また、城のまわりにたくさんのシラサギがすんでいたからという説もあります。

ライトアップされて白さが際立つ姫路城。(写真：姫路市)

城を守るたくさんのしくみ

姫路城には、敵や災害から城を守るためのしくみがたくさんあります。どこにどんなしかけがあるのか見ていきましょう。

武者窓

城内でもっとも大きな門「菱の門」。（写真：姫路市）

敵をむかえ撃つ玄関の門

城の玄関にあたる「菱の門」の上には3つの窓（武者窓）があり、そこから敵を見張っていました。さらに、門の手前に築かれたL字形の城壁に兵士が隠れ、敵を撃つ態勢がとられていました。この菱の門を通過するだけでも簡単なことではなかったのです。

壁の穴から鉄砲や弓矢が！

天守の壁や土塀につくられた穴は「狭間」といって、鉄砲や矢を放つためのものです。狭間には四角形や丸、三角形などがあり、長方形の狭間は弓矢用で、丸や三角形、正方形は鉄砲用のようです。また、敵に見つからないように穴にふたをつけた「隠し狭間」もあります。

狭間

土塀につくられたさまざまな形の狭間。城内には900以上ある。（写真：姫路市）

かつては内開きの扉が2枚あった「るの門」。（写真：姫路市）

埋められる門がある！

菱の門のそばにある「るの門」は、敵に気づかれないようにするため、わざと見えづらい位置につくられています。敵が攻めてきたら、土砂などで門の入り口を埋めて通れないようにすることもできました。そのため「埋門」とも呼ばれています。

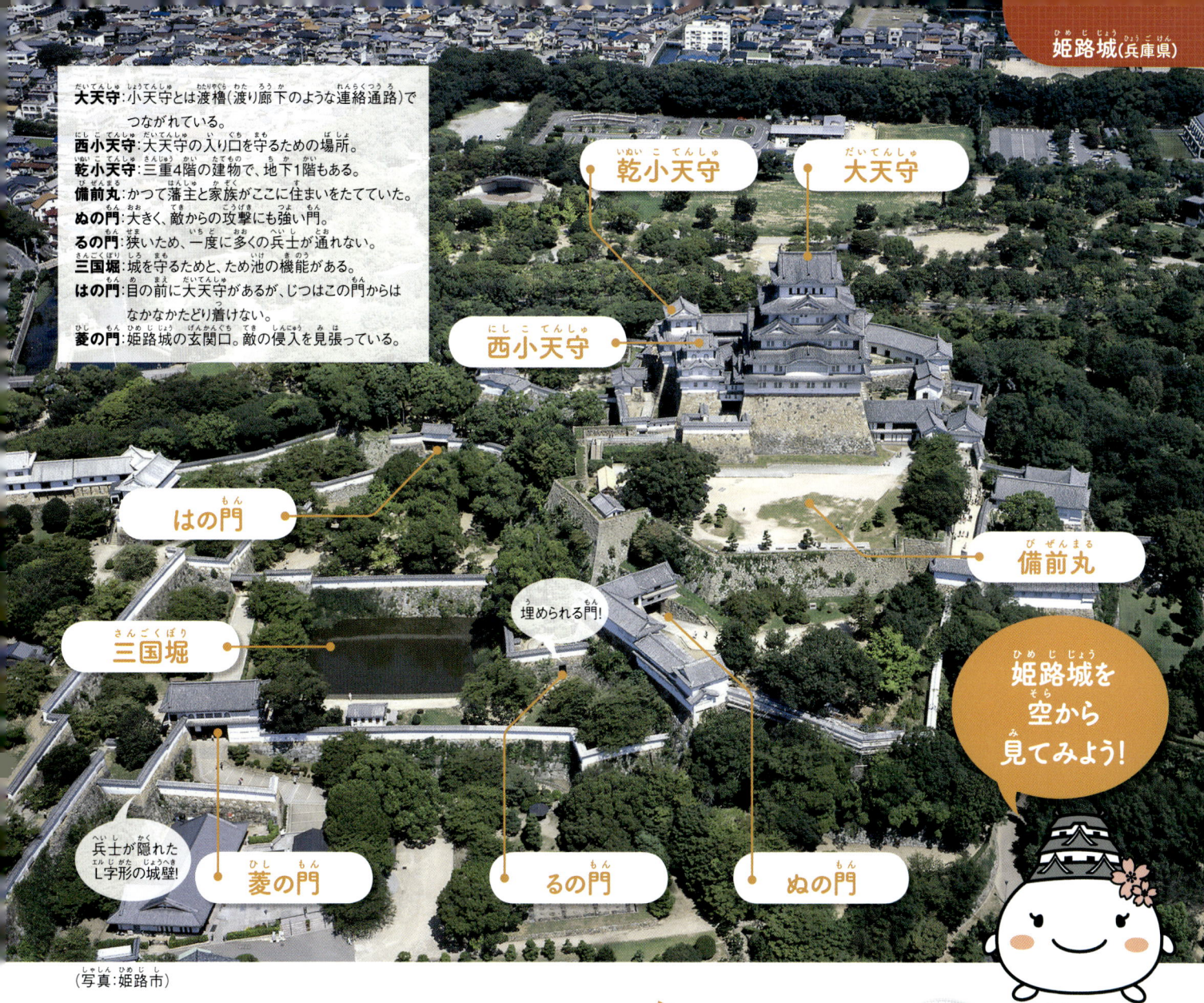

大天守：小天守とは渡櫓（渡り廊下のような連絡通路）でつながれている。
西小天守：大天守の入り口を守るための場所。
乾小天守：三重4階の建物で、地下1階もある。
備前丸：かつて藩主と家族がここに住まいをたてていた。
ぬの門：大きく、敵からの攻撃にも強い門。
るの門：狭いため、一度に多くの兵士が通れない。
三国堀：城を守るためと、ため池の機能がある。
はの門：目の前に大天守があるが、じつはこの門からはなかなかたどり着けない。
菱の門：姫路城の玄関口。敵の侵入を見張っている。

乾小天守　　大天守

西小天守

はの門

備前丸

三国堀

埋められる門！

姫路城を空から見てみよう！

兵士が隠れたL字形の城壁！

菱の門　　るの門　　ぬの門

（写真：姫路市）

姫路市キャラクター
しろまるひめ

そうだったのか！

なぜシャチホコの口は閉じているの？

　鯱瓦（シャチホコ）の「鯱」は想像上の動物。鯱は火を見ると口から水をはくといわれ、火災よけのまじないとして天守の屋根に置かれています。もともと姫路城には口を開けたものと閉じたものが一対で飾られていましたが、昭和の大修理で見本とした江戸時代の鯱瓦が口を閉じていたため、すべての鯱瓦が口を閉じたものになりました。

大天守だけで11もの鯱瓦がある。（写真：姫路市）

おばあさんが献上した石垣の石

　秀吉が城を改修したときのこと。城下で焼き餅を売る貧しい老婆が、石垣を築くための石がなかなか集まらないことを耳にし、店にあった古い石臼を「せめてこれでもお役に立ててください」と差し出しました。すると、この老婆の行いが人びとのあいだに広まり、われもわれもと、石を献上する人が絶えなかったといいます。老婆が差し出したとされる石は「姥が石」と呼ばれ、今も乾小天守の石垣に残っています。

金網で守られている姥が石。（写真：姫路市）

姫路城は何階建て？

姫路城の大天守は屋根が5つあるので「5階建て」のように見えますが、じつはそうではありません。では、いったい何階建てなのでしょうか？

大天守の最上階。（写真：姫路市）

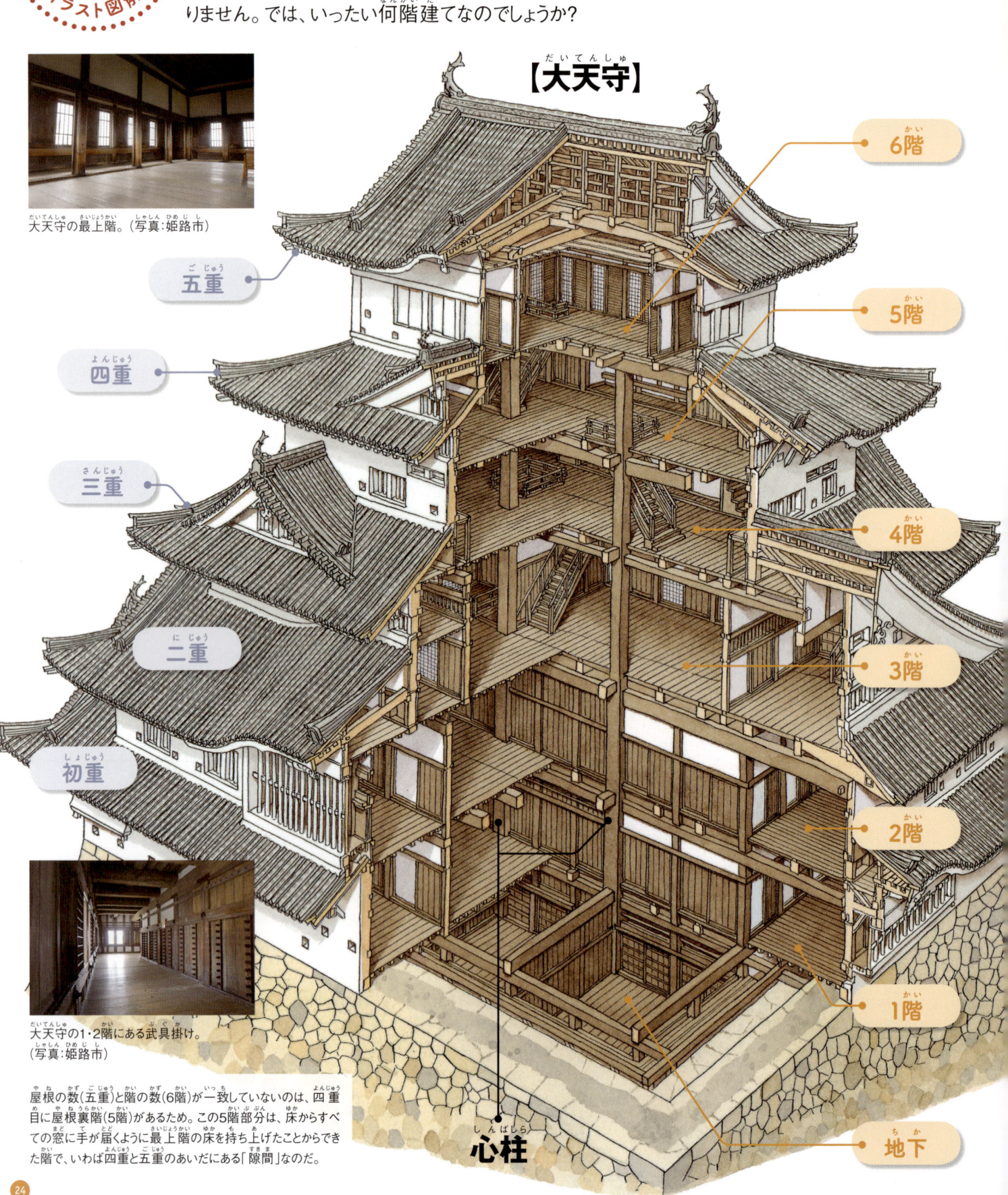

【大天守】

6階

5階

五重

四重

4階

三重

3階

二重

2階

初重

1階

大天守の1・2階にある武具掛け。
（写真：姫路市）

心柱

地下

屋根の数（五重）と階の数（6階）が一致していないのは、四重目に屋根裏階（5階）があるため。この5階部分は、床からすべての窓に手が届くように最上階の床を持ち上げたことからできた階で、いわば四重と五重のあいだにある「隙間」なのだ。

城には地下もある！

大天守は外から見ると五重（層）になっていますが、内部は地上6階建てです。地下1階は石垣にすっぽりと入っている部分で、城に立てこもって敵から身を守る籠城戦に備えて台所やトイレもあります。1階から5階まで鉄砲や弓などを掛けておく武具掛けがあり、3階と4階は大広間、5階は屋根裏部屋、最上階の6階は格調高い書院風の広間になっています。

大天守からの眺望。（写真：姫路市）

なぜ西の心柱は2本継ぎ？

大天守には、建物の横揺れを防ぐための2本の大きな柱（心柱）があります。東側の柱は長さ25mほどの1本柱ですが、西側の柱は2つの木をつないだものです。最初から心柱を2本ともたててしまうと、上の階に行くにつれて建物に横に入れる木材（梁）を入れにくくなるため、途中で継ぎ足して建築しやすくしたのです。

西側の心柱。（写真：姫路市）

姫路城の石垣をつくる様子がわかるジオラマ。（兵庫県立歴史博物館蔵）

築城にかかわった人数はなんと2400万人以上！

姫路城をつくる8年間に要した人数は定かではありませんが、築城した池田家の石高（米の生産量）や年貢から推測することができます。輝政の石高は播磨国52万石ですが、実際の年貢徴収は62万石。築城をはじめて2年後には次男の忠継にも備前国28万6000石が与えられました。当時は石高100石につき作業員1人を割り当てるのが一般的だったことから、6200人×365日×8年（輝政分）＋2860人×365日×6年（忠継分）、合計すると約2437万人が城づくりにかかわったと考えられます。

漆喰を塗り固めた天守の外壁（左）。城の改修で漆喰を塗る職人（右）。

雨に弱いが火に強い壁

姫路城の天守の外壁は漆喰を塗り固めてできています。これはおもに鉄砲による火事から城を防ぐためですが、一方で弱点もありました。城の内側に雨水が入ると漆喰のせいで水分が外に逃げず、木材を腐らせてしまうのです。そのため歴代の城主が知恵をしぼったのは、雨水対策だったのです。

そうだったのか！

こわい伝説が残る井戸

姫路城ののっとり計画に巻き込まれたお菊という女性が殺され、投げ込まれたと伝わる井戸が城内に残っています。それが「お菊井戸」で、井戸からはお菊のすすり泣く声が毎晩聞こえたといいます。ただし、これは江戸後期に広まった物語で、本当の話ではないようです。

姫路城内に残るお菊井戸。（写真：姫路市）

総合学習

日本の城ってそもそもどんなもの？

姫路城のような「石垣の上に天守がそびえる城」は、じつは戦国時代につくられはじめたもの。では、そのほかの時代はどのような城だったのでしょうか。

お城の種類とは？

日本の城は、つくられた場所によって大きく「山城」「平山城」「平城」の3つにわかれます。

山城は、山や丘の頂上付近にたてられた城で、「天空の城」とも呼ばれる竹田城（兵庫県朝来市）や上杉謙信の春日山城（新潟県上越市）などが有名です。平山城は、標高が低い山や丘に築かれた城。姫路城や熊本城がこれにあたります。平城は、広島城や名古屋城など、平らな場所に築かれた城を指します。

【山城】竹田城跡

【平山城】熊本城

【平城】広島城

（上）雲海の上に浮かぶその姿から、「天空の城」「日本のマチュピチュ」とも称される竹田城跡。（左下）2016年4月の地震により大きな被害を受ける前の熊本城。（写真：熊本城総合事務所）（右下）1599年に完成したといわれている広島城。

山口先生の 調べてみよう！

城のしくみの違いを見てみよう！

高い石垣が特徴的な熊本城など、城には簡単に攻められないためのしくみがたくさんある。これは城ごとに異なるので、姫路城とくらべてみよう。

自分が住む場所に
どんな城があるか調べてみよう！

城といっても、必ずしも石垣や天守が残っているわけではない。ただの平地やこんもりとした山に、かつて城があった可能性もあるよ。地元にどんな城があったのか、図書館や歴史資料館で調べてみよう。

今も残っている城をたずねてみよう！

現在、江戸時代の天守が残っている城はわずか12のみ（P27）。実際にたずねてみると、石垣の大きさだけでも驚くはず。

日本の城の歴史

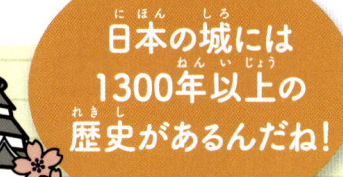

日本の城には1300年以上の歴史があるんだね!

姫路市キャラクター
しろまるひめ

弥生～古墳時代

現在残っているような城はまだたてられていない。邪馬台国の女王・卑弥呼の宮殿には柵がめぐらされていたという。

飛鳥～平安時代

唐や新羅(今の中国と朝鮮半島にあった国)からの攻撃に備えて山城が築かれた。また、中国の都城をまねて、平城京や平安京がつくられた。

鎌倉～南北朝時代

山の尾根や山頂に防衛のための城が築かれた。ただし、城の規模は掘っ立て小屋程度だったとか。

室町～戦国時代

城が大規模な姿になったのがこのころ。高い石垣と天守をもつ本格的な城は、織田信長の安土城がはじめてとされる。

桃山時代

天下統一をはたした豊臣秀吉が建設した大坂城をはじめ、城のまわりに城下町が築かれはじめる。

江戸時代

江戸幕府による「一国一城令」(1つの国に1つの城しか認めない規則)により、多くの城がこわされた。

明治～昭和

明治政府の「廃城令」や太平洋戦争の空襲で各地の城が破壊され、失われた。

平成

政府が全国の市町村に1億円を交付した「ふるさと創生事業」により、城が再建されはじめた。

江戸時代以前から残る天守はわずか12!

弘前城(青森)　　備中松山城(岡山)
松本城(長野)　　松江城(島根)
丸岡城(福井)　　丸亀城(香川)
犬山城(愛知)　　松山城(愛媛)
彦根城(滋賀)　　宇和島城(愛媛)
姫路城(兵庫)　　高知城(高知)

世界遺産登録を目指している彦根城(P204)。

世界の城を見てみよう!

関連する世界遺産

海外にも世界遺産に登録されている城はありますが、姫路城のような木造のものは少なく、その多くは石造りやレンガ造り。外国と日本の城をくらべてみましょう。

古都アレッポ

シリア

紀元前から築かれたとされるアレッポ城。城のまわりは幅30m、深さ20mもある堀で囲まれ、モンゴル軍や十字軍の攻撃にも耐えました。しかし、2011年からシリア国内で起きた内戦によって、この城を含む数々の遺跡が危機にひんしています。

数々の敵を撃退してきたアレッポ城。

北京と瀋陽の明・清朝の皇宮群

中国

遺産の中心は、明時代の1420年につくられた紫禁城。「昔の皇宮」の意味から「故宮」と呼ばれています。現在は故宮博物院として一般開放されています。紫禁城は左右対称で、東西約750m、南北約960mもの大きな敷地をもっています。

北京市にある紫禁城(故宮博物院)。

歴史的城塞都市カルカッソンヌ

フランス

フランスとスペインの間にそびえるピレネー山脈のふもとに広がる都市、カルカッソンヌ。この街は市民が生活しているだけでなく、城としての機能も備えていました。二重になった城壁のひとつ目を越えるとそこには何もなく、内側から矢でねらわれました。

カルカッソンヌの中には寺院もある。

白川郷・五箇山集落の合掌造り

雪国が生んだ独特な三角屋根

豪雪地帯の岐阜県白川村と富山県南砺市には、手のひらを合わせたような三角屋根の家「合掌造り」の集落があります。この地域でしか見られない合掌造りの家には、雪国の厳しい環境で暮らす人びとの知恵がつまっているのです。

雪におおわれた白川郷荻町集落の合掌造り。1〜2月は夕方から夜にかけてライトアップされ、幻想的な雰囲気に包まれる。

登録年	1995年
所在地	岐阜県白川村、富山県南砺市
登録物件	和田家、神田家、明善寺など
登録区分	文化遺産（登録基準④⑤）
アクセス	【白川郷】JR高山駅からバスで約50分。またはJR金沢駅からバスで約1時間15分。

ココが すごい！ 登録ポイント

◎合掌造りの家が一挙に見られるのは全国でこの地域だけ。

◎合掌造りを維持するためにみんなで助け合う「結」の精神が、今も息づいている。

昔話の舞台のような日本の原風景

　岐阜県から富山県にかけて流れる庄川沿いに、「合掌造り」の家屋が残る集落があります。合掌造りとは、手のひら(掌)を合わせたような三角形のかやぶき屋根の家のこと。岐阜県白川郷の荻町、富山県五箇山地方の相倉・菅沼の3つの集落に合計88棟の合掌造りの家屋が残されていて、三角屋根がならぶその風景はまるで昔話の舞台のよう。貴重な建物というだけでなく、こうした自然環境との調和も世界遺産に登録された理由のひとつです。

荻町集落(白川郷)
　合掌造りの集落としてはもっとも大きな地域。南北約1.5km、東西最大約350mの範囲に、59棟もの合掌造りの家がある。
(写真:岐阜県白川村役場)

相倉集落(五箇山)
　合掌造りの家が20棟あり、古い建物では約400年前のものもある。集落の奥にある相倉民俗館も古い合掌造り。

菅沼集落(五箇山)
　12棟ある住宅のうち9棟が合掌造り。たてられた年代は、江戸時代末期(2棟)、明治時代(6棟)、大正時代(1棟)と幅広い。

北

河北潟

金沢市

石川県

富山県
南砺市

岩瀬家

菅沼集落(五箇山)
※構成資産には含まれない

相倉集落(五箇山)

笈ヶ岳
1841

白山地

両

桂湖

岐阜県
白川村

牛首峠
1064

　庄川の流れがつくる谷に沿って、集落ができていったことがわかる。荻町集落が国の重要伝統的建造物群保存地区に選定されたのは1976年のことで、世界遺産に登録されるきっかけになった。

庄川

ゾウゾウ山
952

東海北陸自動車道

和田家

明善寺

荻町集落(白川郷)

庄川

もっと知りたい

不思議な形の屋根のナゾ

かやぶきで、大きな三角屋根がかわいらしい合掌造り。このような形の屋根は一般的な農家では見られない珍しいものですが、なぜこのような屋根になったのでしょうか。

白川郷の合掌造り。夏は風通しをよくするため、家の正面にある大きな窓を開け放つ。

どの家も同じ方向を向いている理由とは?

荻町集落の合掌造りの家は、どれも屋根を東西に向けてつくられています。これは屋根に雪がつもったとき、太陽の光が屋根に均等に当たってとけやすくするための工夫です。さらに、集落の南北にある谷から強い風が吹くので、その影響を少しでもやわらげるためでもあります。家をたてる方向には、山間部で雪がたくさん降るこの地域ならではの理由があるのです。

そうだったのか!

どうして屋根の傾きがこんなに急なの?

屋根の角度が約60度と急なのは、屋根につもった雪が落ちやすくするためです。もうひとつの理由は、広い屋根裏部屋をつくるため。カイコを飼って生糸(絹の糸)をつくる養蚕業が盛んだった白川郷や五箇山地方の集落では、屋根裏の広い空間をいくつかの層に仕切って、カイコを育てるための部屋にしていたのです。

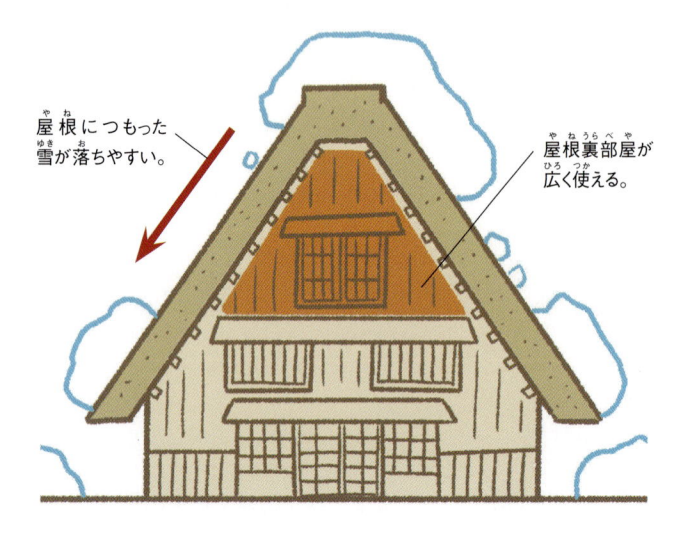

屋根につもった雪が落ちやすい。

屋根裏部屋が広く使える。

「カヤ」ってどんなもの?

「カヤ(茅)」とは、ススキ(イネ科)やスゲ(カヤツリグサ科)など屋根をふく材料となる草の総称で、「カヤ」という学名の植物はありません。かつて白川郷では、村に生えているオオガヤ(ススキ)などを使用していましたが、現在は屋根をふくのに十分な量がとれないため、材料のほとんどは富士山のふもとにある御殿場市(静岡県)のカヤを使っています。ちなみに、カヤと似たものに「ワラ(藁)」がありますが、ワラは成熟した稲や麦の茎を乾燥させたものです。

白川郷に生えているカヤ。

ミズハリ

屋根の上部に刺さっている木のヒミツ

　合掌造りの屋根の上部を見ると、木が何本も刺さっています。これは「ミズハリ」といって、屋根の頂上に載せた棟(束ねたカヤでつくったもの)が風で吹き飛ばされないようにするためのもの。ミズハリに針金や縄をかけて棟を両側から押さえつけ、屋根をより丈夫にしているのです。

屋根のふきかえ作業の様子。
(写真:岐阜県白川村役場)

小さな建物や物置も三角屋根!

　白川郷や五箇山地方の合掌造り集落には、三角屋根の物置や便所棟(トイレ)もあります。人が住む家と同様に、雪の重みで屋根がこわれないようにするための工夫です。合掌造りに住んでいる人は、冬のあいだに何度も雪下ろしをしなければならないので、少しでも雪を落としやすくする工夫が必要となるわけです。

棟

住居ではない小さな建物にも合掌造りが用いられている。

こんなにスゴいぞ!
かやぶき屋根

　カヤを何重にも積み重ねてつくるかやぶき屋根には、さまざまな利点があります。まず、雨に強いこと。カヤには油分が含まれているため、雨が染み込みにくい効果があります。また、たくさんのカヤを重ねることで屋根に空気の層ができ、外からの熱を伝えにくくする効果もあります。そのため家の中は、夏は涼しく、冬は保温性にすぐれて暖かく感じるのです。かやぶき屋根って、スゴい!

ゆかりの人物

ブルーノ・タウト
(1880 〜 1938年)

　ドイツ生まれの建築家。1933年に来日してから1936年に日本を去るまで、桂離宮(京都府)や伊勢神宮(三重県)、白川郷の合掌造りに日本独自の美を見いだし、世界に紹介した。タウトが白川村を訪れたのは1935年5月のこと。現在はダムで知られる御母衣の旧遠山家(構成資産対象外)を訪れ、屋根裏まで詳しく調査して合掌造りのすばらしさを再発見した。

家屋を風雨から守ってくれるかやぶき屋根。

合掌造りの内部を見てみよう!

大きな三角屋根が特徴的な合掌造りですが、家の中はどのようになっているのでしょうか。白川郷荻町集落の代表的な合掌造り、和田家の内部を見てみましょう。

アマの上にあるソラアマ。カイコの飼育場所や食料の貯蔵庫として利用された。(写真:岐阜県白川村役場)

カイコを育てるための部屋。1階より上の部屋(アマ)は2〜4層に分けられている。(写真:岐阜県白川村役場)

アマ

ソラアマ

オクノデイ
棚や付け書院の座敷飾りなどを備えた来客用の寝室。

デイ
来客用の寝室で、農作業用の部屋としても使われる。

ブツマ
仏壇の置かれた部屋。ナイジンとも呼ばれる。

式台
身分の高い人のための出入り口。格式の高い家にしかない。

建物の上部に大きくつくられた窓。

1階は住居、屋根裏部屋でカイコを育てる

合掌造りの1階は、板張りと畳敷きの部屋がある住居スペース。その上の階は、広い屋根裏部屋になっています。1階には家族が集まる居間のような場所「オエ」のほか、仏壇が置かれた「ブツマ」、来客用の寝室の「デイ」や「オクノデイ」などがありました。屋根裏部分は2～4層に仕切って、カイコを育てるための作業場などとして使っていました。

大きな合掌造りの家をつくるには10年もかかるといわれているよ！

白川郷

しらかわGOくん

● 大戸口
建物の正面にある出入り口。

● エンノマ
おもに接客に使用された部屋。

● オエ
囲炉裏がある大広間。雪深い白川村では囲炉裏で暖をとると同時に、囲炉裏から出た煙は屋根裏の木材をいぶして乾燥させ、建物自体を長持ちさせた。(写真:岐阜県白川村役場)

なぜ合掌造りには大きな窓があるの？

カイコを育てるときに重要なのが、十分な太陽の光と風です。そのため、合掌造りの上階の窓は大きく開けられ、屋根裏部屋(アマとソラアマ)に光と風がよく入るように設計されているのです。

床下は火薬の原料づくりに利用！

白川郷や五箇山地方では、カイコの飼育のほか、火薬の原料となる塩硝の製造も行っていました。囲炉裏端の床下に2mほどの穴を掘り、乾かしたヨモギやカイコのフンなどを積み上げます。これを数年かけて発酵させたもの(塩硝土)に水を加え、しばらくおいて抜き取った水をくり返し煮つめることで塩硝はできあがりました。

床下に掘った穴の断面。ヨモギやカイコのフンが層状に重なっているのがわかる。(写真:塩硝の館)

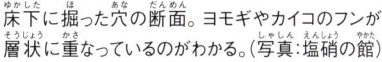
そうだったのか！

カイコってどんな生き物？

カイコは「カイコガ」という蛾の幼虫で、桑の葉を食べて大きくなります。4回の脱皮をしたカイコは口から糸を出して繭をつくり、サナギになります。この繭をお湯で煮て、糸をとるのです。白川郷の荻町集落では、春・夏・秋の3回に分けてカイコの飼育が行われていました。カイコは桑の葉をたくさん食べるので、エサやりやフンの掃除で大忙しだったといいます。

桑の葉を食べるカイコ(上)と繭(下)。

しらかわGOくん／女の子っぽい、おしゃれな美少年。ヘアスタイルは合掌造りをイメージ。

村人たちの強いつながり「結」って?

総合学習

白川郷・五箇山地方には、村人たちがお互いに協力し合う「結」という制度があります。この助け合いのしくみによって、伝統的な合掌造りの集落が維持されてきたのです。

厳しい環境が生んだ「結」

白川郷や五箇山地方は山間の豪雪地帯で、厳しい自然環境にあります。そのため、それぞれの家が単独で暮らしていくことは難しく、生活のさまざまな場面において家どうしが協力し合う必要がありました。こうして育まれた助け合いの制度が「結」です。たとえば、かやぶき屋根のふきかえが必要になった場合、その家に村人が集まってみんなで作業をしました。そして別の家で屋根のふきかえがあるときに、一緒に作業をすることでお返しをします。お金のやりとりではなく、共同作業で協力し合うのが結の特徴なのです。

地元の人やボランティアなどによる屋根のふきかえ。(写真:岐阜県白川村役場)

屋根はみんなでふきかえる!

かやぶき屋根のふきかえは、15〜50年ごとに行われていました。かつて白川郷には、村人が大勢いたので1日で行われていましたが、労働力不足などにより、今はボランティアや業者に任せることも少なくありません。しかし、住民にとって屋根のふきかえは今でも結の象徴として、大切に受け継がれています。

山口先生の 調べてみよう!

地域に残る

助け合いの伝統を調べてみよう!

「結」のように地域の人びとが助け合うしくみは、自分の住んでいる地域にもかつてあったはず。田植えや冠婚葬祭、町内会の活動など、身近な「結」についておじいさんやおばあさんにたずねてみよう。

カヤの仲間を探してみよう!

合掌造りに使われているカヤを近所で見つけるのは難しいかもしれないけれど、カヤの一種のススキやヨシ(アシ)は各地に生えている。公園や校庭、水辺などで探してみよう! ヨシは茎の中が空洞になっているよ。

世界遺産の中で

暮らすことを想像してみよう!

合掌造りの集落には今も人が住んでいて、この地域を訪れる観光客とともに生活しているともいえる。もし自分が住む地域に、多くの観光客が訪れるようになったら自分たちの生活はどうなるだろうか。みんなで話し合ってみよう。

ふきかえ作業のおもな役割

- カヤを結んで縄でしばる人
- 遠くでふき具合を指示する人
- カヤの束を渡す人
- カヤをふく人
- 食事やおやつを用意する人

噴水は何のため?

秋になると、合掌造り集落のあちこちで噴水のように水が噴き上げられます。これは火災に備えた放水訓練です。白川郷の荻町集落は世界遺産に登録されるずっと前から防火活動に積極的で、放水銃が設置されたのは1977年のこと。今では59基もあります。また、各組ごとに1日3回も火の用心にまわったり、深夜には当番の人が集落全体を点検したりしています。こんなところにも、お互いに助け合う結の精神が宿っているといえます。

荻町集落の放水訓練は秋の風物詩。(写真:岐阜県白川村役場)

白川郷に残る祭りと伝統

たくさんの雪が降る白川郷や五箇山地方では、冬のあいだ、家の中で囲炉裏を囲みながら歌い、踊って過ごしてきました。こうして「こきりこ節」や「麦や節」などの民謡が受け継がれ、結婚式などのハレの日に披露されてきたのです。七福神の格好をした踊り子が家をまわる「春駒踊り」は、もともと2月に行われる「蚕飼い祭り」で演じられた伝統芸能。近年では正月や祝い事などで踊られます。

どぶろく祭り

豊作と健康を願い、白川村荻町の白川八幡神社、鳩谷の鳩谷八幡神社、飯島の飯島八幡神社で毎年10月ごろに行われる祭り。どぶろく（白くにごった酒）や獅子舞が神に捧げられる。

（写真：3点とも岐阜県白川村役場）

春駒踊り

毎年元日、白川村で行われる伝統芸能。もともとはカイコがよく育つように願う祭りの「蚕飼い祭り」で演じられた。

不思議にみちた世界の家

関連する世界遺産

世界各地には、その土地の気候や文化、歴史によって形づくられた不思議な家があります。とんがり屋根の家や巨大なドーナツ形の屋根など、その形もユニークです。

🇮🇹 アルベロベッロのトゥルッリ

イタリア

南イタリアの町アルベロベッロに約1000軒も密集している、とんがり屋根の家「トゥルッリ」。平らな石を積み上げただけの簡素なつくりですが、雨水が二重構造の壁のあいだを通って井戸にたまるしくみになっているなど、形だけでなく構造もユニークです。

民家のほか、ホテルに改装されているトゥルッリもある。

🇭🇺 ホローケーの古村落とその周辺地区

ハンガリー

ハンガリー北部のホローケーは、約600mの一本道に70軒ほどの白壁の家がならぶ小さな村。時代とともに変化しながらも伝統的な集落を維持しているホローケーは「ハンガリー一美しい村」とも呼ばれ、人が暮らす村としてはじめて世界遺産に登録されました。

村の中央に築かれた教会堂は1889年につくられたもの。

🇨🇳 福建の土楼

中国

福建省の山間部にある巨大な集合住宅。「土楼」という名の通り、土を固めてつくった家で、大きなものでは500もの部屋をもつ建物もあります。集団で生活することで外敵から身を守るためにたてられました。もっとも古い家は900年以上もの歴史があるそうです。

福建省には丸い山が多く、家の形もそれをまねたといわれる。

家康をまつる豪華な神社

日光の社寺

栃木県中部にある日光は古くから山岳信仰の場でしたが、江戸時代、徳川家康が東照宮にまつられたことによって、よりいっそう人びとの注目を集める場所となりました。世界遺産には二荒山神社、日光東照宮、輪王寺の2社1寺に属する103棟の建物と周辺の景観遺跡が登録されています。

唐獅子
ライオンをモデルとした霊獣。力の象徴。

麒麟
龍の顔をもつ霊獣。平和な世界に姿を現すといわれている。

龍
2本の角をもつ霊獣で王権の象徴。龍(辰)は、陽明門をたてた家光の干支でもある。

龍に似ているが、ワニをモデルにしたとされる霊獣。

息

唐子遊び
鬼ごっこや雪だるまづくりなどをして遊ぶ子どもたちの彫刻。「子どもが安心して遊べる平和な社会」を願ってつくられたといわれている。

龍の顔と馬の体をもつ霊獣。

龍馬

日光東照宮のシンボル、陽明門。門の高さは約11m、幅は約7m、奥行きは約4.4mある。たくさんの動物や人物、不思議な力をもつとされる霊獣などの彫刻で埋めつくされている。

登録年	**1999年**
所在地	**栃木県日光市**
登録物件	**二荒山神社、日光東照宮、日光山輪王寺、輪王寺大猷院、神橋など**
登録区分	**文化遺産**(登録基準①④⑥)
アクセス	【日光東照宮】東武日光駅からバスで約8分、「表参道」下車、徒歩約5分。

新潟県　福島県
群馬県　・日光山内
・前橋　栃木県　・宇都宮
埼玉県　茨城県
・甲府　・さいたま
山梨県　東京都・東京　千葉
神奈川県　・横浜　千葉県

ココがすごい！ 登録ポイント

◎東照宮だけでも5173体のみごとな彫刻がある。

◎東照宮本殿や大猷院などに用いられている建築様式(権現造り)が江戸時代の神社建築のよい見本になった。

奈良時代から聖地だった日光

日光が山岳信仰の場として栄えるようになったのは、奈良時代のこと。8世紀後半、修行僧の勝道上人が男体山（二荒山）を拝むための小さなほこらを築いたことにはじまります。そのころ、のちに輪王寺となる四本龍寺がたて

られ、782年には男体山をご神体として二荒山神社もつくられました。そして江戸時代初期、徳川家康をまつるために3代将軍・家光によって東照宮が豪華な建物に大改修されると、庶民の信仰をさらに集めるようになったのです。

なぜ東照宮に 家康がまつられているの？

1616年に家康は死去しますが、生前、「自分が死んだら江戸の真北にある日光に小さなお堂をたてて、そこにまつってほしい」と遺言していました。死の翌年、家康は天皇から「東照大権現」の神号（神としての称号）を受け、東照宮の社殿も完成。こうして家康は自ら日光の地を選び、神様としてまつられることになりました。

東照宮の境内から続く207段の石段を上ると、家康の墓がある奥社が見えてくる。奥社には高さ5mの宝塔（写真）がたち、その下に家康が眠っている。

陽明門をくぐると正面にある唐門には、たくさんの人物や霊獣の彫刻がある。

東照宮には 彫刻がいっぱい！

東照宮の建物にはたくさんの彫刻が彫られていて、東照宮全体で5173体、陽明門だけでも508体もあります。「見ざる・言わざる・聞かざる」で有名な三猿のほか、象や獏もいます。象の下絵を描いたのは天才画家・狩野探幽。象は当時とても珍しく、実物を見たことがなかった探幽は想像で描いたそうです。こうした数々の彫刻をはじめ、有能な技術者によってつくられた日光の美術と建築は、世界遺産に登録された理由のひとつでもあります。

東照宮の上神庫の上部に彫られている象の彫刻。

陽明門の左右につらなる回廊に彫られたクジャクの彫刻。

そうだったのか！

家光が短期間で東照宮の 大改修をした理由とは？

徳川家康の孫にあたり、江戸幕府の基礎を築いた3代将軍・家光。家康を尊敬していた家光は、一流の技術者を多数集め、わずか1年5カ月で東照宮を豪華な建物に仕上げました。短期間で大改修した理由には、徳川家の力を天下に示す意味もあったといわれています。

多くのナゾにみちた東照宮

もっと知りたい

東照宮の改修には、現在のお金に換算すると約400億円もの総工費がかかったといわれます。そんな東照宮には、あちこちに不思議なしかけがちりばめられています。

なぜ猫は眠っているの?

家康のお墓(奥社)につながる階段の入り口に、東照宮でもっとも有名な彫刻「眠り猫」があります。この彫刻は名工・左甚五郎がつくったとされ、「猫が眠っていられるような平和な世の中にしよう」という意味が込められているといいます。ただ、眠り猫は左斜め前から見ると、今にも飛びかかろうとする姿勢にも見えるから不思議です。

正面から見た眠り猫。

斜めから見た眠り猫。

にらんでいる!

眠り猫の裏にはスズメの彫刻が彫られている。猫が眠っているためスズメは安心して遊んでいられるのだとか。

石鳥居。建設に使用した15個の石は遠く福岡から運ばれた。

模様が1カ所だけ逆に!

陽明門にはうず巻き模様が彫られた12本の柱がありますが、1本だけ模様が上下逆になっている柱があります。これは間違えてたてられたわけではなく、「物を完璧につくってしまうとあとは崩壊するばかりなので、未完成にしておけば壊れることもない」というまじないが込められているのです。

逆向き

正しい向き

「魔よけの逆柱」と呼ばれる背面の柱(上)、本来の姿でたてられている柱(下)。

石鳥居がさらに大きく見えるしかけ

東照宮の表参道を歩くとまず見えてくるのが石鳥居。花崗岩でできていて、高さは約9mもあります。江戸時代にたてられた石鳥居の中では日本一大きなものですが、さらに大きく見せるため、鳥居の手前にある10段の石段は上にいくほど横の長さが短く、奥行きが狭く設計されています。石段を小さくすることで、鳥居全体を大きく見せているわけです。

猿の彫刻は人の一生を表している!

神厩。厩舎内では実際の白馬を見ることができる(時間限定)。

東照宮の表門をくぐると左に見えるのが神厩。ここは、神馬(神様が乗るための馬)をつないでおくための場所です。昔から猿が馬を守ると伝えられていることから、建物の上部に8面にわたって猿の彫刻が彫られています。この彫刻は人の一生を表していて、「見ざる・言わざる・聞かざる」の三猿もそのひとつです。

8つの場面それぞれに意味が込められているんだね!

日光仮面

① 母猿と子ども。母が手をかざして見ているのは遠くの景色ではなく、子どもの将来といわれる。

② 「見ざる・言わざる・聞かざる」の三猿。幼いうちは純真なため外からの影響を受けやすいので、悪いことは見聞きせず、悪い言葉も使わせないのがよい、という教え。

③ まだ独り立ちしていないが、これからの人生を考えている猿。孤独に耐える姿も表している。

④ 若い2匹の猿が希望を胸に抱いて上のほうを見ている。

⑤ 下を向いている猿とその仲間。左側の猿は中央の猿の背中に手をあてて、励ましているようにも見える(写真にはないが、あと1匹が右側にいる)。

⑥ 右側の猿は結婚する意思を決めたらしい。左側の猿はメスのようで、オスの決断を受け入れようかどうか迷っているとも思える。

⑦ 結婚することになった2匹の猿。ともに手をたずさえてこれから生きていこうという場面。

⑧ 妊娠したメスの猿。やがて子どもが生まれ、最初の場面に戻っていく。

そうだったのか!

なぜ龍の天井画を「鳴き龍」というの?

陽明門の左側にたつ本地堂(薬師堂)の天井には、「鳴き龍」と呼ばれる全長約15mの巨大な龍の絵が描かれています。作者は狩野探幽の弟・安信です。この龍の絵が「鳴き龍」といわれている理由は、龍の顔の下で拍子木を叩いたときだけ、音が「キーン」と長く響くため。設計上このようにしたわけではなく、偶然発見されたことだそうです。

拍子木(写真右)は、打ち鳴らす2本の堅い木。

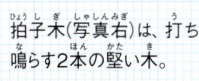

イラスト図解

聖地「日光」の全体像を知ろう

1200年以上前から山岳信仰の聖地だった日光。その全体像を見てみると、山の中に数多くの社寺と関連する建物がたてられているのがわかります。

二荒山神社

本社と2つの別宮（本宮神社、滝尾神社）のほか、男体山の山頂にある奥宮、中禅寺湖の湖畔にある中宮祠からなる。神橋の近くにたつ本宮神社が二荒山神社のはじまりとされる。写真は本社の拝殿。

輪王寺大猷院

徳川家光の墓がある場所。祖父の家康に敬意を表して、本殿や拝殿は東照宮に向けてたてられている。また、家光の「東照宮をしのいではならない」との遺言から、東照宮よりも落ち着いたつくりになっている。

奥社（P37）

日光東照宮

本堂（三仏堂）

神橋

日光の表玄関ともいわれる木造の橋。幅7m、長さ28mで、朱色の漆が塗られている。川を渡れずにいた勝道上人が祈りを捧げると神様が現れ、蛇を投げ入れたところ、橋になったという伝説がある。

輪王寺

勝道上人が創建した寺。「輪王寺」という名前は日光山にたつ寺や堂塔などといった建物の総称で、家光の霊廟（霊をまつった建物）である大猷院も輪王寺に属している。写真は輪王寺の本堂。

「日光」という地名の由来は?

東照宮、二荒山神社、輪王寺という2社1寺の門前町として古くから栄えてきた日光。「にっこう」という地名の語源は、男体山の別名である二荒山の「二荒」を「にこう」と音読みして、それに「日」と「光」という字をあてたといわれています。「ふたら」という言葉の語源は、観音様がすむ場所の補陀落にあるという説が有力です。

二荒 ➡ 二荒 ➡ 日光

103の建物が国宝と重要文化財!

世界遺産に登録されている東照宮、二荒山神社、輪王寺には103棟の建物があり、そのうち9棟が国宝、94棟が重要文化財に指定されています。大猷院の本殿・相の間・拝殿(P40写真)や陽明門のほか、東照宮の本殿を囲む「透塀」も国宝のひとつ。長さ160mの塀に透かし彫りが施されていて、塀の中が透けて見えます。

北

別宮滝尾神社

白糸の滝

天の北極
(北極星)

男体山

日光

江戸を見守っている!

亡くなった1年後、家康は日光に神としてまつられる。

1616年、家康は駿府城で死去。

富士山

駿府城

久能山東照宮

家康が最初にほうむられたところ。

江戸

なぜ家康は日光を選んだの?

中国では、昔、宇宙の中心である「天の北極」には、天帝と呼ばれる全宇宙の支配者がすんでいるとされていました。その天帝から地上の支配者として指名された人が天下人です。このような考え方を「天道思想」と呼び、織田信長や豊臣秀吉をはじめ、戦国武将のあいだに広まりました。全国を統一して天下人となった家康が、自分をまつる場所として日光を選んだ理由は、この「天道思想」と関係しているといわれています。日光は、地上の中心である江戸城と、天の北極(北極星)を結ぶ線のあいだに位置します。神となった家康は、天帝とともに江戸を見守るために日光の地を選んだといわれているのです。

そうだったのか!

男体山には「家族」がいる!?

男体山の北東には女峰山という山があり、「男」「女」で対になっています。また、男体山の北西には太郎山という名前の山があり、男体山と女峰山の「長男」とされています。男体山を父とした家族ともいえるこの3つの山は、日光三山として昔から信仰の対象となっていました。

標高2486mの男体山。

総合学習

神社にはどんな種類がある?

どの神社も「神様をまつる場所」という点は同じですが、その名前は「○○神宮」や「○○大社」などいろいろです。神社にはどんな種類があるのでしょうか。

「神宮」「大社」とは?

伊勢神宮(三重県伊勢市)や明治神宮(東京都渋谷区)のように「○○神宮」と呼ばれる神社は、昔から天皇や皇室と関係の深いところです。また、「大社」はもともと出雲大社(島根県出雲市)を指す呼び名でしたが、全国各地に広がった神社の総本社も大社といいます。たとえば諏訪神社の総本社である諏訪大社(長野県諏訪市)などです。そのほか、武家の神様である八幡神をまつる「八幡神社(八幡宮)」や、農業や産業の神様の稲荷神をまつる「稲荷神社」のように、東照宮と同様、まつられている神様の呼び名がついた神社もあります。

このように、名前に注目するだけでも神社の種類や歴史が見えてくるのです。

代表的な「神宮」と「大社」

伊勢神宮

出雲大社

天照大御神をまつる内宮と、豊受大御神をまつる外宮を中心に125の社をもつ神社。正式名称は「神宮」。もともと参拝できたのは天皇だけだったが、平安時代末ごろから庶民も参詣に訪れるようになり、国民的な神社となった。
(写真提供:伊勢神宮)

国づくりの神・大国主命を主祭神とし、『古事記』にも創建の話が書かれている古い神社。旧暦10月には全国の神々が出雲に集まるといわれ、一般的に「神無月」と呼ばれるこの月を出雲では「神在月」と呼ぶ。(写真提供:出雲大社)

神が宿る「ご神体」

神社には神様がまつられていますが、実際に神社にまつられているのは、神が宿るとされる「ご神体」です。ご神体の多くは鏡や御幣(細長い竹や木に紙をはさんだ神祭用具)ですが、剣(熱田神宮／愛知県名古屋市)や島全体(宗像大社／福岡県宗像市)をご神体としている神社もあります。

御幣

山口先生の

調べてみよう!

人物をまつった神社を探してみよう!

全国各地にある「天満宮」は、平安時代の学者・菅原道真を「学問の神様」としてまつった神社。天満宮や東照宮のように、歴史史上の人物がまつられている神社を探してみよう。

「東照宮」は全国各地にあるよ!

徳川家光が諸大名に東照宮の造営をすすめたこともあって、今でも各地にたくさんの東照宮がある。家の近くに東照宮があるか、日光の東照宮とはどう違うかなど調べてみよう。

近所の神社に彫刻はあるかな?

日光東照宮の豪華な彫刻とくらべると地味かもしれないが、一般的な神社にも本殿や拝殿に彫刻がほどこされていることが多い。どんな彫刻があるかチェックしてみよう。

不思議な神社、大集合！

社殿がない神社

大神神社(奈良県桜井市)は、三輪山という山自体がご神体。そのため一般的な神社にあるはずの本殿がなく、拝殿の奥から三輪山を拝むという不思議なつくりの神社。

島全部が神社

福岡県宗像市の沖合に浮かぶ沖ノ島(P188参照)は、宗像大社の一部で、島全体が信仰の対象。入島制限も厳しいため、古い時代の祭祀の跡が残されている。

流れ落ちる神様！

和歌山県那智勝浦町にある那智の滝は、落差133mをほこる日本三大瀑布のひとつ。熊野那智大社の別宮・飛瀧神社のご神体として古くから人びとに崇められてきた(P141参照)。

きらびやかな世界の霊廟

関連する世界遺産

霊廟とは、先祖や偉人などの霊をまつった建物のこと。日光東照宮と同様に、世界にも有名な人物がまつられた豪華な霊廟があります。

タージ・マハル

インド

インド北部のアグラにある白大理石づくりの霊廟。ムガル帝国の第5代皇帝シャー・ジャハーンが愛する妻をまつるため、1632年ごろに着工し、約22年もかけてつくりました。高さ70m近くもある中央ドームの下に妻の棺が置かれています。

曲阜の孔廟、孔林、孔府

中国

山東省にある、孔子(紀元前6～5世紀に活躍した思想家)とその子孫をまつった建物群。孔廟は孔子の霊廟、孔林は孔子や子孫の墓地、孔府は孔子の直系が暮らしていた邸宅。孔子一族の墓は10万以上。2500年以上にわたって守られてきました。

古代都市テーベとその墓地遺跡

エジプト

古代都市テーベは、現在のエジプトのルクソールという都市にありました。数百ともいわれる遺跡があちこちにあり、カルナック神殿やルクソール神殿などの神殿群のほか、「王家の谷」と呼ばれる墓地にはツタンカーメンやラムセス2世などの墓があります。

左右対称にたてられたタージ・マハル。

孔廟の中心的な建物である大成殿。

代々、増改築がすすめられてきたカルナック神殿。

世界遺産に登録されるまで

世界遺産に登録できるのは、原則として、世界遺産委員会に提出した暫定リスト(P9)に記載されている場所に限られます。その後、①推薦、②専門家による調査、③委員会での審議と、大きくわけて3つの段階をへて、世界遺産に登録できるかが決まります。

❶ ユネスコに推薦

世界遺産条約を締結した国の政府は、国内にある文化財や自然の中から、「世界遺産にふさわしい」と思うものをユネスコ世界遺産センターに推薦します。このような制度のため、どれほど貴重な場所であっても、締結国が推薦しないかぎり世界遺産になることはありません。世界遺産センターでは提出された書類をチェックし、問題がなければ専門家による調査に移ります。

世界遺産センターに提出された「『神宿る島』宗像・沖ノ島と関連遺産群」(P188)の推薦書。中身は英語で書かれている。

❷ 専門家による調査

文化遺産の候補はICOMOS(国際記念物遺跡会議)が、自然遺産の候補はIUCN(国際自然保護連合)が、それぞれ世界遺産にふさわしい場所であるかを調査します。ICOMOSとIUCNは現地調査を行い、提出された書類の内容と合わせて総合的に判断し、評価報告書をまとめます。評価は「登録」「情報照会」「登録延期」「不登録」の4段階です。

2015年8月、ICOMOSの担当者が「国立西洋美術館」(P180)を視察した。

❸ 世界遺産委員会で審議

ICOMOSとIUCNの評価書をもとに、世界遺産委員会で審議を行い、世界遺産に登録されるかが決まります。世界遺産委員会は、条約締結国の中から選ばれた21カ国の代表者で構成されます(各委員の任期は6年)。委員会の評価も「登録」「情報照会」「登録延期」「不登録」の4段階ですが、必ずしもICOMOS、IUCNの評価書と同じ決定が下されるとは限りません。

2015年にドイツのボンで開かれた第39回世界遺産委員会の様子。この委員会で、「明治日本の産業革命遺産」(P172)の登録が決まった。

世界遺産候補に対する4つの評価

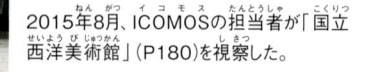

登録	世界遺産に登録できるもの
情報照会	追加情報が提出されれば、翌年以降の世界遺産委員会で再審議できるもの
登録延期	推薦書を再提出し、ICOMOS、IUCNの再調査を受ける必要があるもの
不登録	世界遺産に登録できないもの。同じ内容で再び推薦することはできない

第2章 「古都」の世界遺産

46 古都京都の文化財（京都市、宇治市、大津市）
（京都府、滋賀県）

56 古都奈良の文化財
（奈良県）

66 琉球王国のグスク及び関連遺産群
（沖縄県）

遠い昔に都があった京都と奈良には、当時の文化を今に伝える遺産が数多く残されています。また、沖縄はかつて琉球王国という独立国でした。こうした「古都」の遺産を紹介します。

古都京都の文化財（京都市、宇治市、大津市）

日本文化の源となった町

京都は平安時代から江戸時代まで天皇が暮らし、貴族文化が花開いた町です。室町時代には幕府が置かれ、武家文化も栄えました。京都には彼らがつくった美しい建物や庭園が残され、数々の祭りも受け継がれています。日本文化の源流の多くが、京都にはあるのです。

本堂
正面の幅は約36m。屋根は瓦ではなく、ヒノキの木の皮（檜皮）でふかれている。檜皮ぶきは格式が高く、こけらぶき（薄い木の板でふくもの）とともに、由緒ある寺や神社で取り入れられている。

舞台
「思い切った行動をする」という意味のたとえ、「清水の舞台から飛び降りる」の由来となったのがここ。江戸時代の記録によると、1694〜1864年のあいだに実際に飛び降りた件数は235件で、85%が一命をとりとめたそうだ。もちろん昔も今も飛び降りは禁止！

清水寺。「清水の舞台」（写真）がある建物は本堂で、十一面千手観音立像をまつることから観音堂ともいわれている。現在の建物は1633年に再建されたもので、地上から舞台までは約13mある。

登録年	1994年
所在地	京都府京都市・宇治市、滋賀県大津市
登録物件	鹿苑寺（金閣寺）、龍安寺、延暦寺、二条城など17件
登録区分	文化遺産（登録基準②④）
アクセス	【鹿苑寺】京都駅から地下鉄烏丸線に乗り、北大路駅で下車。そこから市バスに乗り、金閣寺道で下車、徒歩5分。

ココがすごい！ 登録ポイント

◎建築や庭園をはじめ、現在まで通じる文化の源になった。

◎平安時代、室町時代、江戸時代など、各時代の建造物がたくさん残されている。

平安時代からの歴史を物語る建築と庭園

794年、桓武天皇が築いた日本の首都「平安京」が、現在の京都です。1869年に首都が東京へ移されるまで、京都は天皇をはじめとする貴族文化の中心地であり、同時に武家文化や町人文化も栄えました。大きな寺が次々にたてられ、それらが古くからの神社とともに、「古都」として

の雰囲気を形づくっています。

京都にはたくさんの寺や神社がありますが、「敷地全域が史跡等に指定されている」など、世界遺産の条件を満たした17件のみが登録されました。そのため、未登録の文化財を追加しようという運動も起こっています。

賀茂別雷神社（上賀茂神社）

都を守る神社として、人びとから崇められた神社。下鴨神社とともに行う5月の葵祭が有名（写真は細殿から眺めた二ノ鳥居）。

高山寺

深い山の中にあり、もとは修行の場だったと考えられている寺。境内には鎌倉時代の石水院が残り、紅葉の名所として知られている。

古都京都の文化財の構成資産

醍醐寺

険しい山中に建物が点在する大きな寺。五重塔は平安時代の951年にたてられた、京都に残る最古の建築物。

8世紀に上賀茂神社から分かれ、平安京を守る神社となった。参道の両側に、うっそうとした糺の森が広がっている。

賀茂御祖神社（下鴨神社）

[地図内: 高山寺 / 賀茂川 / 上賀茂神社 / 京都府 / 比叡山 / 延暦寺 ④ / ⑨ ① 金閣寺 / 下鴨神社 / 滋賀県 / 仁和寺 龍安寺 / 銀閣寺 ② / JR 山陰本線 / 京都御所 / 鴨川 / ⑦ 天龍寺 / 二条城 / 京 都 市 / ⑧ 西芳寺 / ⑤ 西本願寺 清水寺 / 京都駅 / 東海道新幹線 / ③ 東寺 / 桂川 / 醍醐寺 / 宇治川 / JR奈良線 / 宇治上神社 / 宇治市 / 宇治駅 / 宇治上神社 / 平等院 ⑥ / N / 0 2km]

仁和寺

金堂（写真）は、江戸時代はじめの京都御所の建物を移築したもの。仏堂として手直しされているが、御所の建物として貴重なもの。

宇治上神社

創建時期は不明だが、現在の本殿は平等院を守る神社として平安時代に建立されたものといわれる。拝殿は鎌倉時代の建立。本殿は日本に現存する最古の神社建築（写真は本殿覆屋）。

※地図中の①〜⑨の資産はP48-51で紹介します。

ちょっと知りたい

京に残る美しい建物と日本庭園

京都では平安時代から江戸時代まで、およそ1000年間につくられた建築物や日本庭園を見ることができます。建築物は各時代の権力者や有力な僧侶が築いたものが多く、大規模で豪華。P50-51では龍安寺の石庭など、美しい日本庭園を紹介します。

① 鹿苑寺（金閣寺）

各層で建築様式が違うのはなぜ？

　鹿苑寺（金閣寺）には室町時代を代表する建築、金閣があります。金閣というと、金ぴかの見た目に気を取られがちですが、構造も特徴的で、1層が寝殿造り（貴族住宅風）、2層が書院造り（武家住宅風）、3層が仏殿造り（寺院風）となっています。金閣をたてた室町幕府3代将軍の足利義満が、貴族、武士、僧侶の上に立つ「日本の王」であることを示そうとしたため、こうしたつくりになったともいわれています。（現在の金閣は1950年の焼失後に再建されたものです）

花頭窓
梵鐘形をした、中国にルーツをもつ窓。

こけらぶき
こけら（薄い木の板）でふかれた屋根。

【金閣】

鳳凰

3層（仏殿造り）
お釈迦さまの骨（仏舎利）が安置されている。

2層（書院造り）
なかには四天王像などが安置されている。

1層（寝殿造り）
ここだけ金箔がはられていない。

鏡湖池

金閣。もとは別荘としてたてられたが、足利義満の死後、遺言によって鹿苑寺という寺になった。（写真：鹿苑寺）

② 慈照寺（銀閣寺）

なぜ銀色ではないの？

　金閣とともに室町時代の建築を代表するのが、慈照寺（銀閣寺）にある銀閣です。室町幕府8代将軍の足利義政によって、1490年にたてられました。義政は建設にあたり、祖父・義満がたてた金閣を参考にしたといいます。では、なぜ銀閣には銀箔がはられていないのでしょうか。よくいわれるのが、財政難によって銀を集められなかったという説です。しかし義政ははじめから豪華に飾るつもりはなく、金閣にならって「銀閣」と呼ばれるようになったようです。

金閣と同じように、銀閣の前にも池があるが、庭全体がコンパクトにまとめられている。（写真：慈照寺）

金閣は紅葉の季節もオススメだよ！

まゆまろ

鳳凰
【銀閣】
こけらぶき

花頭窓

1層（書院造り）
住宅風のつくり。

2層（仏殿造り）
本尊である観音菩薩像が安置されている。

錦鏡池

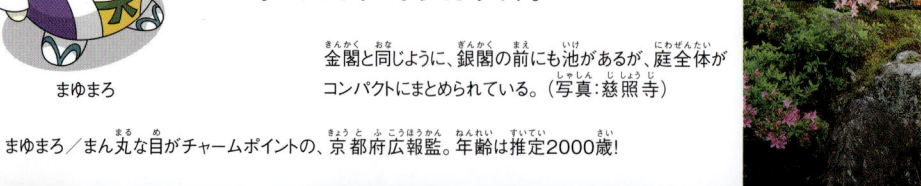
まゆまろ／まん丸な目がチャームポイントの、京都府広報監。年齢は推定2000歳！

③ 教王護国寺（東寺）

平安京の都を守った寺

　平安京の南の入り口には、都を守るため東寺と西寺という2つの寺院がたてられました。西寺はその後すたれましたが、東寺は正式には教王護国寺といい、現存しています。東寺で有名なのが五重塔で、高さは約55m。日本に現存する五重塔ではもっとも高く、18階建てのビルとほとんど同じ高さです。

五重塔。現在の塔は江戸時代初期の1644年に再建されたもの。

そうだったのか！

時代が変われば塔も変わる!?

　東寺五重塔と法隆寺五重塔（P16）を比べると、全体の形が違うことに気づきませんか？　法隆寺では、1層から5層にかけて少しずつ小さくなっているのに、東寺ではほとんど同じ大きさです。これは、たてられた時代が違うため。新しい塔ほど、1層と5層の大きさが同じになる傾向にあります。

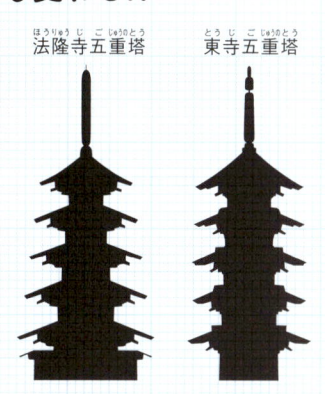
法隆寺五重塔　　　東寺五重塔

法隆寺五重塔（680年ごろ）の1層と5層の幅の比は1：0.5だが、東寺五重塔（1644年）では1：0.7となっている。
※比べやすいよう、同じ高さで作図。

④ 延暦寺

山が丸ごと寺の境内！

　延暦寺は唐（中国）に留学したことのある僧侶・最澄によって、788年に創建されました。京都市と大津市にまたがる比叡山を丸ごと境内とした、とても大きな寺です。延暦寺は平安時代から日本の仏教界を代表する寺として知られ、大勢の僧侶がここで仏教を学びました。境内には約150の堂や塔がたち、いまでもおごそかな雰囲気に満ちています。

延暦寺の東塔にある根本中堂。現在の建物は江戸時代はじめのもの。

⑤ 西本願寺

豊臣秀吉とのゆかりが深い寺

　戦国時代、大きな寺院は大名と張り合えるほどの勢力をもっていました。西本願寺もそのひとつで、彼らの勢いをおそれた豊臣秀吉は、西本願寺と親しくつき合うようになりました。このような背景から、西本願寺には秀吉ゆかりの建物がたくさんあります。飛雲閣は秀吉がたてた邸宅の聚楽第を移築したものと伝えられていて、寺の南にある唐門も、秀吉の築いた伏見城の門だったといわれています。

西本願寺の唐門には細かな彫刻がほどこされている。
（写真：西本願寺）

京に残る美しい建物と日本庭園

もっと知りたい

極楽浄土を表現した平等院。鳳凰堂は幅約47m。

【鳳凰堂（阿弥陀堂）】

鳳凰

〈中堂〉

天井は人が立って歩けないほど低い。このため通路ではなく、建物を美しく見せるために設けられたと考えられている。

〈南翼廊〉

〈北翼廊〉

阿弥陀如来が納められている。

石灯籠
奈良の興福寺（P59）のものに似せてつくられたという。

洲浜
小石を敷きつめ、海辺をイメージしている。

⑥ 平等院

阿字池

© 平等院

極楽浄土を表した平安時代の庭

　平安時代後期の人びとは、「お釈迦さまが亡くなって2000年目の1052年に、仏法が正しく伝わらなくなる」と信じていました。こうした考えを末法思想といいます。同じころ、京都では飢饉や疫病が広まったため、人びとは安心してあの世へ旅立てるよう、死者を極楽浄土へ導く阿弥陀如来をまつる寺をたくさんたてました。そのひとつが平等院で、1053年に鳳凰堂が完成。鳳凰堂の前には大きな池があり、全体は極楽浄土を表現しています。平安時代後期には、こうした「浄土庭園」が流行しました。

天龍寺の庭園。秋の紅葉シーズンには多くの観光客でにぎわう。

⑦ 天龍寺

室町時代のままの姿の庭！

　浄土庭園の伝統は鎌倉時代以降も受け継がれ、池を中心とする庭（池泉庭園）がつくられていきました。室町幕府の初代将軍・足利尊氏によって、後醍醐天皇の冥福を祈る場としてつくられた天龍寺の庭も、池泉庭園の代表作です。創建は1339年。とても開放的に見えるのは、後ろにそびえる山並みを庭の一部として取り込んでいるためでしょう。こうした技法を、景色を借りることから「借景」といいます。

西芳寺の庭園のコケ。黄金池のまわりには、ふんわりとしたコケがたくさん生えている。

⑧西芳寺

境内はコケだらけ!?

室町時代には、池泉庭園の一部に砂や石組みを設けた庭園がつくられるようになりました。西芳寺の庭園も、これら2つの部分から成り立っていて、池泉庭園と枯山水庭園の中間的な庭といえます。また、西芳寺は庭園のすべてがコケでおおわれていることから「苔寺」とも呼ばれています。もともとコケは生えていませんでしたが、応仁の乱（1467〜77年）による戦火で被害を受けてから、少しずつコケが生えるようになったと伝わっています。

⑨龍安寺

【枯山水庭園】

菜種油を練り込んだ土でつくられた土塀。白砂の反射をおさえる効果がある。

石は全部で15個あるが、この写真には④⑩⑮の石は写っていない。石庭の石は、どこから見ても最大で14個しか見えないように置かれていて、無限の可能性を表しているともいわれている。史料によると、江戸時代には石が9個しかなかったともいわれている。

石の配置は何を表している？

西芳寺の庭園などで登場した砂や石組みが発達してできたのが、枯山水庭園です。特徴は、庭でありながら面積が狭いこと、水を使っていないことなどです。枯山水庭園として世界的に有名なのが、龍安寺の庭園（石庭）です。庭は、寺が再建された1488年以降のもののようですが、誰が設計したのかはわかっていません。龍安寺の石庭は、白砂に石を15個並べただけのシンプルなもの。砂や石が何を表しているのかは、人によって解釈が異なります。白砂は海面、石は島を表しているという見方や、親子のトラが川を渡る様子、雲の上に突き出た山々、夜空に光る星座という見方もされています。

そうだったのか！

「わびさび」って何？

日本の文化を表す言葉に「わびさび」があります。わびさびの「わび」は、汚れやさびれを受け入れて楽しむ心のこと、「さび」は、モノが時間とともに古びて趣のあることをいいます。つまり、「さび」を味わう心が「わび」というわけです。「わびさび」の考えでは、貧しい農家の壁に開いた穴でも「風流だ」と感じるようになります。

二条城と明治維新

イラスト図解

二条城は1603年、徳川家康によって、将軍が京都へ行ったときに使用する宿泊所として築かれました。それからおよそ260年後の江戸時代末期、二条城は日本史上に名を残す大きな出来事「大政奉還」の舞台となりました。

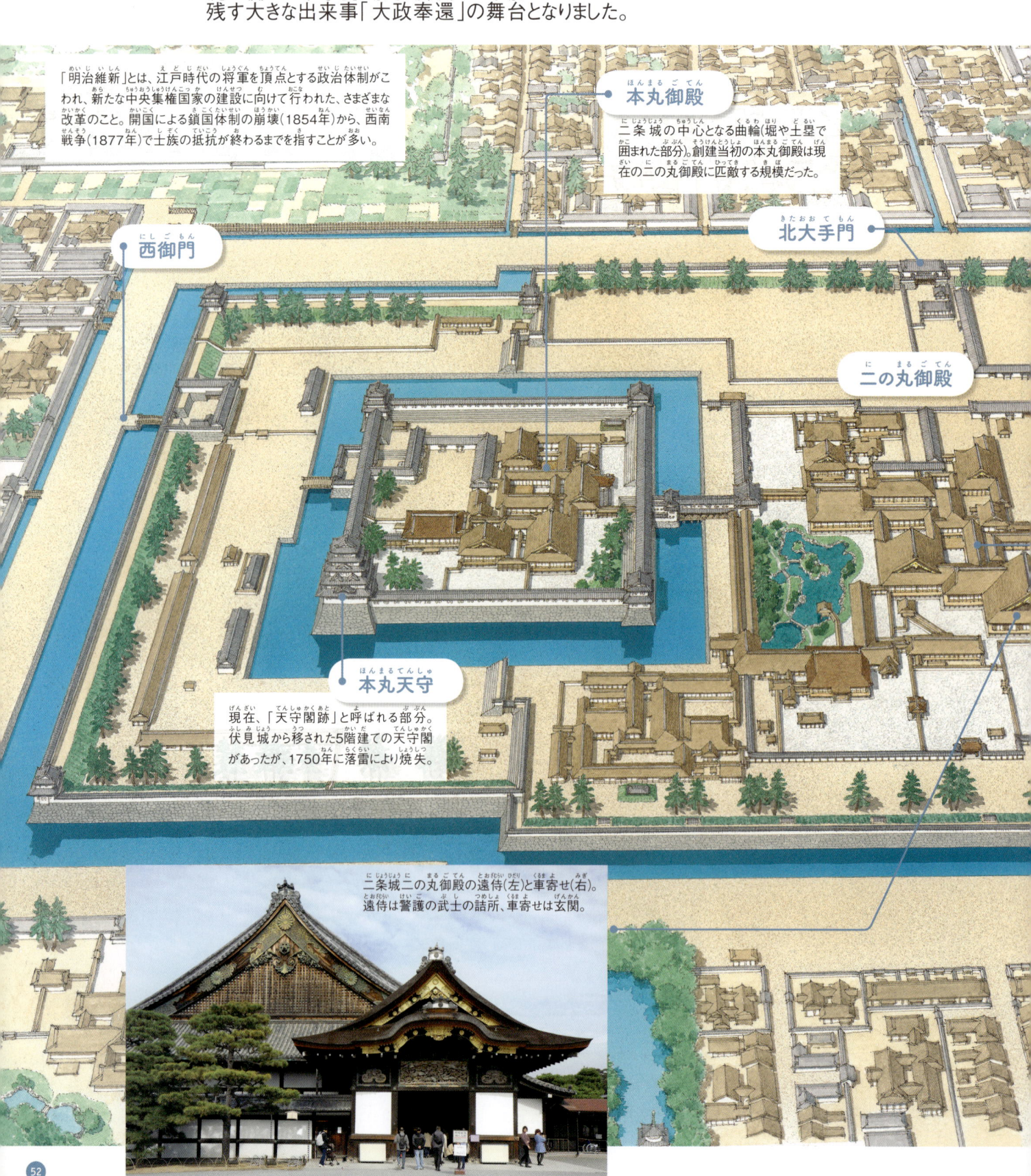

「明治維新」とは、江戸時代の将軍を頂点とする政治体制がこわれ、新たな中央集権国家の建設に向けて行われた、さまざまな改革のこと。開国による鎖国体制の崩壊(1854年)から、西南戦争(1877年)で士族の抵抗が終わるまでを指すことが多い。

本丸御殿

二条城の中心となる曲輪(堀や土塁で囲まれた部分)。創建当初の本丸御殿は現在の二の丸御殿に匹敵する規模だった。

西御門

北大手門

二の丸御殿

本丸天守

現在、「天守閣跡」と呼ばれる部分。伏見城から移された5階建ての天守閣があったが、1750年に落雷により焼失。

二条城二の丸御殿の遠侍(左)と車寄せ(右)。遠侍は警護の武士の詰所、車寄せは玄関。

戦よりも来客の接待を重視した城

二条城が現在の姿になったのは1626年。江戸幕府3代将軍の徳川家光が、後水尾天皇を迎えるために大改築しました。敷地は東西約500m、南北約400mで、二重の堀が築かれています。姫路城(P20)などとは異なり、御殿や庭園など、来客の接待や生活のための空間が中心になっています。しかし、二条城にもかつては天守がありました。天守は江戸時代中期の火災で焼失してしまい、いまは石垣の天守台が残っているのみです。

江戸時代の終わりを告げた場所!

徳川家康が築いた二条城は、皮肉にも江戸幕府が終わりを告げる場所にもなりました。1866年、二条城で徳川慶喜が15代将軍に任命されましたが、慶喜は翌年10月に二条城の二の丸御殿の大広間に各藩の重臣を集め、政権を朝廷(天皇)に返す「大政奉還」を行います。これによって江戸幕府は約260年におよぶ歴史を閉じ、明治時代を迎えることになるのです。

「大政奉還」。(作者・邨田丹陵／聖徳記念絵画館蔵)

二の丸御殿の部屋数は33!

二条城には本丸御殿と二の丸御殿の2つの御殿がありましたが、本丸御殿は江戸時代に焼失しました。現在の本丸御殿は、旧桂宮御殿を明治時代に移築したものです。また、二の丸御殿には式台(大名が老中とあいさつを交わした場所)、大広間、白書院(将軍の寝室)など、33もの部屋があります。それぞれの部屋のふすまや天井は、きらびやかに飾られています。

二の丸御殿の大広間。(写真:元離宮二条城事務所)

東大手門

外堀

ゆかりの人物

徳川慶喜
(1837 ～ 1913年)

江戸幕府の最後の将軍(15代)。水戸藩主・徳川斉昭の七男。1867年に大政奉還を行ったのち、新政府軍と戦った鳥羽・伏見の戦いに敗れ、水戸や駿府(現在の静岡市)で謹慎生活を送った。明治時代に入ると表舞台に立つことはなくなり、弓道や油絵、写真、サイクリングなど、趣味の世界に没頭した。

弓を引く徳川慶喜。
(写真:茨城県立歴史館蔵)

53

総合学習

全国がまねた京都の祭りと風景

京都は1000年以上にわたり、日本文化の中心にあり続けた町。その影響力はとても強く、全国各地で京都をまねた町がつくられ、京都と同じ伝統行事が行われるようになりました。

祇園祭(京都市)
次々と山鉾がくり出される。交差点を曲がる「辻回し」は一番の見どころ。

疫病退散を願う祇園祭

世界中から見物客が訪れる八坂神社の祭礼「祇園祭」。平安時代の京都では何度も疫病が広まったため、それらをしずめる目的で、869年に御霊会が開かれたのがはじまりといわれています。平安時代末期になると、疫病神をしずめ、退散させるために山鉾(山車)を出して市内を練り歩くようになりました。こうした祭りは、全国でお手本にされました。

高山祭(岐阜県高山市)

京都は町づくりのお手本

全国には「小京都」と呼ばれる町があります。寺が多く、雰囲気が京都に似ている町を、観光PRのために小京都と呼ぶこともありますが、「実際に京都をモデルにつくられた」といわれる町も存在します。それらの町では、京都と同じ地名をつけたり、京都に伝わる伝統行事を受け継いだりしています。近代化によって、古い町並みや道路が失われたところもありますが、各地の小京都と本家・京都を比べると、たくさんの共通点があることに驚かされます。

華やかな屋台(山車)で出る。この屋台も京都の祇園祭を起源としている。

山口(山口市)

室町時代にさかのぼる大内氏の城下町。三方を山に囲まれた地形が京都に似ています。一部の道路は京都を参考にして、碁盤目状につくられました。瑠璃光寺など歴史ある寺も多く、小京都としての風情が残ります。

瑠璃光寺にある五重塔。

中村(高知県四万十市)

1468年、応仁の乱から避難した一条教房が町づくりを開始。その後、京都で行われている「大文字の送り火」もはじめられました。

中村の大文字の送り火。
(写真:四万十市観光協会)

角館(秋田県仙北市)

角館名物の桜。

江戸時代初期、京都に生まれ、その後秋田に移った佐竹義隣が整備した町並みが残っています。義隣はふるさとを懐かしんで、角館の山や川に「小倉山」「賀茂川」などと名づけました。いずれも京都にある地名です。現在の角館は桜の名所として知られていますが、これも義隣が京都から持ち込んだ苗木にはじまるとされています。

山口先生の　調べてみよう!

地元の祭りについて調べてみよう!

自分の住んでいる町には、必ずといっていいほど祭りが伝えられている。それがどんな歴史をもつものなのか、何を目的としてはじまったのか、神輿が納められている神社などで聞いてみよう。

四季の行事に参加してみよう!

初詣や節分、花見、お盆など、日本の行事は一年を通してたくさんあるが、それらには先祖代々伝えられてきた歴史が積み重なっている。実際に参加して、その歴史を体感してみよう。

身近な「京風」を探してみよう!

町人が住む家の形式に、格子戸や坪庭(小さな中庭)をもつ「京町家」がある。京町家に似たつくりの家は全国で見られるので、近所にないか探してみよう。

関連する世界遺産

中世からの歴史をもつ世界の都市

京都と同じように、1000年以上の歴史をもつ都市は世界にも数多くあります。長い歴史や豊かな文化をもつ遺産には、今でも人びとをひきつける魅力があります。

中国ほか

シルクロード
長安—天山回廊の交易路網

中国の長安(現在の西安)や洛陽からキルギスにまたがるシルクロードの一部が、3国共同で2014年に登録されました。古い道沿いに点在する宮殿や石窟寺院、要塞の跡など、33の資産によって構成。紀元前2世紀からの歴史をもつ遺産です。

西安の大慈恩寺の大雁塔からの眺め。

トルコ

イスタンブール
歴史地区

ヨーロッパとアジアをつなぐ懸け橋となり、またその理由により戦乱の舞台ともなったトルコの大都市・イスタンブール。東ローマ帝国やオスマン帝国の首都でもありました。「世界一美しいモスク」といわれるブルー・モスクは必見です。

6本の尖塔をもつブルー・モスク。

モロッコ

フェス旧市街

フェスはアフリカ北部のモロッコにある都市。9世紀はじめに建設され、13世紀にはイスラム教の西の都市として芸術や学問の中心となって繁栄しました。旧市街には無数の細い路地が通り、「世界一の迷宮都市」ともいわれています。

旧市街の入り口にあるブージュルード門。

平城京とともに花開いた文化

古都奈良の文化財

飛鳥時代から奈良時代の日本の姿を今に伝える「古都奈良の文化財」。この遺産には東大寺（正倉院を含む）、興福寺、春日大社、春日山原始林、元興寺、薬師寺、唐招提寺、平城宮跡の8つが登録され、中国の唐の様式を独自に発展させた建物が多く残っています。

【第一次大極殿】
外国からの使者を迎えたり、天皇即位の儀式を行ったりした平城宮の重要な建物。

屋根
もっとも格式の高い屋根の形式「入母屋造り」で、法隆寺の金堂にも見られる。大極殿が重要な建物だったことがわかる。

瓦
本瓦葺き。平瓦と丸瓦を交互に組み合わせて並べる古い工法。

柱間
正面はすべて開放されていた（復元ではガラス張りになっている）。

基壇
建物の土台（基壇）は二重になっていて、これは飛鳥時代の建物の特徴。

平城京の中心部であり天皇の住居や役所があった平城宮には、国の重要な儀式を行う「大極殿」が築かれていた。写真は、2010年に平城遷都1300年を記念して復元された第一次大極殿。幅約44m、高さ約27m。

登録年	**1998年**
所在地	**奈良県奈良市**
登録物件	**東大寺、興福寺、春日大社など**
登録区分	**文化遺産**（登録基準②③④⑥）
アクセス	【東大寺】JR奈良駅、近鉄奈良駅から市内循環バスで「東大寺大仏殿・春日大社前」下車、徒歩5分。

（地図：福井県、岐阜県、岐阜、京都府、滋賀県、名古屋、兵庫県、京都、大津、神戸、大阪、•奈良、•津、大阪府、三重県、奈良県、•和歌山、和歌山県）

ココがすごい！ 登録ポイント

◎東アジアの古代の都の中で、8世紀当時の姿を伝える木造建造物群はほかにない。

◎春日大社は自然（春日山原始林）と一体となって宗教的な空間を形づくってきた。その宗教心が今でも人びとの中に息づいている。

外国人も数多く訪れた国際都市

710年、元明天皇は藤原京から平城京へ都を移しました。平城京は東西約4.3km、南北約4.8kmにもおよぶとても広い都市で、当時の中国(唐)の都・長安をまねてつくられました。平城京を南北に走る大通り「朱雀大路」を中心に東大寺や興福寺などがたてられ、インドやペルシャ(現在のイラン)といった遠くの国からやってきた人もいました。8世紀当時の平城京は、まさに国際都市と呼ぶにふさわしい場所だったのです。

平城宮跡

2002年当時の平城宮跡。2010年に復元された第一次大極殿は、当時と同じ材料や工法が用いられた。

中央区朝堂院跡

第一次大極殿跡

◀大和西大寺駅

近鉄奈良線

新大宮駅▶

組物

薬師寺の東塔を参考にしたデザイン。

朱雀大路跡

平城京でもっとも大きい道路。

朱雀門

平城宮の南面の中央門。復元された建物は1998年に完成。

【朱雀門】

平城宮跡は見学することができるよ!

しかまろくん
©奈良市観光協会

(写真提供:奈良市観光協会)

そうだったのか!

今も続く平城宮跡の発掘調査

朱雀門近くで行われている調査風景(2012年)。

平城宮跡の本格的な発掘調査は1959年から開始されました。1960年代、平城宮跡に電車の車両基地や国道をつくる計画が持ち上がりましたが、平城宮跡を守る声が広がり、宮跡は開発されずに保存されることとなりました。平城宮跡の調査は現在も続いていて、土器や生活用具などが発掘されていますが、その全貌が姿を現すのはまだまだ先になりそうです。

しかまろくん／のんびり屋な性格の男の子。好きな食べ物は鹿せんべい。奈良市観光協会のマスコットキャラクター。

古都に残る「日本のあけぼの」

もっと知りたい

唐の都・長安にならって建設された平城京。東西南北を碁盤の目のように走る道路に、東大寺や薬師寺、春日大社などの大きな社寺がたてられました。それぞれの建物には奈良時代当時のどのような歴史がつまっているのでしょうか。

大仏開眼会など、東大寺での儀式に関する品が納められている。

南倉

造東大寺司（東大寺を建設するための役所）に関する品が納められている。

中倉

聖武天皇と光明皇后に関する品が納められている。

北倉

正倉院正倉の外観（上）。中倉内側の校倉造りの壁（右）。

古都奈良の文化財の構成資産

京都府

平城山駅

平城駅

② 興福寺

近鉄奈良線

⑧ 平城宮跡
新大宮駅

大和西大寺駅

① 東大寺

③ ④ 春日山原始林

近鉄奈良駅

春日大社

唐招提寺 ⑦

薬師寺 ⑥

京終駅

⑤ 元興寺

奈良県

構成資産
緩衝地帯

0　　　　2km

N

① 東大寺（正倉院）

1250年以上も
宝物を守り続けられる秘密

　8世紀に聖武天皇が建立し、有名な〝奈良の大仏〟がある東大寺。その境内には、東大寺の宝や文書類、聖武天皇の遺品など、約9000点の宝物を納めている「正倉院」があります。正倉院正倉の内部は北倉、中倉、南倉という3つの部屋にわかれ、宝物は唐櫃という杉の箱に入れられていました。杉は湿度を調整し、虫食いにも強いため、宝物はあまりダメージを受けずにすんだのです。さらに、湿気を防ぐために正倉の床が高くつくられていることも、宝物を守るのに役立っています。

② 興福寺

なぜ阿修羅像には手がたくさんあるの？

　平城京に都が移された当時、藤原不比等によって現在の地にたてられた興福寺。この寺にある阿修羅像は、3つの顔と6本の腕をもち、美しい少年のような顔立ちをした仏教の守護神です。3つの顔と6本の腕をもつ理由は、阿修羅がすぐれた能力を備えていることを表現したためで、体の正面で祈っている以外の4本の手には弓、矢、太陽、月をもっていたといわれています。日本の仏像の中でもとくに人気が高く、たくさんの人びとが阿修羅像に祈りを捧げにやってきます。

不運の連続だった仏様の頭

　興福寺にある仏頭は、不思議な運命をたどった仏像です。この仏像はもともと、飛鳥の地にあった山田寺の講堂の本尊でした。しかし平安時代末期、平清盛の命によって興福寺が焼かれて本尊がなくなってしまったため、1187年、興福寺の東金堂の本尊となりました。しかし1411年、東金堂が火災にあって仏像は行方不明に。焼失したと考えられていた仏像ですが、1937年に東金堂の本尊の台座の中から焼け残った仏像の頭が発見され、再びこの世に現れることとなったのです。

3つの顔
左の顔は幼少期、右の顔は思春期、正面の顔は青年期で、3つとも一人の青年の姿を描いているともいわれている。

上に掲げられた手
右手には月、左手には太陽をもっていたとされる。

真ん中の位置の手
右手には矢、左手には弓をもっていたとされる。

体の前で組まれた手
お釈迦さまの教えにしたがい、祈っていることを表したもの。

阿修羅像。（写真：飛鳥園）

③ 春日大社

屋根が4つもある本殿

　朱色の社殿があざやかな春日大社は、768年に現在の場所につくられました。常陸国（現在の茨城県）の鹿島神宮から迎えた武甕槌命をはじめ、経津主命、天児屋根命、比売神という4神をまつっています。そのため春日大社の本殿は4棟があわさった独特な形をしているのが特徴です。この本殿は、伊勢神宮（三重県）と同じように、江戸時代までは20年ごとに造り替えられてきましたが、現在は傷んだ場所を修復したり屋根をふき替えたりといった大修理が行われています。

春日大社の本殿。奥から第1殿（武甕槌命）、第2殿（経津主命）、第3殿（天児屋根命）、第4殿（比売神）。

第4殿　第3殿　第2殿　第1殿

古都に残る「日本のあけぼの」

奈良で
鹿との思い出を
つくってね!

しかまろくん
©奈良市観光協会

④ 春日山原始林

手つかずの自然が残っている理由

奈良市の東部に広がる春日山原始林は、標高498mの花山を中心に、面積250ha（東京ドーム53個分）の広さがあります。古くからこの一帯は神聖な場所とされ、841年には狩猟や樹木の伐採が禁止されました。また、春日大社の神域としても保護されてきたため、ほぼ手つかずの自然が残されることになったのです。ただ、台風などによる被害のたびに植林はされていて、豊臣秀吉が1万本の杉の苗を寄進したという記録も残っています。

（上）春日山原始林と鹿、（左）滝坂の道、（右）春日山石窟仏。（写真提供：奈良市観光協会／上の写真：矢野建彦）

⑤ 元興寺

日本でもっとも古い寺!?

平城京への遷都にともなって、飛鳥の地にあった法興寺（飛鳥寺）が平城京に移されてできたのが元興寺です。「日本で最初の本格的な寺」といわれる法興寺を起源にもつ元興寺も、日本最古の寺と呼べるかもしれません。もともと飛鳥にあった寺の建物はそのまま残されることになったため、平城京にたてられた寺を元興寺、飛鳥の寺を本元興寺と呼ぶようになりました。

元興寺の本堂（右）と禅室（左）。
（写真提供：奈良市観光協会／写真：矢野建彦）

⑥ 薬師寺

塔はいったい何階建て?

奈良時代、興福寺・大安寺・元興寺とともに四大寺に数えられた薬師寺。973年の火災と1528年の戦火によって、寺の建物のほとんどを失いましたが本尊と東塔だけは残りました。730年に建立された東塔は、三重塔なのに見た目は六重に見えます。これは3つの屋根の下に「裳階」と呼ばれる小さな屋根のようなものがつけられているためで、下から1、3、5番目が裳階です。この裳階があることで建物がより繊細に見え、この塔を見たアメリカの美術研究家・フェノロサは「凍れる音楽」とたたえました。外国では建築を音楽にたとえることがあり、三重塔の厳かな雰囲気をこのように表現したのかもしれません。

六重に見えるが、じつは三重塔!

裳階

薬師寺の東塔。(写真提供:奈良市観光協会／写真:矢野建彦)

⑦ 唐招提寺

唯一残る平城宮の建物!

唐から日本に渡ってきた僧・鑑真が開いた唐招提寺。寺の境内にたつ講堂は、平城宮の東朝集殿(役人が会議や儀式に備えて待機した建物)を移築したもの。平城宮にあった建物で今も残っているのは、この講堂だけです。奈良時代初期の建物として、とても貴重なものです。

唐招提寺の講堂。(写真提供:奈良市観光協会／写真:矢野建彦)

ゆかりの人物

鑑真
(688 〜 763年)

中国・揚州(現在の江蘇省)生まれの僧。奈良時代の742年、遣唐使船で中国(唐)を訪れていた日本の僧たちの願いによって、日本へ渡ることを決意。しかしその後、12年のあいだに5回も渡航に失敗して視力も失ったが、753年、6回目にしてようやく日本へ到着した。日本では東大寺と唐招提寺ですごし、天皇をはじめとする数多くの人びとに、仏教において守らなければならない決まりごと(戒律)を伝えた。

⑧ 平城宮跡 はP57を参照してください。

「大仏」はどうやってつくるの?

仏教の力で国を治めようとした聖武天皇の命によってつくられた東大寺の大仏。8世紀半ばに完成した高さ約19mにもおよぶこの大仏は、どのようにして築かれたのでしょうか。

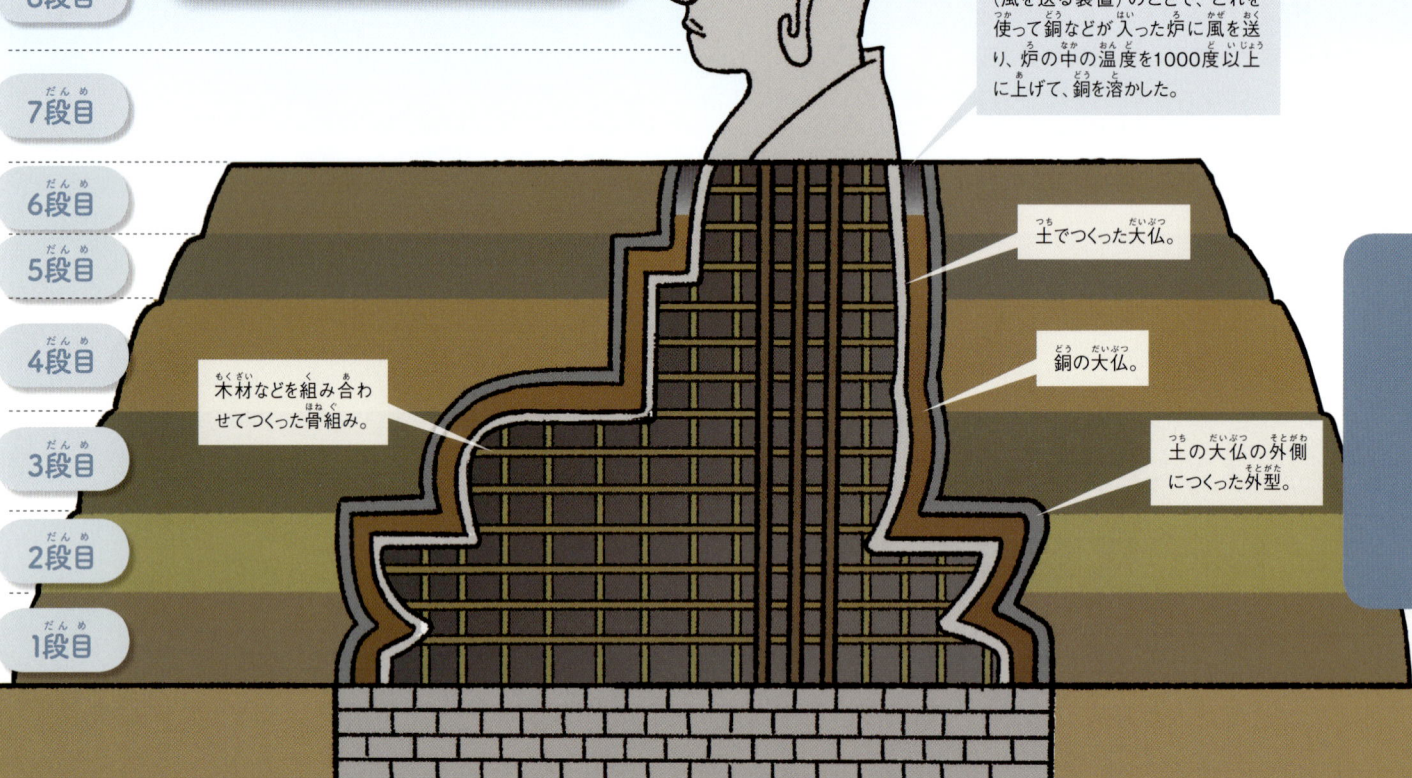

大きな大仏を完成させるため、8段階に分けて下からつくったと伝えられています。大仏の周囲の盛り土を高くしながら、ページ右下で解説している「大仏をつくる工程」の②〜⑥の作業を8回に分けて行ったといわれています。大仏が座る台座は、大仏が完成したあとでつくられました。

土でつくった大仏と外型のあいだに、溶かした銅を流し込む。銅を溶かすために用いられたのが「たたら」。たたらとは、足踏み式のふいご（風を送る装置）のことで、これを使って銅などが入った炉に風を送り、炉の中の温度を1000度以上に上げて、銅を溶かした。

8段目

7段目

6段目

5段目

4段目

3段目

2段目

1段目

土でつくった大仏。

銅の大仏。

土の大仏の外側につくった外型。

木材などを組み合わせてつくった骨組み。

国民の2人に1人が参加!

東大寺には、寺と関係の深い人たちの名前が記された「過去帳」というものが残っています。その過去帳には聖武天皇や光明皇后をはじめ、大仏や大仏殿の建造に関わった人びとの人数も記されています。それによると、材木やお金、労働力を提供した人の数は、合計で260万3638人。奈良時代の人口は500万〜600万人とされているので、当時の日本人の2人に1人が大仏の建立に関わったといえます。まさに国をあげての大事業だったのです。

大仏をつくる工程

1 木材などで骨組みをつくり、土で大仏の原型をつくる。

2 土でできた大仏の外側に型（外型）をつくる。

3 外型を乾かしてはずす。

4 土の大仏の表面をけずる。

5 外型をもとに戻す。

6 土の大仏と外型のあいだにできたすき間に銅を流し込む（大仏は大きいため、8段階に分けて下からつくった）。

7 外型を取りのぞく。

8 大仏の表面に金メッキをほどこして完成。

大仏の楽しい見方

東大寺の大仏は正式名称を「盧舎那仏」といい、「すべてのものを照らす仏」という意味です。また、大仏の右手は手のひらを正面に向け、ひざの上に置いた左手は手のひらを上に向けていますが、これには人びとの願いを叶えるという意味が込められています。頭のブツブツは「螺髪」といって、うずまき状に巻かれた髪。お釈迦さまだけに備わっている特徴のひとつです。

このように大仏の姿を見ていくと、仏さまの身に備わっているとされる「三十二相」(32のすぐれた特徴)が表現されていることがわかります。下の写真に記した解説のほか、舌が長くて大きい、指と指のあいだが鳥の水かきのようにつながっているなどの特徴もあります。

光背
仏様から発している光を視覚的に表している。

白毫
光明を放つとされる眉間の白い毛(右巻き)。

螺髪
かつては966個あるといわれていたが、研究の結果、492個(うち、欠け9個)であったことがわかった。

施無畏印
すべてのおそれをはねのけ、人びとを救うサイン。

化仏
合計で16体の如来像が光背につけられている。

与願印
人びとの願いを聞き入れようとする姿勢を表すサイン。

蓮弁
蓮の花をかたどった台座。

完成

そうだったのか！

創建時の大仏殿は今の1.5倍!?

現在の大仏殿は高さ49.1m、幅57.5m、奥行きは50.5mあります。実際に目にすると、その大きさに圧倒されますが、じつは最初にたてられた大仏殿の幅は、今の建物の1.5倍も広かったそうです。最初の大仏殿が完成したのは奈良時代の751年とされていますが、平安時代と戦国時代の2回にわたって戦火によって焼け落ちました。現在の大仏殿は江戸時代の1709年にたてられた3代目。小さく再建された理由は、資金や資材の不足によるものと考えられています。

東大寺の大仏殿。

総合学習

古都奈良とシルクロード

奈良は「シルクロードの東の終着点」と呼ばれることがあります。これは、シルクロードを経由した遠い海外の品々が奈良に届き、正倉院などに納められたためです。では、そもそも「シルクロード」とはどのような道だったのでしょうか。

アレキサンダー大王も通った道

「シルクロード」とは、大昔からアジアとヨーロッパをつないできた東西交通路の総称。アジアを出発したシルクロードは、西域（中国の西にある国々をまとめて呼んだ名称）を経て、ヨーロッパ、アフリカにまで広がっていきます。かつては、古代ギリシャのアレキサンダー大王が軍隊を率いた遠征でもシルクロードを利用したといわれています。それが遠因となって東西の国々の文化が合わさり、新しい文化が花開くこととなったのです。

シルクロードの3つの道

草原の道

カラコルム

イスタンブール

ローマ

サマルカンド　カシュガル　敦煌

ベキン　北京

奈良（平城京）

オアシスの道

バグダッド

アレクサンドリア

カラチ

コルカタ

長安　シーアン（西安）　洛陽

海の道

※現在の地名で表記した都市もあります。

「草原の道」「オアシスの道」「海の道」の3つをあわせてシルクロードと呼ばれている。

正倉院に納められている約9000点もの宝物

正倉院に保管される宝物はそのほとんどが8世紀の遺品で、整理済みのものだけでもなんと約9000点にのぼります。種類は書物、文房具、楽器、服飾品、仏教関係品などさまざまで、世界でただひとつの「五絃琵琶」や、コバルトによる紺色の発色が美しい「瑠璃坏」などが代表的な遺品です。これらの宝物のデザインには、ローマ、ギリシャ、イラン、インドなど各地の要素が認められています。

なぜ「シルクロード」というの?

はじめてシルクロードという言葉を用いたのはドイツの地理学者リヒトホーフェンです。彼は1877年に書いた『中国』という本の中で、紀元前に中央アジアにあった交易路を「ザイデンシュトラーセ」と呼びました。ザイデンは「絹」、シュトラーセは「道」のことで、この交易路を通って、中国産の絹が西方にもたらされたことから命名。「ザイデンシュトラーセ」が英語に訳されて「シルクロード」と呼ばれるようになりました。シルクロードという言葉は、140年も前から存在していたのです。

リヒトホーフェン

こんな人たちもシルクロードを通った!

玄奘三蔵
（602 〜 664年）

中国（唐の時代）の僧侶。孫悟空で知られる『西遊記』の三蔵法師のモデルといわれています。629年に長安を出発してインドへ向かい、645年、多くの仏典や仏像を中国に持ち帰りました。

マルコ・ポーロ
（1254 〜 1324年）

イタリアの旅行家。1271年に中国（元）へ出発し、シルクロードを通り、75年に皇帝フビライのいる上都に到着。フビライには厚くもてなされ、中国の滞在は17年におよびました。中国をはじめ、アジアで見聞きしたことは旅行記『東方見聞録』としてまとめられました。

山口先生の 調べてみよう!

自分の住んでいる町の成り立ちを調べてみよう!

奈良市に古い歴史があるように、町にはそれぞれがたどってきた歴史がある。図書館の郷土コーナーなどで、自分の住んでいる町がどんな成り立ちをもっているのか調べてみよう。

県庁のある町の成り立ちを調べてみよう!

県庁のある町の多くは、もともと城下町だったところが発展してできた（仙台市、大阪市、松江市など）。自分の住む県の県庁所在地の歴史を学ぶと、日本史を身近に感じることができるよ。

巨大な仏像は世界にもある!

関連する世界遺産

世界には奈良の大仏のような大きな仏像がたくさんあります。では、仏教が広まったアジアには、いったいどんな巨大仏像がたっているのでしょうか。

🇹🇭 タイ ‖ 古代都市スコタイと周辺の古代都市群

タイの北部に広がるかつての都。スコタイとは「幸福の夜明け」という意味で、タイ初の独立王朝が開かれた場所として知られています。初代王の息子・ラムカムヘーン王が仏教を深く信仰したため、多くの仏像がつくられました。

ワット・スィー・チュムにある巨大仏像（高さは約15m）。

🇨🇳 中国 ‖ 峨眉山と楽山大仏

峨眉山は、四川省成都市から南へ120kmに位置する標高3099mの山。3000種類以上の植物が生息する植物の王国です。楽山大仏は、峨眉山から40km離れた川の合流地点にたつ大仏で、高さは約71m。713年の着工から90年後に完成しました。

楽山大仏は世界一高い石刻大仏といわれる。

🇦🇫 アフガニスタン ‖ バーミヤン渓谷の文化的景観と古代遺跡群

バーミヤンは標高2500mに位置する都市。6世紀ごろには岩壁に2体の巨大な仏像がつくられましたが、2001年3月、イスラム原理主義組織タリバーンにより破壊されました。そのため、現在では「危機にさらされている世界遺産（危機遺産）」に登録されています。

仏像は55m（西大仏）と38m（東大仏）の高さだった。

琉球王国のグスク及び関連遺産群

日本とアジアを結んだ琉球王国

沖縄はかつて琉球王国という独立国でした。琉球王国は日本をはじめ、中国や朝鮮、東南アジアの国々と交易を盛んに行って独自に発展し、明治時代の1879年まで続きました。この王国にはどんな文化が花開いていたのでしょうか。

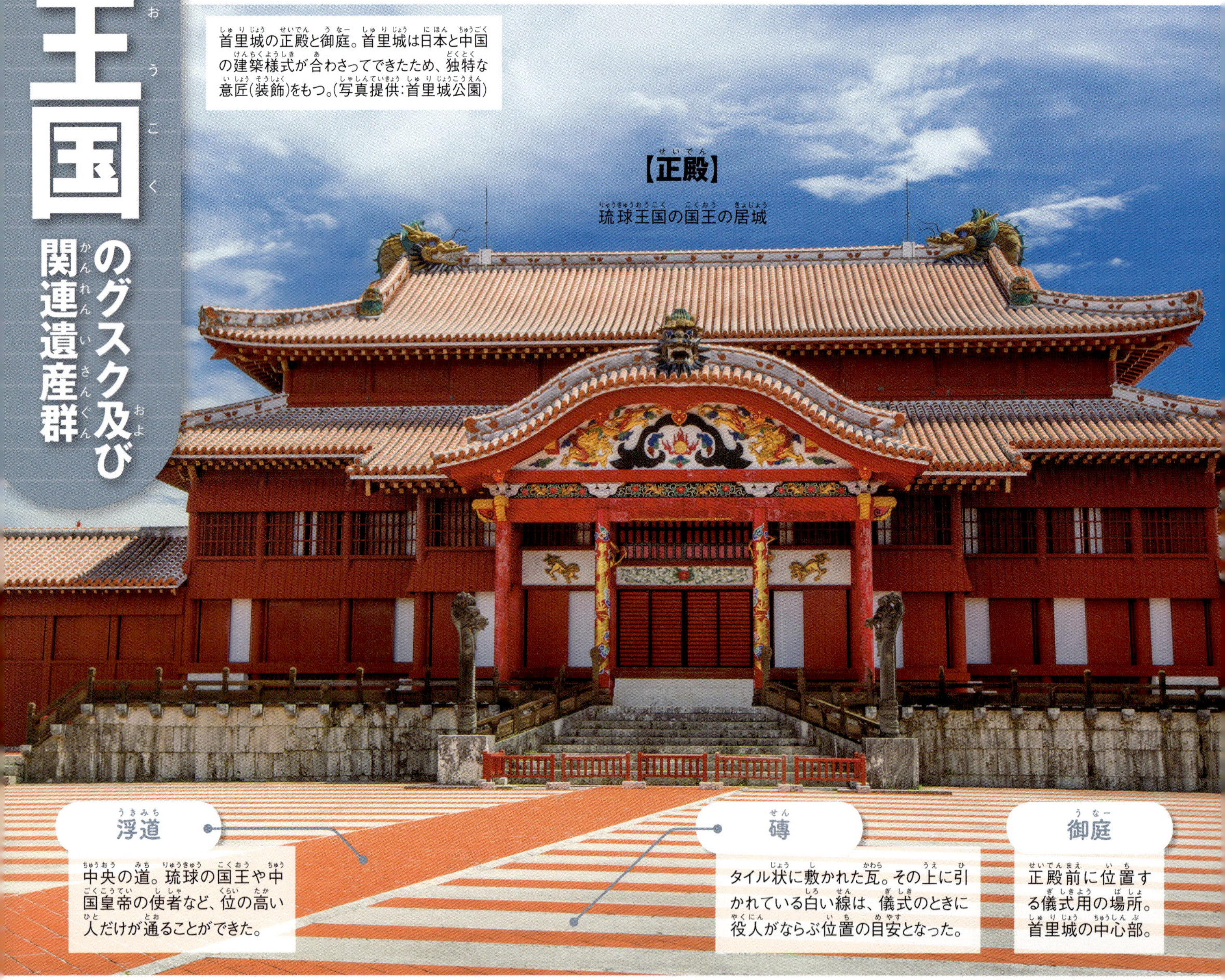

【正殿】
琉球王国の国王の居城
浮道
中央の道。琉球の国王や中国皇帝の使者など、位の高い人だけが通ることができた。
磚
タイル状に敷かれた瓦。その上に引かれている白い線は、儀式のときに役人がならぶ位置の目安となった。
御庭
正殿前に位置する儀式用の場所。首里城の中心部。

首里城の正殿と御庭。首里城は日本と中国の建築様式が合わさってできたため、独特な意匠(装飾)をもつ。(写真提供:首里城公園)

登録年	2000年
所在地	沖縄県那覇市ほか
登録物件	首里城跡、斎場御嶽、玉陵ほか
登録区分	文化遺産(登録基準②③⑥)
アクセス	【首里城跡】ゆいレール首里駅下車、徒歩15分。【斎場御嶽】那覇バスターミナルからバスで約1時間、斎場御嶽入口下車、徒歩7分。

上海
東シナ海
中国
鹿児島
屋久島
種子島
奄美大島
南西諸島
那覇
沖縄島
台北
西表島
宮古島
石垣島
太平洋
台湾
0
400km

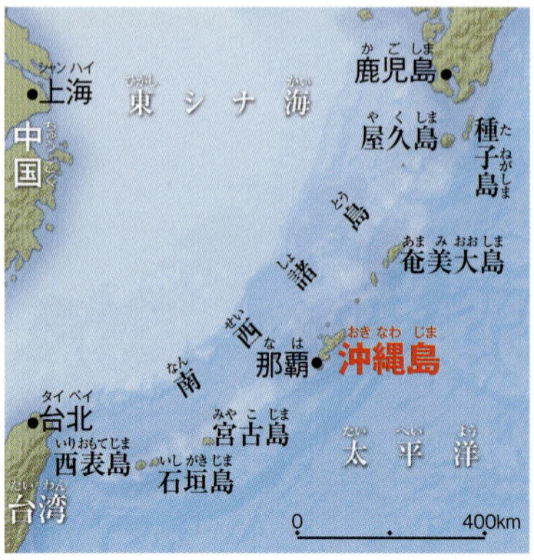

ココがすごい! 登録ポイント

◎日本、中国、東南アジアとの交流で築かれた独自の文化は、日本の遺産としてはほかに例がない。

◎斎場御嶽や玉陵など、琉球王国の信仰の歴史がわかる遺跡が保存されている。

*一部のふりがなは沖縄の方言で記しています。

琉球王国はこうして生まれた!

12世紀後半から、現在の沖縄島の各地には「按司」と呼ばれる豪族が現れるようになりました。按司たちは自分の領地に城(グスク)を築き、その拠点としていましたが、14世紀になると、島は北山、中山、南山の3つの国にわかれて争う三山時代に入ります。やがて、中山の王・尚巴志が北山と南山を滅ぼし、島を統一。こうして1429年にできたのが琉球王国で、同国が沖縄県となる1879年までの450年にわたって存続しました。

15～16世紀のグスク。太平洋戦争末期の沖縄戦(1945年)で一部が破壊された。

13～17世紀にかけて使用されたグスク。どっしりとした石垣が特徴。

今帰仁城跡

世界遺産の登録物件と三山時代の境界

琉球王国の国王が代々住んだグスク。現在の建物は1992年の復元。(写真提供:首里城公園)

座喜味城跡

今帰仁村◎

◎大宜味村

【北山】

◎名護市

琉球王国と最後まで争った按司・阿麻和利が築いたグスク。13～16世紀に使用されていた。

勝連城跡

首里城跡

玉陵

◎読谷村　**◎うるま市**

【中山】

◎宜野湾市

中城城跡

15～20世紀にかけて使われた城。石垣の約8割はもとのままといわれる。

琉球王国の王族の墓。1501年、第二尚氏王朝の第3代・尚真王によってたてられた。

園比屋武御嶽石門

那覇市

◎南城市

【南山】

斎場御嶽

琉球王国でもっとも大切にされた聖地。重要な宗教儀式が行われた。

国王が国内を見てまわる際などに安全を祈った場所。1519年に築かれた。

識名園

琉球王国の国王や王族のための別邸。面積は約4万1997㎡。

＊玉陵、園比屋武御嶽石門、識名園は那覇市所管の文化財です。

琉球王国ってどんな国？

日本と中国・東南アジア諸国との中継貿易で栄えた琉球王国。海外に開かれた独立国であるこの王国には、自然や祖先を大切にする独自の文化がありました。中継貿易の流れや今も残る遺跡を知ることで、かつての王国の姿が見えてきます。

琉球王国の中継貿易

— 貿易ルート

北京／明（中国）／釜山／日本／博多／堺／福州／広東／那覇／琉球王国／シャム（タイ）／アユタヤ朝／アユタヤ／安南／カンボジア／ルソン／パタニ／アチェ／マラッカ／マジャパヒト王国／ジャンビ／パレンバン／カラパ／グレシク

琉球を繁栄させた中継貿易とは？

琉球は三山時代（P67）のころから、中国と貿易を行っていました。琉球の輸出品は硫黄や馬、織物類、貝殻類など。硫黄は火薬の原料などに用いられ、貝殻類は漆器の表面に使われる原料となりました。しかし、これらの輸出品だけでは中国の商品を大量に買うことができないため、「中継貿易」という方法が取られました。少量の中国の商品を博多やマラッカ（現在のマレーシア）などに持って行って売り、空になった船に交易先の特産品（博多では金・銀などの貴金属や日本刀、マラッカでは象牙や香辛料など）を詰め込んで帰ってくることを繰り返して、中国向けの輸出商品を集めたのです。このような琉球の交易ルートは中国との貿易を中心として、日本や朝鮮、東南アジアにまで広がりました。

琉球進貢船図屏風。琉球の貿易船が中国から帰ってきた那覇港の様子を描いている。（写真：京都大学総合博物館）

中国皇帝の使者を迎えた王族の別邸

琉球王族の別邸として1799年に築かれた識名園。この建物は、中国皇帝の使者を迎える接待の場としても利用されました。琉球王国では王が交代するとき、中国皇帝からの承認を得るため、使者を迎えて任命書や王冠をいただいていたのです。琉球王国と中国との深いつながりを示す建物といえます。

【識名園】

赤瓦屋根の御殿には15の部屋があった。

独特な埋葬の風習を伝える墓

玉陵は、尚真王が歴代の王や王族をほうむるお墓として築いたものです。この玉陵には東室・中室・西室の3つの墓室があり、王や王妃が亡くなると、その遺体はまず中央の中室に置かれました。数年間そのままにして骨だけになったあと、骨をきれいに洗って壺に入れ、東室に納めます。同様に、王や王妃以外の王族の場合は西室に納められました。このように、琉球には本土とは異なった埋葬の風習が伝わっていたのです。

【玉陵】第1門から見た玉陵の内部。

【斎場御嶽】
三角形の空間の奥が拝所。その手前には壺があり、2本の鐘乳石からしたたる神聖な水を受けている。

琉球王国でいちばんの聖地!

沖縄には、古くから聖地とされている場所「御嶽」がたくさんあります。なかでも琉球王国でもっとも重要とされた御嶽が、琉球の神話にも登場する斎場御嶽です。琉球王国の神事を担当する神女の最高職「聞得大君」の就任の儀式もここで行われました。戦前まで、この斎場御嶽が男子禁制だったことからも、ここがいかに神聖な場所だったかがわかります。

本土よりも早く発達した石積みの技術

かつて沖縄島に300〜500もあったといわれる石づくりの城(グスク)。その石積みの技術はすばらしいものでした。琉球王国が誕生する前につくられた今帰仁城では、形の異なる自然石を積み上げる「野面積み」が見られます。今帰仁城が築かれはじめたのは13世紀末とされていますが、これは本土で高い石垣をもつ城がたくさん築かれるようになった戦国時代よりも200年以上も前のこと。琉球王国には本土よりも早く石積みの技術が伝わっていたのです。また、中城城では野面積みのほか、「布積み」や「相方積み」といった技法も見られます。この石積みのすばらしさは、幕末にアメリカのペリーが中城城を訪れたときに驚いたほどでした。

【中城城跡】

【座喜味城跡】

【今帰仁城跡】
3種類の石積みが見られる中城城跡(上)。城づくりの名人・護佐丸がたてた座喜味城の跡。布積みを用いた重厚なつくり(左下)。深い谷や崖に囲まれた今帰仁城跡(右下)。

野面積み
自然のままの状態の石を積み上げる。

布積み
石をきれいに四角形に整えてから積み上げる。

相方積み
くずれにくいように、多角形に整えて積み上げる。

イラスト図解

首里城で行われた盛大な儀式

琉球王国の時代、首里城ではさまざまな儀式が行われました。なかでも毎年元旦に行われた「朝拝御規式」は国を挙げての壮大なもの。どのような儀式だったか見てみましょう。

正殿
琉球王国でもっとも大きな木造建造物。2層3階建て。国殿、百浦添御殿とも呼ばれる。

番所
首里城を訪れた人びとの取り次ぎを行った場所。日本風の建築のため、色が塗られていない。

御差床
首里城の2階にある国王が座るための玉座。1階にも同じ場所に御差床が設けられている。

太陽を背にして立つ琉球国王

首里城の正殿の特徴は、西を向いてたてられているということ。国王が正殿に立ったとき、その背後(東)から太陽が昇ることになり、王国のためにはたらく役人たちは、国王と太陽を同時に見ることになります。琉球王国時代、この首里城で元旦に行われていた儀式が「朝拝御規式」です。中国風の衣装を身にまとった国王や役人たちが正殿前の御庭に集まり、王国と子孫の繁栄を祈る壮大な儀式を行っていました。

中継貿易の拠点となった海の玄関口。首里城の西、約6kmのところにある。

那覇港

御庭へ通じる門。3つある入り口の中央は国王や中国からの使者など身分の高い人用で、その両側は役人用。

奉神門

御庭

正殿、南殿、北殿に囲まれた中庭広場。儀式のときはここに役人たちがならぶ。

琉球時代の儀式を再現!

首里城公園では正月の三が日、朝拝御規式の一部を再現しています。「子之方御拝」「朝之御拝」「大通り」の3部構成。王朝時代の衣装をまとった人びとが御庭に集まり、当時の音楽に合わせて儀式を行います。

第1部　子之方御拝

天の神様へ平和や平穏を祈念する儀式。国王のほか、諸官や庶民の代表も参加し、国を挙げて新年を祝う。

第2部　朝之御拝

琉球王国の繁栄を祈る儀式。諸臣が国王へ忠誠を誓うとともに、国王の聖寿(年齢)を祝う。

第3部　大通り

国王や王子、王孫の繁栄を祈る儀式。国王や役人たちが、当時は貴重だった泡盛をまわし飲みして国王に感謝する。

(写真3点:首里城公園)

そうだったのか!

いちばん長く在位した国王は誰?

琉球王国・第二尚氏王朝の第3代国王・尚真王の在位期間は50年(1477〜1526)で、歴代の国王の中ではもっとも長い。尚真王の時代、日本だけではなく、中国や朝鮮、東南アジアとの交易が盛んとなり、王国の財政は安定しました。地方の按司を首里に集めて統制したのをはじめ、地方の神女たちも組織化して、妹を神女の最高職である「聞得大君」に任命するなど、国王に権力を集中することに努めたのが尚真王だったのです。

琉球と沖縄の歴史を知る

独立国だった琉球王国は、どのようにして「沖縄県」になったのでしょうか。琉球と沖縄の歴史を振り返ると、大きな問題となっているアメリカ軍の基地問題の原因も見えてきます。

「琉球」から「沖縄」へ

中国や日本などとの中継貿易によって繁栄していた琉球王国ですが、江戸時代の1609年、薩摩藩に攻められて支配下に置かれます。しかし王国体制はそのまま保たれ、中国との交易も続けていました。

琉球の王国体制がくずれるのは明治時代に入ってからのこと。江戸幕府が滅び、1868年に誕生した明治政府は、琉球を日本に組み入れるため、1872年に琉球王国を「琉球藩」とし、尚泰を藩の王としました。さらに1879年、明治政府は琉球に軍隊などを送り込み、首里城の明け渡しを強制。そして琉球藩を廃止し、沖縄県を置きました。こうして琉球王国は、450年の歴史に幕をおろしたのです。

琉球王国最後の王・尚泰。

琉球・沖縄の歴史年表

室町	**1429年**	尚巴志が琉球王国を樹立（第一尚氏王朝）
	1470年	尚円王が即位（第二尚氏王朝）
	1477年	尚真王が即位。琉球王国の全盛期をつくる
	1501年	玉陵が築かれる
江戸	**1609年**	薩摩藩が琉球に攻め込む
	1799年	識名園が築かれる
	1853年	アメリカのペリー提督、那覇に来航
明治	**1872年**	明治政府が琉球藩を設置 国王の尚泰が藩王となる
	1879年	尚泰、明治政府に首里城を明け渡す 琉球藩が廃止され、沖縄県となる　**琉球王国の滅亡**
昭和	**1945年**	太平洋戦争でアメリカ（米）軍が沖縄に上陸 アメリカによる沖縄統治の開始
	1972年	日本復帰を果たす
平成	**1992年**	首里城正殿などが復元される
	2000年	九州・沖縄サミット開催

山口先生の　調べてみよう！

離島の歴史に目を向けよう！

日本には6800を超える島がある。その中には、アメリカに統治されていた沖縄や小笠原諸島のように、日本本土とは異なる歴史をもつ島もある。どんな島が固有の歴史をもっているか調べてみよう。

身のまわりの環境破壊に注目！

沖縄の海では環境の変化によるサンゴの減少が問題になっている。みなさんの身のまわりでも、ダム建設などの工事によって自然が犠牲になっていないかどうか調べてみよう。

沖縄以外にも米軍基地はある！

日本には沖縄県のほか、青森県三沢市（三沢基地）、東京都福生市（横田基地）、神奈川県横須賀市（横須賀基地）などにも米軍基地がある。どこに米軍の関連施設があるか調べてみよう。

日本にある米軍基地の約74%が沖縄に!

太平洋戦争に負けた日本は1945年から約7年間、アメリカを中心とする連合国に占領されます。1951年にサンフランシスコ講和条約が結ばれ、その翌年に日本は独立を回復しますが、沖縄は日本から切り離され、アメリカの統治下に置かれる状態が続きました。その後、アメリカと日本の話し合いによって沖縄の日本復帰が決まったのは1969年のことです。しかしここで合意されたのは、沖縄にある米軍の基地を残したまま日本に復帰するというものでした。そのため沖縄には多くの米軍基地が残ることとなり、日本にある米軍施設の約74%が沖縄に集中しているのです。

北部訓練場

伊江島補助飛行場

キャンプ・ハンセン

金武ブルー・ビーチ訓練場

金武レッド・ビーチ訓練場

嘉手納弾薬庫地区

辺野古弾薬庫

キャンプ・ハンセン(中央の山林付近)と、宜野座村の市街地(手前)。

嘉手納飛行場

キャンプ・コートニー

キャンプ・マクトリアス

キャンプ桑江

キャンプ・シールズ

キャンプ瑞慶覧

浮原島訓練場

津堅島訓練場

普天間飛行場
空から見た普天間飛行場。左奥は嘉手納飛行場。

沖縄の主な米軍施設
※沖縄県の資料をもとに作成

陸軍	
海軍	
海兵隊	
空軍	

辺野古沖

辺野古沿岸部と米軍のキャンプ・シュワブ。

琉球と関係の深い遺産

琉球王国は近隣の国々と盛んに交易していましたが、その範囲は現在のタイやマレーシアにもおよびました。また、遠く離れたペルーの遺跡とも意外な関連が見られます。

関連する世界遺産

🇹🇭 古都アユタヤ

タイ

1351年に建設されたタイ中部の古都。アユタヤは昔から神聖とされていた場所に都市がたてられましたが、それは琉球王国も同じ。また、琉球王国とアユタヤは交易を盛んに行っており、貿易船が頻繁に送られました。

1351年から1767年の417年間、アユタヤ朝の都だった。

🇲🇾 マラッカとジョージタウン、マラッカ海峡の古都群

マレーシア

14世紀末から15世紀はじめにかけて建国されたマラッカ王国。王都マラッカの人びとは琉球と海上交通を利用して交易し、両国を盛んに行き来していました。また、アユタヤ朝に属していた時代もあり、琉球との深い関連性がうかがえます。

1753年に築かれた木造の教会。

🇵🇪 マチュ・ピチュの歴史保護区

ペルー

標高2280mの頂上に築かれたインカ帝国の都市のひとつ。15世紀に築かれはじめたといわれているマチュ・ピチュの建築物には、琉球王国と同様、高度な石積みの技術が使われています。その精密さは、石垣のあいだにカミソリの刃も通さないほどです。

1911年に考古学者によって発見されたマチュ・ピチュ。

無形文化遺産と世界の記憶

世界遺産として登録できるのは建物や町並み、自然の風景など、「形があって動かせないもの」に限定されています。これをおぎなうのが、世界遺産と同じくユネスコが認定する「無形文化遺産」と「世界の記憶」です。

「日本人の伝統的な食文化」として登録された和食。海や山の食材を使った豊富なメニュー、おせち料理など年中行事との関連性が高く評価された。

日本の協力で「無形文化遺産」が誕生

無形文化遺産は、各地に伝わる伝統工芸や芸能、祭りや伝統行事などを登録する制度。これら無形文化財を保護する制度をいち早く確立したのが日本です。ユネスコが「世界遺産の無形版をつくろう」と準備したとき、日本は中心となって協力しました。無形文化遺産の中には、後継者不足などで消滅が心配されるものも多く、ユネスコは各国に保護を呼びかけています。

京都祇園祭の山鉾行事（左）などの祭り、手すき和紙技術（下）などの伝統工芸も登録されている。

シチリア島の人形劇。

海外の主な無形文化遺産

イタリア	シチリア島の人形劇
韓国	キムチづくり
スペイン	フラメンコ
フランス	フランスの美食（フランス料理）
モンゴル	馬頭琴の伝統音楽

貴重な古文書や映像、音声を登録する「世界の記憶」

世界の記憶（世界記憶遺産）には古文書や石碑など文字で書かれた資料のほか、映像、音声、写真、絵画などが登録されています。ユネスコでは遺産の保存と利用のため、デジタルデータ化して一般公開することをうながしています。また、各国政府のほか、個人や団体でも登録推薦が可能で、日本の登録第一号となった「山本作兵衛コレクション」は、福岡県田川市などが推薦しました。

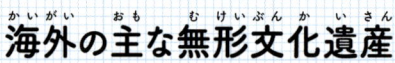

画像©Yamamoto Family
田川市石炭・歴史博物館所蔵

福岡県の炭坑で働く人びとや、その日常生活を描いた山本作兵衛の炭坑記録画（左）。東寺百合文書は京都の東寺（P49）に伝わる古文書（左下）。

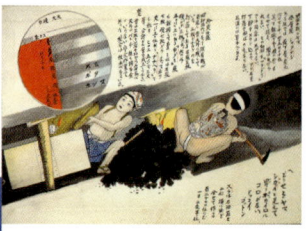

アンネの日記（複製）。

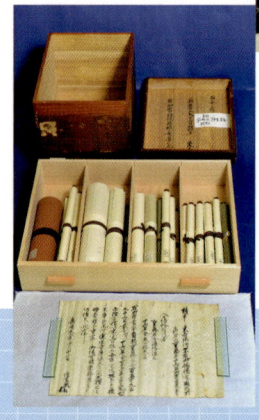

海外の主な世界の記憶

アメリカ	映画「オズの魔法使い」
オーストラリア	クック船長の航海日誌
オランダ	アンネ・フランクの日記
中国	ナシ族の象形文字トンパ文字
ドイツ	ベートーベンの「交響曲第9番」自筆譜

第3章 「大自然」の世界遺産

76 小笠原諸島（東京都）

84 屋久島（鹿児島県）

94 白神山地（青森県、秋田県）

104 知床（北海道）

世界最大級のブナの原生林が広がる山地、樹齢1000年以上のスギが育つ島、貴重な動植物が生息する島など、「大自然」を感じることができる遺産を紹介します。

生き物たちの進化が見える島

東京のはるか南、太平洋に浮かぶ小笠原諸島。小さな島々でありながら、そこでしか見られない動植物（固有種）が数多く生息し、現在進行形の生物の進化を肌で感じられる場所です。

小笠原諸島

登録年	2011年
所在地	東京都小笠原村
登録物件	小笠原諸島
登録区分	自然遺産（登録基準⑨）
アクセス	東京・竹芝桟橋から定期船「おがさわら丸」で父島まで約24時間。父島から母島までは「ははじま丸」で約2時間。

東京
伊豆諸島
西之島 ── 聟島列島 ── 小笠原群島
火山列島 北硫黄島 ── 父島列島
硫黄島 母島列島
南硫黄島
── 沖ノ鳥島 南鳥島
太平洋

ココがすごい！ 登録ポイント

◎この島でしか見られない動植物が数多く生息する。

◎東アジア、日本本土、オセアニアの3方面からやってきた生物が独自の生態系をつくっている。

◎生物たちの進化の過程を実感できる。

本土から約1000kmも離れた「東京の島」

日本の本土から南に約1000kmも離れた太平洋上にある小笠原諸島。東京・竹芝桟橋から約6日に1便しかない定期船で片道約24時間もかかる離島ですが、東京都の島です。

聟島列島、父島列島、母島列島など大小30余りの島々が

南北400kmにわたって連なる小笠原諸島は、これまで一度も大陸と地続きになったことのない「海洋島」。海に隔てられたこの島々で、動植物は環境に応じてさまざまに進化していきました。その結果、多くの固有種や、それらの生物が織り成す独自の生態系が誕生したのです。

世界でここにしかいない生物がいっぱい!

小笠原諸島は「固有種」の宝庫として知られています。海に隔てられた小笠原諸島に偶然やってきた動植物は、天敵のいない小さな島々の中で進化をとげ、小笠原でしか見られない固有種となっていきました。植物の約40%、昆虫の約30%、陸産貝類（カタツムリの仲間）は約95%（約100種）が小笠原の固有種です。

砂浜一面に散らばるヒロベソカタマイマイの貝殻。小笠原の固有種だが、1000～2000年前に絶滅したと考えられている。

ボニンブルーの海に囲まれた南島（手前）と父島（奥）。

生き物たちの進化が見える!

同じ種類の生物が、環境に適した形・色へと変化していくことを「適応放散」といいます。小笠原諸島の動植物は、島や地域、環境ごとにさまざまな形態に変化し、異なる種に分かれました。小笠原諸島はこうした生き物たちの進化を肌で感じられる場所なのです。

南島の扇池。南北1.5kmの細長い形をした南島は、石灰岩のカルスト台地が水没してできた「沈水カルスト」と呼ばれる地形である。

海洋生物の貴重な繁殖地

小笠原は江戸時代までは無人島だったため、英語で別名「Bonin（＝無人）」ともいわれています。深く透き通った青い海は「ボニンブルー」と呼ばれ、アホウドリなどの海鳥、イルカやクジラ、ウミガメなどの海洋生物にとって重要な繁殖地になっています。

ぎゅっと知りたい

島を代表する生き物たち

小さい島の中で、貴重な生態系が守られている小笠原諸島。海洋生物から陸の動物、植物まで、小笠原諸島を代表する生き物たちを紹介します。

海の生き物たち

ザトウクジラ

成長すると体長11〜16m、体重30トンあまり。冬から春にかけて、出産と子育てのために小笠原の周辺を回遊します。潮を吹いたり大きくジャンプしたりと迫力満点の姿を見せてくれます。

イルカ
（写真：小笠原村観光局）

小笠原の海では、さまざまな種類のイルカを観察できます。ハシナガイルカは50〜100頭ほどの群れをつくることが多く、速いスピードで泳ぎまわっています。ミナミハンドウイルカは船のまわりを速度を合わせて泳いだり、クルクルまわったりと遊び好き。

ユウゼン

チョウチョウウオの仲間で、日本の固有種。繁殖期の4〜6月ごろに小笠原の海で巨大な群れを見ることができます。（写真：小笠原村観光局）

アオウミガメ

小笠原はアオウミガメの日本最大の繁殖地。毎年5〜8月にかけて多くのカメが産卵のために上陸します。（写真：小笠原村観光局）

そうだったのか！

小笠原にはじめて人間が上陸

小笠原諸島の最初の定住者は日本人ではなく、5人の欧米人と15人のハワイ人でした。太平洋でクジラをとる捕鯨船に食料や水を供給するため、1830年に父島に移住してきたのです。その後、江戸幕府や明治政府によって調査・開拓が進められ、1876年、国際的に日本領土として認められました。大正から昭和初期にかけて、果樹・冬野菜の栽培や漁業などで最盛期を迎え、人口は7000人を超えました。しかし、太平洋戦争で大きな転機を迎えます。1944年に戦局が悪化すると、島民の本土への強制疎開がはじまりました。戦後、小笠原はアメリカの占領下に置かれ、欧米系の島民だけが帰島を許されます。残りの島民が帰ることができたのは、1968年に小笠原諸島が日本に返還されてからでした。

最初の定住者ナサニエル・セーボレーの子孫など欧米系の島民。
（写真：小笠原村教育委員会）

陸の生き物たち

小笠原固有種

メグロ

鳥類の中で唯一生き残っている小笠原の固有種。体長13.5cmほどで背と尾は緑色、胸と腹は黄色。目のまわりにある黒い三角形がトレードマークです。母島列島の3島にしか生息していませんが、島ごとに遺伝子が異なり、くちばしの形状もわずかに違います。これは、たった数kmしか離れていない島と島のあいだをメグロが移動していない可能性を示しています。

小笠原固有種

オガサワラオオコウモリ

小笠原諸島に生息する唯一のほ乳類（外来種を除く）。翼を広げると1mほどの大きさで、昼間は森の中で眠り、夕方になると食べ物を求めて活動をはじめます。現在、父島に150頭ほどいると推定されています。

小笠原固有種

ツマベニタマムシ

タマムシ科の昆虫で小笠原固有種。写真は聟島のツマベニタマムシで黒っぽい緑色をしていますが、父島と母島にすむ種は緑色をしています。
（写真：苅部治紀）

カタツムリの仲間は、約100種もの固有種がいるんだよ！

おがじろう
©2016小笠原諸島「おがじろう」
#16003

小笠原固有種

シマアカネ

日本本土で生息するハラビロトンボに近い仲間。小笠原固有種のトンボですが、父島・母島では絶滅してしまいました。
（写真：苅部治紀）

小笠原固有種

オガサワラオカモノアラガイ

ナメクジに進化する途上にあるカタツムリ。母島の中でも標高が高く、霧がかかりやすい山中に生息し、体長は2cmほど。小笠原では陸産貝類（カタツムリの仲間）の約95％が固有種です。
（写真：小笠原村観光局）

草木たち

小笠原固有種

ワダンノキ

高さ4mほどのキク科の樹木。もともと草だったものが木に進化したとされています。

小笠原固有種

ムニンヒメツバキ

「小笠原村の花」として親しまれているツバキ科の植物。5〜6月に美しい花を咲かせます。
（写真：小笠原村観光局）

小笠原固有種

タコノキ

地上に出た根っこ（気根）がタコの足のように広がり、枝の先にパイナップルのようなオレンジ色の大きな果実をつけます。（写真：小笠原村観光局）

おがじろう／小笠原で生まれ育ったザトウクジラのお父さん。小笠原の宣伝部長として、主に本土で活動している。

固有種が誕生したナゾにせまる

日本本土と一度も陸続きになったことのない小笠原諸島。この島々で数多くの固有種が生まれ、定着したのはなぜでしょうか。島の成り立ちとともに、その理由を見てみましょう。

火山活動で生まれた「海洋島」

　島はその成り立ちによって「大陸島」と「海洋島」に分けられます。「大陸島」は大陸の周辺にあり、過去にその大陸や本土と陸続きだったことのある島。日本列島も大陸島で、屋久島（P84）や沖縄の島々もかつては日本本土や大陸と陸続きでした。陸でつながっていた時代は生物が行き来できたため、その後島になってからも生物の種類に独自性はあるものの、基本的には大陸のものと共通しています。一方、小笠原諸島は4800万年前からはじまった火山活動によって生まれた「海洋島」です。海洋島は、誕生してから一度も大陸・本土と陸続きになったことがありません。大陸には当然いるはずの生物グループが小笠原諸島に存在しないのは、広大な海が陸上生物にとって移動の大きな妨げとなったためです。

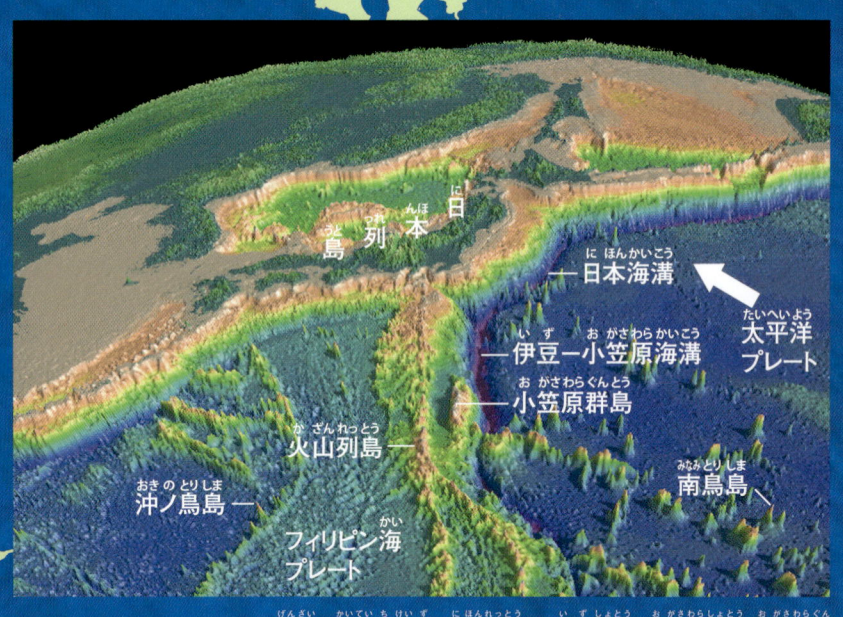

現在の海底地形図。日本列島から伊豆諸島、小笠原諸島（小笠原群島）までつながる海溝に沿って、太平洋プレートが沈み込んでいる。

小笠原ができるまで

4800万〜4500万年前

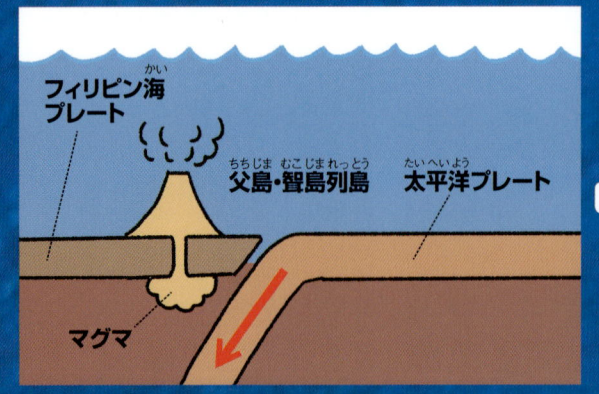

今から5000万年前、太平洋の海底にある太平洋プレートがフィリピン海プレートの下に沈み込みはじめます。4800万年前になると、フィリピン海プレートの下にあるマントルが溶けてマグマを形成。約300万年続いた火山活動によって父島・聟島列島が誕生しました。

4400万年前

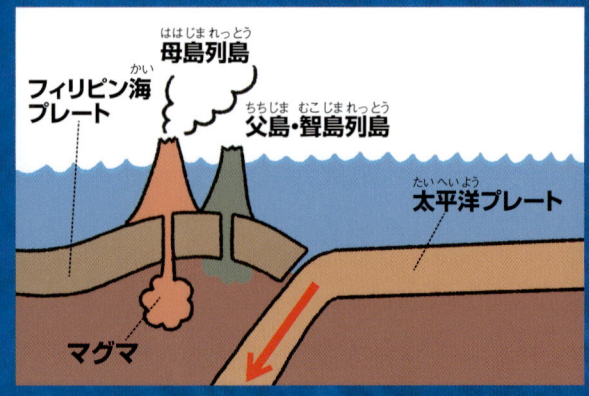

太平洋プレートはさらに深くまで沈み続けます。4400万年前にはもっと深いところにあるマントルが溶けてマグマが形成され、新たな火山活動を起こして母島列島が誕生しました。この火山活動は約4000万年前に終わりを迎えます。

本州

東京

約1000km

大島
新島
神津島
三宅島
御蔵島

伊豆諸島

八丈島

青ヶ島

鳥島

多くの固有生物が絶滅しなかった理由

　小笠原諸島にたどり着いた動植物は、島の環境に適応しながら進化していきましたが、その生物すべてが順調に子孫を残せたわけではありません。しかし、ヘビや猛きん類（肉食の鳥）などの天敵がいない環境だったため、多くの固有生物が絶滅することなく、独自の進化を遂げることができたのです。生物の進化をわかりやすく伝えるのが、陸産貝類（カタツムリの仲間）です。陸産貝類は長い距離を移動できないため、島ごとに異なる種に分かれ、ひとつの島の中でも地域ごとに異なる種が生息しています。なかでもカタマイマイ属は、近年の遺伝子解析の結果、300万年前に日本列島からたどり着いた1つの種が環境に適応しながら約30種以上（一部は絶滅し、現在残るのは20種以上）に分かれたと考えられています。

陸産貝類のヒメカタマイマイ（上）とテンスジオカモノアラガイ（下）。ヒメカタマイマイは母島の固有種で直径2cmほど。木の上で葉を食べて生活する。テンスジオカモノアラガイは小笠原固有種で、湿度の高いところを好む。（写真：小笠原村観光局）

日本本土から

東アジア方面から

西之島

小笠原群島

聟島列島
父島列島
母島列島

オセアニア方面から

北硫黄島
硫黄島

火山列島

南硫黄島

沖ノ鳥島

生物はどこからやってきたのか？

　一度も大陸とつながったことのない海洋島の小笠原諸島に、生き物たちはどのようにやってきたのでしょうか。海洋島に生き物が運ばれる方法として知られるのが、風（Wind）、波（Wave）、鳥の翼（Wing）という「3つのW」です。小笠原の植物は16.1%が風、15.6%が海流、68.3%が鳥によって渡ってきたと推定されています。太平洋のまっただ中にあるという立地から、小笠原諸島には3方向から生物が運ばれてきたと考えられています。1つめは台湾や沖縄などを含む東アジア方面。2つめはミクロネシアやポリネシアなど南方（オセアニア方面）。3つめは北方の日本本土からやってきた生物です。

生物を運ぶ3つのW

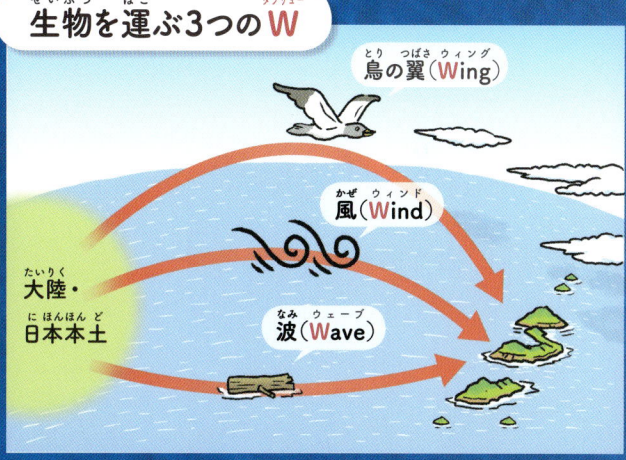

鳥の翼（Wing）
風（Wind）
波（Wave）
大陸・日本本土

◎気流（風＝Wind）
小さな植物の種子や胞子、小さな昆虫などが、気流（風）に乗って遠くまで運ばれる。

◎海流（波＝Wave）
海岸の植物の実や種子、小動物などが、流木などに乗って海流によって運ばれる。

◎鳥の翼（翼＝Wing）
植物の種子が鳥にくっついたり、食べられてフンとして排出されたりして、新たな土地に定着する。

大陸や日本本土と離れた環境で生き物たちは進化したんだね！

おがじろう
©2016小笠原諸島「おがじろう」
#16003

南鳥島

「外来種」って何のこと?

小笠原諸島では、もともといた動植物の生態系をおびやかす「外来種」の存在が問題となっています。この外来種とは、どのような生物なのでしょうか。

身近なところにもいる外来種

もともとその地にいなかったのに、人間の活動によってほかの地域から入ってきた生物を外来種といいます。海外から日本に入ってきた生物の数は、わかっているだけでも約2000種にのぼるといわれています。「四つ葉のクローバー」などで知られるシロツメクサも、かつては日本になかった外来種です。

外来種の中には、もともと生息していた動植物と共生しているものもありますが、生態系に悪い影響を与えるものも少なくありません。沖縄本島や奄美大島に持ち込まれたマングース、小笠原諸島に入ってきたグリーンアノールやニューギニアヤリガタリクウズムシ、水田や用水路、池に生息するアメリカザリガニなど、地域の自然環境に大きな影響を与えるおそれのある外来種は、とくに「侵略的外来種」に分類されています。

小笠原諸島の主な外来種

グリーンアノール

北米原産の小型のトカゲ。人の住んでいる父島、母島に数百万匹が生息しているといわれ、オガサワライトトンボやオガサワラシジミといった希少な昆虫を食い荒らしています。

ノネコ

野生化したネコ。希少な野生動物であるアカガシラカラスバトや海鳥などの繁殖をおびやかし、生態系に大きな影響を与えています。
(写真:小笠原村観光局)

ニューギニアヤリガタリクウズムシ

ヒルに似た肉食性の生物。5cm程度と小さく、人の靴にくっついて移動するため、父島ではほぼ全域に広がって陸産貝類が大打撃を受けました。

山口先生の 調べてみよう!

身近な外来種を探してみよう!

シロツメクサやアメリカザリガニ、ブラックバスも外国からやってきた外来種。ほかには、どんな外来種があるかな?身近な動植物を調べて、外来種を見つけてみよう。

日本列島の成り立ちを調べてみよう!

小笠原諸島は大陸や日本本土と陸続きになったことがない「海洋島」で、沖縄諸島を含む日本列島は、かつてユーラシア大陸と陸続きだった「大陸島」。海洋島か大陸島かを知ることは、なぜそこにその動植物が生息しているかを理解することにもつながるよ。日本地図を見ながら、日本列島の成り立ちを調べてみよう。

ノヤギ

家畜として持ち込まれ、野生化したヤギ。固有種を食べ、地表を荒らして植物の生態系にダメージを与えました。

絶滅の危機にある「絶滅危惧種」

海洋島の生物は、競争相手や天敵の少ない穏やかな環境の中で進化してきました。そのため、ひとたび外来種が侵入すると、大きな影響を受けてしまいます。環境省は、日本の野生生物の中で現在絶滅の危機にある「絶滅危惧種」を生物グループごとにリストアップした一覧表「レッドリスト」を公表しており、小笠原諸島に生息する絶滅危惧種は植物107種、ほ乳類1種、鳥類29種、昆虫類59種、陸産貝類43種が記載されています。

（写真：小笠原村観光局）

「絶滅危惧種」のアホウドリの繁殖の取り組みが聟島で行われており、2015年3月にはじめての繁殖成功が媒島で確認された。

絶滅危惧種のムニンツツジ（小笠原諸島固有種）。かつては数株が生息していたが、現在確認されているのは父島の躑躅山にある1株だけ。

（写真：東京都）

貴重な固有種を守るための対策

固有種がつくり出す豊かな生態系を外来種から守るには、自然に任せるのではなく、積極的に外来種を排除する必要があります。そのため小笠原諸島では、グリーンアノールやノヤギ、東南アジア原産の高木であるアカギなど、固有種に大きな被害を与える外来種を駆除する取り組みが続けられています。また、小笠原諸島を訪れる観光客の増加も、自然に悪影響を及ぼしかねません。そこで、貴重な固有種を多く残す地域として特別保護区に指定されている南島や母島の「石門」などでは、東京都が指定する自然ガイドの同行が義務づけられ、一日の上陸者の数を制限するなど、自然保護と観光の両立を目指したルールづくりが進められています。

グリーンアノールが生息する地域の木に設置した粘着式のワナ。これを定期的に回収して捕獲する方法がとられている。

父島と母島を結ぶ船「ははじま丸」で使われている、靴底の泥を落とすマット（写真奥）。外来種のニューギニアヤリガタリクズムシの母島への拡散を防止するための試みだ。

（写真：小笠原村観光局）

「海洋島」の世界遺産

世界には小笠原諸島と同様に、大陸と陸続きになったことのない海洋島が数多く存在します。ここでは、島の形成や独特な生態系が評価されて世界遺産に登録されたものを紹介。

ガラパゴス諸島

エクアドル

南米大陸の約1000km西に位置し、13の大きな島、多数の小島・岩からなる。ガラパゴスゾウガメ、ガラパゴスリクイグアナなど固有種も多く、島ごとに生物が微妙に異なることから、博物学者ダーウィンが「進化論」のヒントを得た場所として知られています。

海にすむ種としてリクイグアナから進化したウミイグアナ。

ハワイ火山国立公園

アメリカ

太平洋のほぼ中央にあるハワイ諸島の最大の島、ハワイ島の東部にある国立公園。キラウエア火山は1983年の噴火以降、現在まで活発な活動を続けています。溶岩の粘性が低く、流出速度が遅いため、溶岩を間近で見られる世界でも珍しいスポット。

キラウエア火山の溶岩。

アルダブラ環礁
セーシェル

アフリカ大陸から640km離れたインド洋上に浮かぶ4つの島。海底のサンゴ礁が持ち上がって形成されました。手つかずのサンゴ礁が残り、世界最大級のリクガメであるアルダブラゾウガメをはじめ、インド洋で唯一のゾウガメの生息地となっています。

アルダブラゾウガメは大きいものでは体重250kgにもなる。

屋久島

樹齢1000年以上のスギが育つ島

九州本土最南端の佐多岬の南南西約60kmに浮かぶ屋久島には、「縄文杉」に代表される樹齢1000年以上の屋久杉、コケむした深い森、世界有数の照葉樹林、この島でしか見られない固有の生物など、多種多様な動植物が息づいています。

登録年	1993年
所在地	鹿児島県屋久島町
登録物件	屋久島
登録区分	自然遺産（登録基準⑦⑨）
アクセス	鹿児島空港から飛行機で約35分。大阪（伊丹）空港、福岡空港からの直行便もある。または、鹿児島港から高速船、フェリーを利用。

宮崎県 ・宮崎
鹿児島・
薩摩半島
東シナ海
鹿児島県
大隅半島
佐多岬
屋久島
種子島
太平洋

多様な自然がひとつの島に凝縮!

　九州から台湾へと弓状に連なる南西諸島の北部に位置する屋久島。周囲約130kmのほぼ円形の島には、九州最高峰の宮之浦岳(1936m)をはじめ1000mを超える山々が連なり、「洋上のアルプス」とも呼ばれています。約2000mもの高低差がある屋久島は、亜熱帯地域の植物から、シイやカシなどの常緑広葉樹がつくる世界有数の照葉樹林、樹齢1000年以上の屋久杉がそびえる巨木の森まで、標高によって異なる表情を見せてくれます。

気候条件がもたらす「日本の縮図」

　屋久島の約90%は山岳部で、平地は海沿いに少しある程度。海岸部の年間平均気温が20℃程度なのに対して、山頂付近は6℃しかありません。こうした気候条件が、「日本の縮図」といわれる特異な植生分布を生み出しました(P90-91)。

亜熱帯から亜寒帯までの植物が分布!

　屋久島には、日本に自生する植物の5分の1が分布しています。シダ植物は約400種、種子植物は約1100種が自生しているほか、ここでしか見られない固有種も約50種確認されています。2015年10月には、東南部の低地の照葉樹林で新種の植物が発見され、「ヤクシマソウ」と名づけられました。

樹齢1000年を超える屋久杉

　屋久島では、四季を通じて青々と輝く照葉樹林の森、雲や霧がただようスギの森という2つの森の姿を見ることができます。標高500m以上の場所には天然のスギが多く分布し、なかでも1000年以上生き続けた大きなスギは「屋久杉」と呼ばれています。

標高1200mにそびえる紀元杉。(写真:屋久島町)

多くのシカやサルが暮らす森

　「サル2万、シカ2万、人2万」といわれるように、屋久島には多くのヤクシカ、ヤクザルが生息しています。ほかにも、ほ乳類のヤクシマジネズミやコイタチ、両生類のヤクシマタゴガエルなど、島内では数多くの固有種が見られます。

ヤクザル。

ヤクシカ。

ココがすごい! 登録ポイント

◎日本でもっとも太いスギ(縄文杉)を見ることができる。

◎直径わずか30kmの島に日本列島の気候がつまっている。

◎世界最大級の照葉樹林の森がある。

1カ月に35日も雨が降る!?

　屋久島は「ひと月に雨が35日降る」といわれるほど雨が多い島。年間降水量は平地で2500〜5000mm、山間部では5000〜7500mm(東京は1500mm程度)におよび、とくに春先と梅雨どきに多く雨が降ります。こうした豊富な降水量が、屋久島に自然の恵みをもたらしています。

屋久島はどんなところ?

もっと知りたい

屋久島の総面積(5万429ha)のうち世界遺産に登録された地域は、約21%にあたる1万747ha。海岸から森林地帯、山岳地帯まで、多様な表情を見せる屋久島の魅力とは?

北太平洋一のアカウミガメの産卵地

島の北西部にある永田浜は、北太平洋最大のアカウミガメの産卵地。産卵の時期である5～8月には、多くの見学客が訪れます。2010年の記録では、アカウミガメが産卵した日本の浜は300カ所、産卵頭数は1万頭を超えましたが、産卵数の半分以上は屋久島に集中しています。

アカウミガメの産卵に立ち会う観光客。

そうだったのか!

黒潮がもたらした豊かな気候

南西諸島の西側に沿って北上する黒潮(暖流)は、奄美大島と屋久島のあいだを東に抜け、太平洋に出ます。屋久島周辺の海はこうした暖流の影響で一年中水温が高く、温暖な気候になっています。暖かい海から発生する水蒸気は、屋久島の山々を駆け上がって雲になり、島に多くの雨をもたらしているのです。

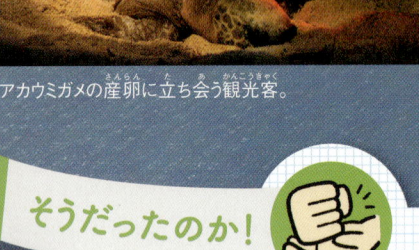

韓国
日本
東シナ海
屋久島
暖流
奄美大島
太平洋

四ツ瀬浜
永田いなか浜
永田前浜
障子岳▲
1549
国割岳
1323
永田岳
西部林道

ヤクシマシカ
（ヤクシカ）

本州などで見られるニホンジカよりも小ぶりで、体重は30kg程度。島内に最大で約3万頭が生息しているといわれている。

大川の滝
栗生神社のガジュマル
中間のガジュマル

西部林道は自動車で行ける唯一の世界遺産登録地でもある。(写真・屋久島町)

平内海中温泉

北

世界最大級の
照葉樹林がある西部林道

島西部にある西部林道は、世界遺産に登録された地域の中で唯一海に面したエリア。海岸部から国割岳(1323m)の山頂までの斜面には植生の垂直分布(P90)が一望できます。国割岳の裾野に広がる照葉樹林は世界最大級。

最大の屋久杉「縄文杉」

標高1300mの斜面に立つ縄文杉は、高さ25m、幹まわり16mの島内最大の屋久杉。根まわりを保護する必要から縄文杉に近づくことはできないため、鑑賞は展望デッキから。屋久島のシンボルともなっている縄文杉。

何百種ものコケにおおわれた白谷雲水峡

照葉樹林帯と針葉樹林帯の移行帯である標高600〜1000mに広がる自然林。美しい渓流と何百種ものコケにおおわれた深い森は、スタジオジブリのアニメ映画「もののけ姫」に登場する原始の森のモデルになったといわれています。

白谷雲水峡は宮之浦川の支流、白谷川の上流にある自然休養林。

この島だけにすむ！

ヤクシマザル（ヤクザル）

本州から四国、九州にかけて生息するニホンザルよりも小型で、体長は45〜60cm、体重は6〜13kg。3000頭ほどが島内で暮らしているといわれている。

- 世界遺産登録地域
- 国立公園指定地域
- 屋久島原生自然環境保全地域

（地図上の地名）
宮之浦港
楠川温泉
弥生杉
縄文杉
じょうもんすぎ
大王杉
ウィルソン株
愛子岳 1235
宮之浦岳 ▲1936
永田岳 1886
黒味岳
栗生岳 1860
安房岳 1847
投石岳 1830
▲1831
花之江河
太忠岳 1497
大和杉
川上杉
紀元杉
ヤクスギランド
仏陀杉
トロッコ道
安房港
モッチョム太郎
万代杉
モッチョム花子
モッチョム岳 940

人間とスギの歴史が見られる

ヤクスギランド

標高1000mほどに広がる自然林で、「くぐり杉」「双子杉」「千年杉」「仏陀杉」など島を代表するスギが見られるエリア。300年ほど前に多くの屋久杉が伐採された森でもあり、その歴史を物語る切り株がいたるところに残っています。

樹齢1800年といわれる仏陀杉。高さは21.5m。（写真：屋久島町）

岩でできた島

屋久島は1400万年前、地下から盛り上がったマグマが冷え固まった花崗岩でできた「岩石の島」。島の表面は、海底火山から噴き出したものと砂や小石がわずかにおおっているだけです。現在も島は1000年に1mのペースで隆起を続けているといわれています。

もっと知りたい！
屋久島はどんなところ？

縄文杉年齢ミステリー

　縄文杉は屋久島を代表する古木で、高さは25m。あまりの大きさから「複数の木が合体したのでは？」とも考えられましたが、周囲に伸びる枝をDNA鑑定した結果、1本の木であることがほぼ立証されました。樹齢には2000年代から7000年代まで諸説ありますが、中心部の空洞の内側から採取したものを科学的に調べた結果では、樹齢2170年とされています。

縄文杉とヤクシカ。（写真：皆川直信）

なぜ屋久杉は長寿なの？

樹木は通常、成長して大きくなるとともに幹の中心部から腐りはじめ、空洞が広がって木を支えきれなくなると、倒れて一生を終えます。スギの寿命は一般には数百年といわれますが、それをはるかに超える長寿の巨木が屋久島に存在する理由は、島の厳しい自然環境が関係しています。屋久島の土壌は花崗岩質で栄養に乏しく、保水力が小さく雨が降っても山肌を伝って海へと流れてしまいます。しかも台風や落雷、冬には積雪もあります。こうした自然環境のため、スギはゆっくりと育ち年輪が細密になり、樹脂（油）が普通よりも数倍多くなって腐りにくい木になります。つまり、長寿の秘密は「成長の遅さ」にあるのです。

推定樹齢2000年ほどのウィルソン株。300年ほど前に伐採された切り株で、中は大きな空洞になっている。

スギにすみつく"居候"がいる!?

樹木をおおうコケに根を張り、コケのまわりの水分と光合成で生きる植物を「着生植物」といいます。雨が多く多湿な屋久島の気候は、着生植物の生育に好条件。そのため、屋久島の樹木にはコケ植物、シダ植物、ラン科植物などが着生し、とくに樹齢の高いスギには多くの着生植物がくっついています。屋久杉自然館の調査（1993年）によると、巨木37本に着生している植物は39種類。なかでも縄文杉にはもっとも多い13種が"居候"しているそうです。

木の表面に着生したコケ植物。

世代交代で生まれる新たな命

栄養豊かな土壌のない屋久島は、植物が生きるには厳しい環境です。そこで植物は、かつて木材用に伐採されたスギの切り株や自然に倒れた木にすみかを求め、日当たりがよくコケむした"先代の遺産"の上に新たな世代を育みます。今は人の指先ほどの小さな芽でも、数百年後には立派な大木に育っているかもしれません。

切り株から成長するスギ

伐採された切り株を土台にして、新しい世代のスギが成長していく。

10～20年後　　数百年後

倒木から成長するスギ

倒れて一生を終えたスギの上に、新しい世代のスギが成長していく。

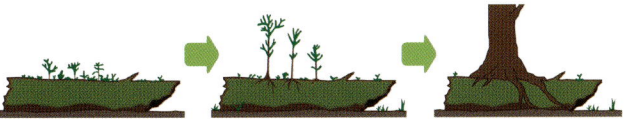

10～20年後　　数百年後

そうだったのか！

屋久杉は"年貢"代わりだった!?

屋久島の歴史は、「森」と「人」の共生の歴史でした。古くから屋久島で信仰の対象になっていたスギの伐採がはじまったのは、安土桃山時代といわれています。江戸時代に入ると、農地が少ない屋久島では年貢の米の代わりに屋久杉を加工した短冊形の「平木」を納めるようになりましたが、伐採後は植林するなど厳重に管理されました。屋久島の森は明治～大正時代に国有林となり、昭和30年代の戦後復興で木材の需要が高まると大伐採時代が到来します。しかし昭和40年代に入ると、輸入材の増加から国有林事業は大幅に縮小。世界遺産に登録された現在では、森林生態系を生かした管理が行われています。

伐採した屋久杉を運んでいるところ。

イラスト図解

北海道から九州までの自然がある!?

2000m近い山々が連なる屋久島は、直径わずか30kmに満たない小さな島。しかしそこには、南北2000kmを超える日本列島の自然がつめ込まれています。

屋久島の気候と植物の垂直分布図

2000m近く標高差のある屋久島では、北海道から九州までの気候がつまっている。標高によってさまざまな植物の分布を見ることができ、これを垂直分布という。

屋久杉だけじゃなくて、多様な自然も屋久島の魅力なんだね!

まるりん

2000m

屋久島固有種

ゴマノハグサ科の植物で、8〜10月に大きな花を咲かせる。

ヤクシマシオガマ

ヤクシマリンドウ

屋久島固有種

宮之浦岳（1936m）

永田岳（1886m）

黒味岳（1831m）

標高1000〜1600mに生息する屋久島固有種。6〜9月に姿を見せ、「ジイ〜」と低い連続音で鳴く。

屋久島固有種

ヤクシマエゾゼミ

1500m

屋久島固有種

リンドウ科の屋久島固有種で、山頂部の岩場に生息。8〜9月に花が咲く。

● 縄文杉

本州や四国、九州に分布するタゴガエルの屋久島固有亜種。

ヤクシマタゴガエル

● ヤクスギランド

1000m

ヤクシマオニクワガタ

屋久島固有種

日本各地で見られるオニクワガタの屋久島固有種で、森林地帯に生息。

キク科の屋久島固有種。キッコウハグマと近い仲間で、葉が細長いのが特徴。

屋久島固有種

● 白谷雲水峡

屋久島固有種

ホソバハグマ

500m

キク科の植物で、渓流の岸に生息。葉は水の抵抗を受けにくい形をしている。

キク科の植物で、屋久島と種子島の固有種。海岸沿いの暗い林で生育する。

カンツワブキ

ヤクシマヒヨドリ

0m

日本列島の植物が垂直に分布

気温は、標高が100m上がるごとに約0.6℃下がります。屋久島は標高0m近くの人里から山頂まで、約2000mもの標高差があります。海岸沿いの平地は年間平均気温が約20℃。一方、山頂近くの平均気温は約6℃と、北海道の旭川市なみの涼しさです。そのため屋久島では、標高と気温の変化にしたがって植生が移り変わる、植物の「垂直分布」を見ることができるのです。

低地では熱帯の植物が育ち、標高1000mくらいまでは厚い葉をもつ樹木がつくる照葉樹林が広がります。標高500mを超えると屋久杉が姿を現し、700mくらいから標高が高くなるにつれて、屋久杉に代表される針葉樹が増えていきます。山頂部では、貴重な高山植物も見られます。

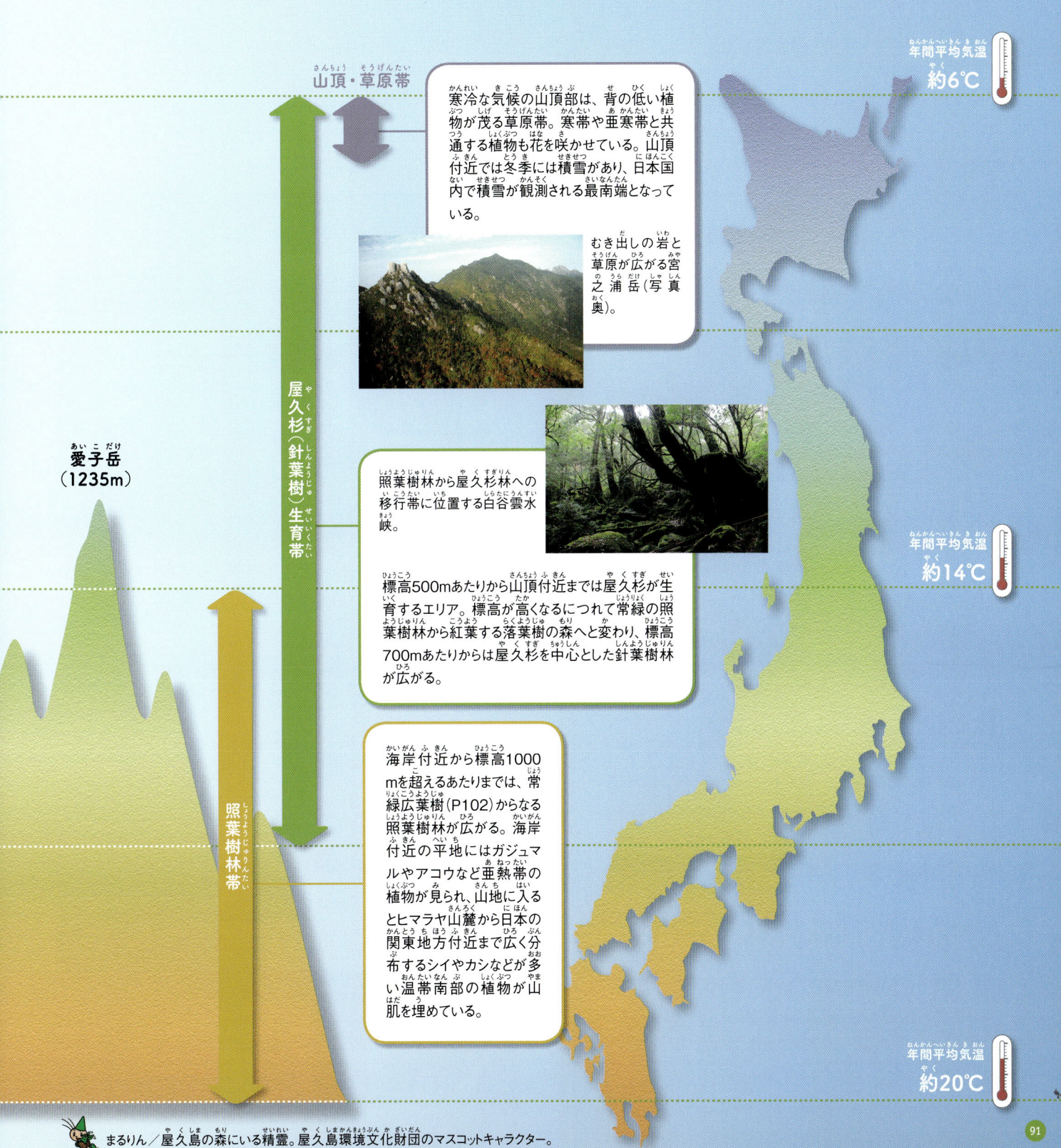

山頂・草原帯

寒冷な気候の山頂部は、背の低い植物が茂る草原帯。寒帯や亜寒帯と共通する植物も花を咲かせている。山頂付近では冬季には積雪があり、日本国内で積雪が観測される最南端となっている。

むき出しの岩と草原が広がる宮之浦岳（写真奥）。

屋久杉（針葉樹）生育帯

照葉樹林から屋久杉林への移行帯に位置する白谷雲水峡。

標高500mあたりから山頂付近までは屋久杉が生育するエリア。標高が高くなるにつれて常緑の照葉樹林から紅葉する落葉樹の森へと変わり、標高700mあたりからは屋久杉を中心とした針葉樹林が広がる。

照葉樹林帯

海岸付近から標高1000mを超えるあたりまでは、常緑広葉樹（P102）からなる照葉樹林が広がる。海岸付近の平地にはガジュマルやアコウなど亜熱帯の植物が見られ、山地に入るとヒマラヤ山麓から日本の関東地方付近まで広く分布するシイやカシなどが多い温帯南部の植物が山肌を埋めている。

愛子岳（1235m）

年間平均気温 約6℃

年間平均気温 約14℃

年間平均気温 約20℃

まるりん／屋久島の森にいる精霊。屋久島環境文化財団のマスコットキャラクター。

統合学習

スギと日本人の深い関わり

日本でいちばん多く植えられ、木材としてもっとも利用されている木が「スギ」です。昔から重宝され、大切に植林されてきたスギと日本人の深い関わりを紹介しましょう。

日本にはなぜスギが多い?

日本の国土の約7割が森ですが、そのうち約4割は人間の手で植えられた人工林。なかでももっとも多いのが、スギの人工林です。

スギという名の由来は、まっすぐに高く伸びる木「直ぐ木」とされます。学名の「クリプトメリア・ジャポニカ」が「隠された日本の財産」を意味する通り、日本だけに生息する固有種です。軽くて加工しやすく、湿度を一定に保つことにすぐれたスギは、古くから工芸品や建築材料、割り箸、樽などさまざまな用途で使われてきました。

スギの植林が本格的にはじまったのは室町時代。太平洋戦争（1941〜45年）のころには軍需目的で大量に伐採され、戦後は復興のため全国で植林が進みました。その結果、現在は日本の国土の約12%、約450万haをスギの人工林が占めるまでになっています。

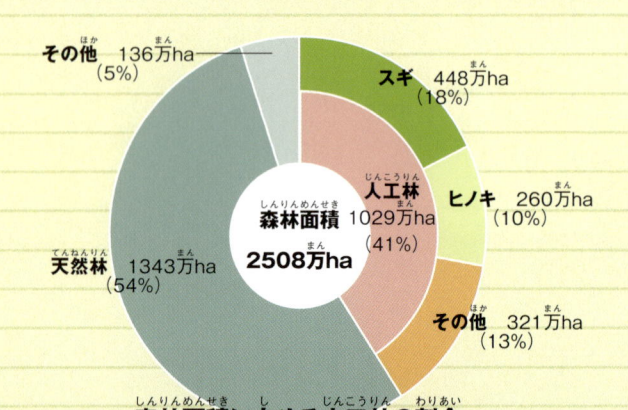

その他 136万ha（5%）

スギ 448万ha（18%）

人工林 1029万ha（41%）

ヒノキ 260万ha（10%）

森林面積 2508万ha

天然林 1343万ha（54%）

その他 321万ha（13%）

森林面積に占める人工林の割合
出典：林野庁業務資料（2012年3月31日現在）

スギの間伐作業。森林の中を明るく保ち、樹木をまっすぐ育てるために、曲がったり弱ったりした木を間引く「間伐」は欠かせない。

山口先生の　調べてみよう！

木でできた
身近なモノを探してみよう

木は建物だけではなく、さまざまな身近なモノに使われているよ。たとえば、スギは建築材（柱、板）のほかに家具や樽、割り箸、船などに使われているんだ。自分の身近な場所にある「木」の製品を探してみよう。

植物の垂直分布を実感してみよう

屋久島で見られる植物の「垂直分布」は、富士山や各地の山など標高差がある多くの場所で確認できるよ。車などで山を越えたり、山を登ったりしたときに、植生の変化に目を向けてみよう。

国産のスギは
こんなところでも使われている

大館樹海ドーム（秋田県大館市）
樹齢60年以上の秋田杉を約2万5000本も使用した、敷地面積13万940m²の多目的ドーム。

亀山市立関中学校（三重県亀山市）
木造校舎の柱に、地元産の杉丸太や杉集成材を使用した中学校。

道路のガードレール
地元産のスギを利用したガードレール。福岡県や和歌山県など、各地で導入が進む。

日本の森林は増えている？ 減っている？

世界の森林面積は約40億haで、これは全陸地の約30％にあたります。しかし干ばつや森林火災、大規模な伐採などにより、世界の森林は毎年520万ha減少しているといわれています。

一方、日本の森林面積は、ここ50年ほどはほぼ横ばいの状態が続いていますが、森林蓄積（木が生長した量を体積で表したもの）は毎年約8000万m³ずつ増え続けています。昭和30年ごろから植林された木々は現在ちょうど収穫の時期を迎えていますが、建築材料としての需要が少なくなり、価格の安い輸入材が増えたことから、国産木材の利用は大きく減少。木はほとんど使われずに増え続けているという状況なのです。

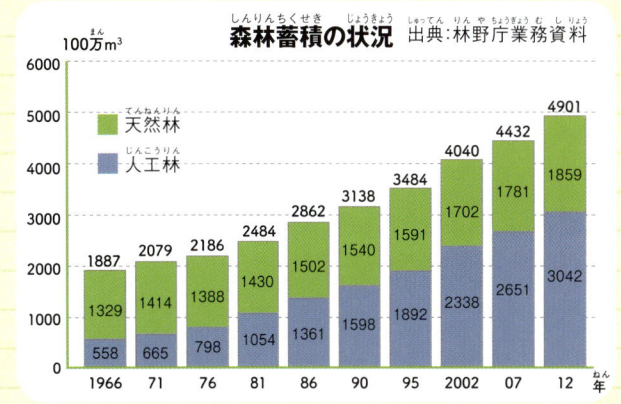

森林蓄積の状況
出典：林野庁業務資料

100万m³

	1966	71	76	81	86	90	95	2002	07	12
天然林	1329	1414	1388	1430	1502	1540	1591	1702	1781	1859
人工林	558	665	798	1054	1361	1598	1892	2338	2651	3042
合計	1887	2079	2186	2484	2862	3138	3484	4040	4432	4901

※総数と内訳の合計が異なるものは単位未満の四捨五入による。

風で舞い上がるスギ花粉。

「あまったスギ」がもたらす問題

伐採されないまま放置されたスギは、さまざまな問題をもたらしています。とくに深刻といわれているのが、スギ花粉が引き起こす「花粉症」です。花粉症の患者数は平成に入って急増し、現在では日本人の5人に1人、約2500万人にまで増えています。その背景には、飛散する花粉の増加のほかにも、食生活の欧米化、ストレスの多い生活、排気ガスで汚れた空気など、さまざまな要因があると考えられています。各自治体は無花粉スギの植林や、花粉量の少ない品種に植え替えをするなど、「国民病」ともいえる花粉症のさまざまな対策を進めています。

関連する世界遺産

「木」と「植生」が特徴の世界遺産

巨木の生息地や多様な植生が見られる自然遺産、人と木が深く関わる文化遺産など、屋久島と共通する特徴を持つ世界遺産を紹介します。

アメリカ　レッドウッド国立・州立公園

カリフォルニア州北西部に広がるレッドウッド国立・州立公園には、「永遠の命の木」と呼ばれるレッドウッド（セコイアスギ）が数多く自生しています。世界でもっとも高い木としても知られ、なかには110mを超える巨木もあります。

世界でもっとも高い木「レッドウッド」。

レバノン　カディーシャ渓谷と神の杉の森

中東レバノンの中央部、レバノン山脈山中のカディーシャ渓谷とそこに群生するレバノン杉は、世界文化遺産に登録されています。レバノン杉はスギではなくマツの近縁。船の材料や木材・樹脂の輸出など、紀元前のフェニキア人の繁栄を支えました。

レバノンの国旗にも描かれたレバノン杉。

マレーシア　キナバル自然公園

ボルネオ島北部にある、東南アジア最高峰のキナバル山（標高4095m）を含む自然公園。変化に富んだ植物の垂直分布で、低地の熱帯雨林地域から亜寒帯まで、多様な植物相が見られ、世界最大の花ラフレシアや固有種のランが自生しています。

東南アジア最高峰のキナバル山。

白神山地

世界最大級のブナの森

青森県と秋田県にまたがる白神山地には、世界最大級のブナの森が広がっています。
そこでは、8000年以上も前から変わらない自然の営みが今も続けられています。

自然を守るため、入山は厳しく制限

世界遺産に登録されたエリアの総面積は1万6971ha（青森県南西部は1万2627ha、秋田県北西部は4344ha）。そのうち1万139haが「核心地域」として登録され、その周辺には「緩衝地域」が設けられています。貴重な自然を守るため、核心地域への入山は厳しく制限されています。秋田県側は全面入山禁止、青森県側は27の指定ルートと既存の歩道以外の入山は禁止され、指定ルートに入るときも指定機関への届け出が必要です。

起伏に富んだ山並みが続く白神山地。

生き物の命を育むブナの原生林

白神山地は最高峰の向白神岳（1250m）を頂点として、1000m前後の山々が連なる広大な山岳地帯。青森県と秋田県にまたがる約13万haという面積は、沖縄本島がすっぽりと入るほどの広さです。

白神山地には世界最大級、約1万7000haもの広さのブナの原生林があり、さまざまな動植物が生息しています。「原生林」とは、人間が手を加えていない森のこと。白神山地の原生林は、8000〜9000年前に誕生してから、ほとんどその姿を変えていません。ブナの森は、古くから受け継がれてきた自然の営みを今に伝えているのです。

森で育まれる多様な生態系

白神山地の魅力はブナの森だけではありません。白神山地が世界自然遺産に選ばれたのは、ツキノワグマやニホンザルをはじめ、さまざまな動物たちが生息していることも理由のひとつ。なかでも本州には生息していないといわれていた幻のキツツキ「クマゲラ」が1983年に発見され、白神山地の開発をストップさせるきっかけになりました。

秋の林道近くに現れたニホンザル。（写真：西目屋村）

マザーツリーは幹まわり4.65m、樹高30m。長い年月にわたって風雨や雪に耐えたブナの力強さに圧倒される。（写真：西目屋村）

1965年に天然記念物に指定されたクマゲラ。（写真：江川正幸）

ブナがつくり出す豊かな森

白神山地には、1000万本ものブナの木があるといわれています。ブナの寿命は通常300年ほどですが、津軽峠にある「マザーツリー」と呼ばれるブナの巨木は推定樹齢400年。白神山地のシンボルとなっています。

登録年	**1993年**
所在地	青森県鰺ヶ沢町、深浦町、西目屋村、秋田県藤里町
登録物件	**白神山地**
登録区分	**自然遺産**（登録基準⑨）
アクセス	白神山地に行くにはいくつかのルートがある。青森県側は弘前から、秋田県側は能代からのアクセスが便利。

ココがすごい！ 登録ポイント

◎ほぼ手つかずの広大なブナの原生林が残る。

◎世界的に見ても数少ない原生林地区のひとつで、日本固有のブナ林。

◎ブナを中心とする生態系に、クマゲラ、ニホンカモシカなど豊かな生物が育まれる。

ブナの森を散策しよう!

ブナはどのような樹木で、なぜ白神山地にはほぼ手つかずの原生林が残っているのでしょうか。ブナに秘められたナゾにせまってみましょう。

そもそも「ブナ」ってどんな木?

ブナは、ブナ科ブナ属の落葉広葉樹(P102)です。世界にブナ属は10種ほどあるといわれますが、日本に分布するのは「ブナ」と「イヌブナ」の2種類。白神山地で見られる「ブナ」は、北海道南部の平地から鹿児島県の山地まで広く分布しています。一方、「イヌブナ」は岩手県以南の太平洋岸を中心に分布し、ブナよりもやや標高の低いところに生えています。ブナは漢字では「橅」「椈」「山毛欅」などと書きます。橅は木へんに「無」。つまり「木ではない木」という意味です。これはブナが木材の中では下級品として扱われてきた歴史を物語っています。

高さ20m以上にも成長するブナ。白神山地にも巨木のブナは多く、大人でも見上げるほど大きい。

ブナは世界のどこで見られるの?

ブナ属の植物は、北半球の広い範囲に分布していますが、不思議なことにその地域は飛び地のように点在しています。これは、かつて北極圏を取り囲むように分布していた落葉広葉樹林帯が氷河期とともに南下し、気候の変動によって分割されたからだと考えられています。

世界のブナ属の森林の分布

ヨーロッパブナ / オリエントブナ / 東アジアのブナ / タケシマブナ / ブナ イヌブナ / アメリカブナ / 北極圏 / エングラーブナ テリハブナ ナガエブナ / タイワンブナ / メキシコブナ / 赤道

白神山地にブナが多いのはなぜ?

日本では太平洋戦争(1941〜45年)のあと、経済の復興にともなって木材の需要が急激に増え、各地で大規模な伐採がはじまります。東北でも多くのブナ林が伐採され、スギの人工林へと姿を変えていきました。しかし、白神山地は都市部から離れ、木材の運搬が難しかったことなどから、まとまった面積の森が残されました。1970年代後半には青森と秋田の県境を貫く白神山地内の道路「青秋林道」の計画が持ち上がりましたが、地元住民の反対運動によって1990年に計画は中止。この運動がきっかけとなって森林生態系保護地域が設定され、2年後に自然環境保全地域に指定されました。これが世界遺産登録(1993年)への足がかりとなったのです。

ブナッキー

貴重な自然が残されているのには、こんな理由があったんだ!

そうだったのか!

森とともに生きる「マタギ」

白神山地の森と深く関わりをもつ人びとの中に「マタギ」がいます。白神の自然を知りつくしたマタギたちは、古くからクマやカモシカ、ムササビなどの鳥獣を狩り、山菜、キノコをとり、厳しいおきてを守りながら森とともに暮らしてきました。

しかし現在では、高齢化や後継者不足などでマタギの伝統文化は失われつつあります。世界遺産への登録によって核心地域への入山が規制され、自由に出入りできなくなったことで、マタギの活動の場が大きく制限されました。

マタギとして、50年以上にわたって白神山地で暮らしてきた工藤光治さん。(写真:坂本タイシ)

ブナッキー／体はブナの木、耳はブナの種。肩にクマゲラを乗せた白神山地のマスコットキャラクター。

ブナの森が「緑のダム」と呼ばれる理由

　ブナは上にいくほど枝が広がっていて、葉で受け止めた雨は枝から幹を伝って根元に集まるようになっています。樹齢200年のブナで1本あたり年間8トン、2Lのペットボトル4000本分もの水を根元に蓄えることができるそうです。ブナの森が「緑のダム」「天然の水ガメ」などといわれるのはこのためです。

　ブナの根元には、落ち葉の厚い層ができています。小さな虫や微生物がこの落ち葉を分解して栄養のある腐葉土をつくり、土の中にたまった水はゆっくりと時間をかけてしみ出します。雨水は落ち葉と土のあいだを通るうちに不純物が取りのぞかれて、やがて清らかな川の流れとなって山を下っていくのです。

ブナの根元にできた落ち葉の層。
（写真：西目屋村）

ブナの一生を見てみよう!

　白神山地の森を歩くと、幼い木から老木まで同じブナでもその姿は千差万別であることに気づかされます。ブナの寿命は300年程度といわれていますが、太く大きく育ち、天寿をまっとうできるのはごくわずかです。ブナの一生とは、どのようなものでしょうか。

① 種子が芽を出す

　木から落ちたブナの種子は、冬を越し、春になると芽を出します。ブナは数年に一度、多くの種子をつけますが、自然界の厳しい生存競争に生き残るのはごくわずか。ノネズミなどに多くの種子が食べられてしまうからです。

② 日に当たって急激に大きく

　運よく生存競争に勝ち残った幼木は、大きな木に囲まれて成長していきます。しかし他の植物におおわれた環境の中で伸びるのは毎年数ミリから数センチ程度。寿命を迎えた老木が倒れると日当たりがよくなり、幼木は急激に大きくなっていきます。ブナは100年ほどで太さ50cm、高さ25mくらいの大きさまで成長します。

③ 老化が進む

　ブナは年をとると活力が衰え、幹の中に菌類がすみつくようになります。サルノコシカケなどが幹につき、老化が進んでいきます。ブナの寿命は300年程度といわれ、寿命が近づくと幹の内部が腐って空洞になり、枯れていきます。倒れた木はやがて菌類や微生物に食べつくされ、土にかえります。
（写真：いずれも西目屋村）

イラスト図解

ブナの森に生きる樹木と動物たち

白神山地には、ブナ以外にもさまざまな樹木が生えています。また豊かな自然が残る森では、たくさんの動物たちが生活しています。白神山地にすむ生き物たちを見てみましょう。

サワグルミ

北海道南西部から九州にかけての山地、谷間に分布するクルミ科の落葉高木。湿気の多いところ、沢沿いなどに林をつくります。まっすぐ伸びる幹の樹皮には、縦に粗い割れ目が入り、葉は軸に小さな葉が多くつく羽状複葉。細く垂れ下がった果実をつけます。

トチノキ

北海道南西部から九州にかけて分布するトチノキ科の落葉高木です。沢沿いに生育することが多く、大きいものだと30mを超える大樹に成長。6月ごろには円すい状に集まった白い花が木全体に咲きます。

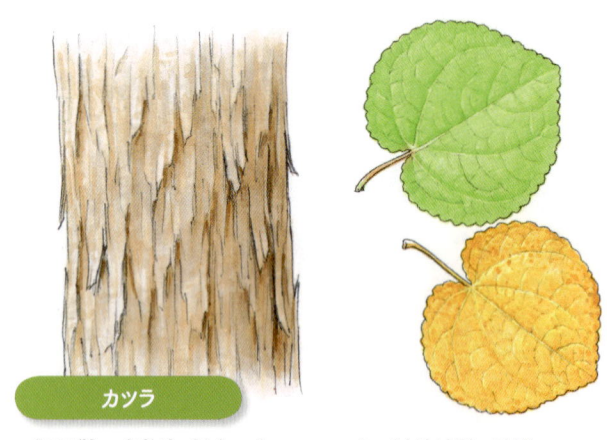

カツラ

北海道から九州の山地に生えるカツラ科の落葉高木。春先になると、小さな赤い花をたくさんつけます。

ブナ

幹はまっすぐ伸び、大きいものでは樹高30mに達するブナ科ブナ属の落葉高木。樹皮は灰白色で、菌類がつきやすいため、さまざまな模様がついています。

ウダイカンバ

中部以北の本州、北海道に分布するカバノキ科の落葉高木。山地の谷すじや斜面の栄養が豊富で適度に潤った場所に生えます。樹皮は黄褐色か灰白色で、紙状にはげる横長の皮目（空気を流通させる部分）をもっています。

ミズナラ

北海道から鹿児島県まで広く分布するブナ科の落葉高木。崖のふちなど岩の多い場所で見られます。幹は太いものでは1mを超え、樹皮は粗くひび割れています。葉は長さ15cmほどとブナよりも大きく、ふちに粗いギザギザがあるのが特徴です。

場所によって見られる樹木が違う!

ひと口に「ブナの森」といっても、ブナだけではなく場所によって多様な樹木が根を伸ばしています。

ブナは山のふもとから山頂付近にかけて、平坦な場所から急斜面まで広く生育していますが、湿地のような水が多すぎる場所、岩尾根のような乾燥している場所、風当たりが強すぎる場所などではあまり見られません。ブナが見られる場所には、ミズナラやウダイカンバ、ホオノキなども生えています。

サワグルミやトチノキ、カツラなどが生息しているのが、下向きにくぼんだ斜面や地すべりで落ちたものがたまったくぼ地、沢・川の岸などです。こうした場所は、斜面の上や川の上流から土壌物質や水が集まるため、湿潤でしかも栄養に富んだ土壌となっています。

一方、土壌物質や水が奪われやすく、乾燥して栄養に乏しい岩尾根には、ヒメコマツの一種であるキタゴヨウなどが生えています。白神山地では、キタゴヨウなどの針葉樹は尾根沿いの狭い範囲に生育するだけで、屋久島（P84）のような針葉樹林は見られません。

ホオノキ

南千島、北海道、本州、四国、九州に分布するモクレン科の落葉高木。大きいものは高さ約20m。6月ごろに白い大型の花を開き、強い香りを放ちます。葉は皿の代わりになるほどの大きさです。

キタゴヨウ

北海道南西部と本州中部以北に自生するマツ科の常緑針葉高木。木の高さは20mを超え、葉は5本ずつ束になっています。秋に落葉しない常緑樹のため、雪どけ時に冬眠から覚めたクマはキタゴヨウの茂った場所で休みます。

場所によっていろいろな木があるんだね!

ブナッキー

キタゴヨウ

岩尾根

地すべり地

ブナ

ホオノキ

ミズナラ

ウダイカンバ

ブナ

カツラ

トチノキ

サワグルミ

沢

ブナの森に生きる樹木と動物たち

ブナの森で暮らす動物たち

　白神山地では、特別天然記念物のニホンカモシカ、天然記念物のニホンヤマネやクマゲラをはじめとする貴重な動物のほか、90種以上の鳥や2000種以上の昆虫など、たくさんの生き物が暮らしています。

　ブナが芽吹く春、深緑に包まれる夏、木の葉が赤や黄色に色づく秋、雪に閉ざされる厳しい冬。四季折々の自然の中で、動物たちはどのようなドラマを繰り広げているのでしょうか。

ニホンザル

　北海道、沖縄をのぞいて屋久島から九州、四国、本州に分布し、オスの体長は54〜61cm、体重は12〜15kg。メスの体長は47〜60cm、体重は8〜13kg。数頭から数十頭の群れで行動します。白神山地ではもっともよく見る動物のひとつで、冬の寒さが厳しいため、豊かな毛におおわれています。

シノリガモ

　体長42cmほどのカモ。ロシアのシベリア方面から冬鳥として日本に飛来して冬を越し、一部が白神山地などの渓流で繁殖します。国内での繁殖は1976年、白神山地の赤石川上流（鯵ケ沢町）ではじめて確認されました。

ツキノワグマ

　本州と四国に生息し、体長は110〜130cm、体重は50〜120kg。木登りや穴掘りに適した鋭い爪と強い力をもち、胸に三日月形の模様があるのが特徴。12月ごろから3月ごろにかけて冬眠をします。食べ物のほとんどは植物で、春は芽を出したブナの葉やタケノコ、夏はアリやハチなどの昆虫、秋はドングリや木の実などをたくさん食べます。

クマタカ

日本から中国南部、ヒマラヤなどに分布し、日本ではほぼ全国で繁殖しています。体長はオスが72cm、メスが80cmほど。白神山地には一年中生息し、ほ乳類、は虫類、両生類、鳥類などをエサにしています。日本では昔からオオタカなどとともに鷹狩りに使われる種として知られています。

クマゲラ

1965年に天然記念物に指定されたキツツキ科の鳥。北海道と東北の一部にすむ日本最大のキツツキで、体長は45cmほど。硬いくちばしを使ってブナの木に円形の穴を開け、巣をつくります。エサは木の内部にいる昆虫やその幼虫。4～6月に繁殖しますが、生息数が少なく警戒心が強いため、めったに見ることはできません。

クマ棚

木の高いところに、枝を組み合わせた巣のようなものがあります。これは「クマ棚」と呼ばれるもので、クマが木の上で枝を折ってナラやクリ、ヤマブドウなどの実を食べたあとです。

ニホンカモシカ

日本だけに生息し、とくにブナなど落葉広葉樹が広く分布するところで生活しています。シカというよりはウシ科のヤギに近く、ふだんはグループではなく単独で生活していますが、子どもを連れているときもあります。古くから狩猟の対象となり、生息数が減って心配されましたが、1955年に特別天然記念物に指定され、現在は保護されています。

ニホンヤマネ

1975年に天然記念物に指定されたヤマネ科の日本固有種で、体長は6～8cm、体重は10～20g程度。一年の半分近く冬眠し、落ち葉や土の中、木の穴、雪の中で厳しい冬を過ごします。

「葉っぱ」の不思議

綜合学習

白神山地は、秋の「紅葉」が美しいことでも知られています。そもそもなぜ秋になると緑色の葉っぱが赤や黄色、褐色に色づくのでしょうか。

広葉樹と針葉樹、落葉樹と常緑樹の違い

樹木にはいくつかの分類方法があります。葉の形から区別したのが、「広葉樹」と「針葉樹」です。広葉樹はブナやカエデなどのように葉が広くて平たい樹木。一方、針葉樹はマツやスギなど硬い針状の葉をもつ樹木です。

落葉のしかたで分類したのが「落葉樹」と「常緑樹」です。冬に葉を落とす樹木が落葉樹で、ブナやカエデ、イチョウ、サクラなどがあります。一年中葉をつけている樹木が常緑樹で、シイやカシ、クスノキ、マツなどがあります。ただし常緑といっても、同じ葉がずっとついているわけではありません。葉の寿命は落葉樹よりは長いですが、新しい葉が出てくると古い葉が少しずつ落ち、交代をくり返しています。

広葉樹と針葉樹

広葉樹　針葉樹

落葉樹と常緑樹

落葉樹　常緑樹

山口先生の 身近な樹木の葉っぱを見てみよう

調べてみよう!

家の近くや公園などに生えている木の葉は、どんな形をしているかな？　葉の形を見れば針葉樹か広葉樹かがだいたいわかるよ。また、秋に紅葉する木なのか、冬に葉を落とす木なのかなども調べてみよう。

ドングリを拾ってみよう

秋になると地面に落ちる木の実「ドングリ」が何の木になるのか知っているかな？　じつは「ドングリの木」ではなく、ブナ、クヌギ、コナラ、ミズナラなどブナ科の果実の総称をドングリというんだ。ドングリの形を調べれば、どんな木かを知ることもできるよ。

冬を迎える前に葉っぱが落ちるワケ

葉は「木の生産工場」とも呼ばれ、日中は葉緑体で光合成をしてさまざまな栄養をつくっています。根から吸い上げた水と、空気から取り込んだ二酸化炭素を使い、太陽光のエネルギーを使用してでんぷん（糖）をつくり、代わりに酸素を空気中に出します。葉でつくられた栄養は、枝や幹、そして根にまわって木の成長に使われます。

夏から秋になって気温が下がり、日照時間が短くなると、ブナなどの落葉樹は冬支度をはじめます。葉の寿命が近づくと、枝についている部分に「離層」という切れ目ができ、紅葉（または黄葉、褐葉）してやがて離層から離れて葉が落ちるのです。

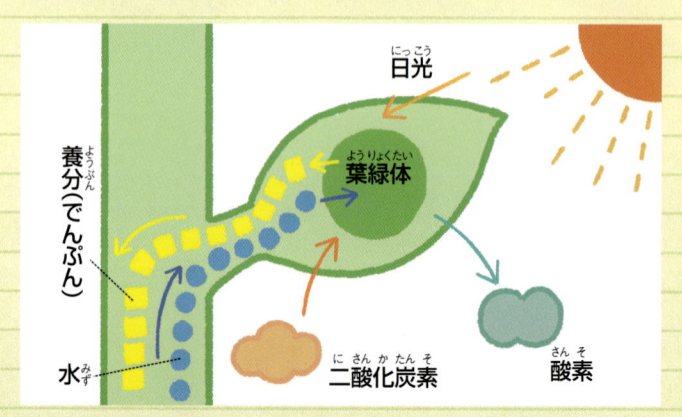

日光

葉緑体

養分（でんぷん）

水

二酸化炭素

酸素

紅葉のメカニズム

葉と枝のあいだの離層が発達すると、光合成でつくられた糖分は離層にさえぎられて葉にたまります。すると葉の緑色をつくるクロロフィルが分解され、葉にもともとあったカロチノイドという黄色の色素が目立つようになり、黄色く「黄葉」します。さらに太陽の光で葉に残った養分が変化し、赤い色素であるアントシアニンがつくられ、今度は赤く「紅葉」します。モミジなどの葉は、このように緑から黄色、黄色から赤色に色を変えて紅葉するのです。

イチョウなどの葉が黄色く色づくのは、赤い色素のアントシアニンができない遺伝子をもっているため。ブナやケヤキなどが赤茶色に「褐葉」するのは、渋みのもとであるタンニン類が葉にできるからといわれています。

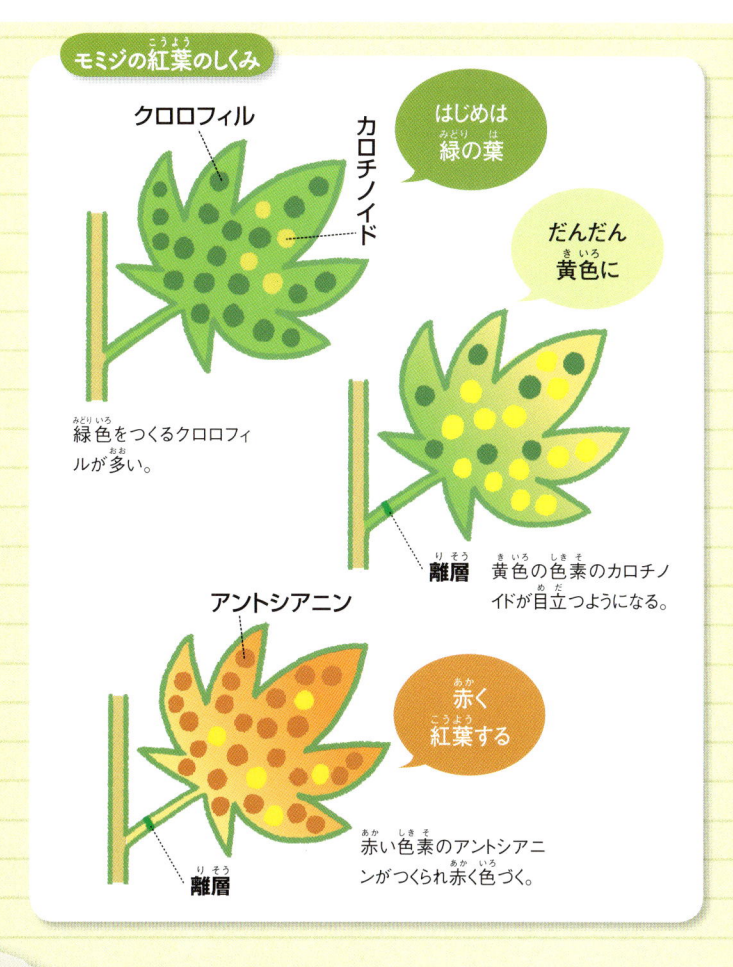

モミジの紅葉のしくみ

クロロフィル / カロチノイド / はじめは緑の葉

緑色をつくるクロロフィルが多い。

だんだん黄色に

離層　黄色の色素のカロチノイドが目立つようになる。

アントシアニン

赤く紅葉する

離層　赤い色素のアントシアニンがつくられ赤く色づく。

ブナの褐葉

モミジの紅葉

落葉樹林が広がる世界遺産

関連する世界遺産

白神山地では、ブナが広大な落葉樹林を形成しています。ここでは、落葉樹林が含まれる代表的な海外の世界遺産を紹介します。

カルパチア山地のブナ原生林

スロバキア・ウクライナ

スロバキアとウクライナにまたがるカルパチア山脈のブナ林群は、東西約185kmにわたって広がる世界最大のブナの原生地域。カエデやカシなど多様な樹木、多くの動物も生息しています。2011年にはドイツの古代ブナ林が拡大登録されました。

カルパチア山脈のブナ原生林。

黄山

中国

安徽省南部にある黄山は、伝説の皇帝・黄帝が不老不死の薬をつくったという言い伝えから名づけられました。奇岩や岩山に根を張る黄山松で知られ、マツよりも標高の高い1100m以上には落葉樹林が分布しています。

古くから山水画の題材として描かれてきた黄山。

グレート・スモーキー山脈国立公園

アメリカ

アパラチア山脈南部にある国立公園。標高差が激しく、雨量が豊富なことから、樹木130種を含む3500種以上の植物、200種以上の鳥類、50種以上のほ乳類、39種の は虫類、43種の両生類など多様な生物が生息しています。

カラフルに色づく秋の山並み。

知床

「海」と「陸」がつながる自然の楽園

北海道の東部に突き出た知床半島。世界遺産に登録されている半島中央から先端の知床岬にかけての陸域と周辺の海域は、海と陸の命が"連鎖"する生き物たちの楽園となっています。

広さは東京ドーム約1万5200個分！

知床は広さ約7万1000haで、そのうち陸域部分が68％、海域部分が32％を占めています。これは東京ドームが約1万5200個、甲子園球場が約1万8400個、札幌ドームが1万2900個も入るほどの広さです。

空から見た夏の知床半島。

登録年	2005年
所在地	北海道知床半島およびその周辺海域
登録物件	知床
登録区分	自然遺産（登録基準⑨⑩）
アクセス	【ウトロ】女満別空港から車で約2時間15分。釧路空港から車で約3時間半。JR札幌駅から車・バスで7〜8時間。

サハリン
オホーツク海
稚内
日本海
網走
知床
国後島
北海道
札幌
釧路
根室
色丹島
青森
青森県
太平洋

ココがすごい！ 登録ポイント

◎海と陸の生き物が深くかかわり合う特別な生態系。

◎オオワシやシマフクロウなど絶滅危惧種の生息地。

◎流氷が流れつく地としては北半球最南端。

「大地の突端」に残る手つかずの自然

知床という地名は、先住民族であるアイヌが「シリエトク（大地の突端）」と呼んだことに由来しています。知床で見られる植物は855種、動物は579種、昆虫は2500種以上。切り立った断崖や原生林が広がる山など手つかずの自然が残る知床は、ヒグマやエゾシカに代表される野生動物たちが原生林を歩きまわり、サケやクジラなどが海を回遊する、動植物の宝庫。こうした豊かな生態系は、冬になると海をおおいつくす「流氷」がもたらしたものです。

絶滅危惧種の鳥が暮らす森

知床で確認されている鳥類は269種にのぼり、なかにはシマフクロウやオオワシといった絶滅が心配されているもの（絶滅危惧種）も含まれています。シマフクロウが暮らすのに適した地域は限られていますが、手つかずの自然が残る知床は国内生息数（130羽ほど）の約半数が見つかる最大の生息地となっています。

シマフクロウ（左）とオオワシ。シマフクロウは翼を広げると1.8mにもなる。

世界有数のヒグマ密集地域

知床で陸上の生態系の頂点に立つ野生動物はヒグマです。豊かな自然に恵まれた知床では、季節ごとにさまざまな食べ物が手に入るため、1頭の行動範囲は北アメリカにすむヒグマとくらべると数十分の1という狭さ。その生息密度は世界トップクラスといわれています。

知床では毎年約800件ものヒグマの目撃情報が集まる。

独特の地形は
火山活動で生まれた

知床半島は長さ約70km、半島のつけ根部分の幅は約25km。中央には1500m級の山々が連なっています。海の中から山脈が顔を出しているような独特な地形は、今から860万年も前の海底火山活動によって誕生したといわれています。

知床火山群の最高峰・羅臼岳は標高1661m。

もっと知りたい

知床の不思議にせまる!

知床には、動物や自然などさまざまな魅力があふれています。どんな不思議や謎が見つかるかな?

クリオネは魚? それとも貝?

流氷の下をゆらゆらと漂うその幻想的な姿から「流氷の天使」と呼ばれるクリオネは、毎冬流氷とともにオホーツク海沿岸にやってきます。体長は1～3cmで、魚のようにもクラゲのようにも見えますが、じつは殻を持たない巻き貝の仲間。頭の上にある口から6本の触手を出してエサを食べる不気味な姿から、「流氷の悪魔」とも呼ばれています。

海中を舞うクリオネ。

滝なのに「温泉」!?

斜里町のカムイワッカ川にある「カムイワッカ湯の滝」は、温かい湯が流れる不思議な滝。火山活動が活発な硫黄山の中腹からわき出た温泉が川に流れ込んで、川全体が温まっているのです。川は海岸まで滝が連続していて、滝つぼ部分はまさに天然の露天風呂です。

「カムイワッカ」とはアイヌ語で「神の水」の意味。

サケはなぜ故郷の川に戻れるの?

川で生まれたサケの稚魚は、海に出てアラスカのほうまで大旅行。そのあいだに大きくなって3～4年後、産卵のため自分が生まれた川へ戻ってきます。なぜサケは故郷の川に戻ってこられるのでしょうか。じつは生まれた川のニオイを覚えていて、それを頼りにたどり着けるといわれています。

大きく育って川へと戻ってきたサケ。

暗闇の中で光る コケの正体

羅臼町中心部の近くにあるマッカウス洞窟の中には、幻想的な光を放つ「ヒカリゴケ」が生えています。糸状に伸びた茎の部分にレンズ状の細胞が並んでいて、これが光を反射してエメラルド色に輝くのです。

マッカウス洞窟の入り口。

カムイワッカ湯の滝
知床五湖
93
プユニ岬　フレペの滝
オロンコ岩　ゴジラ岩
ウトロ
334
羅臼岳
知床峠
オシンコシンの滝
羅臼湖
斜里町
知西別岳

335

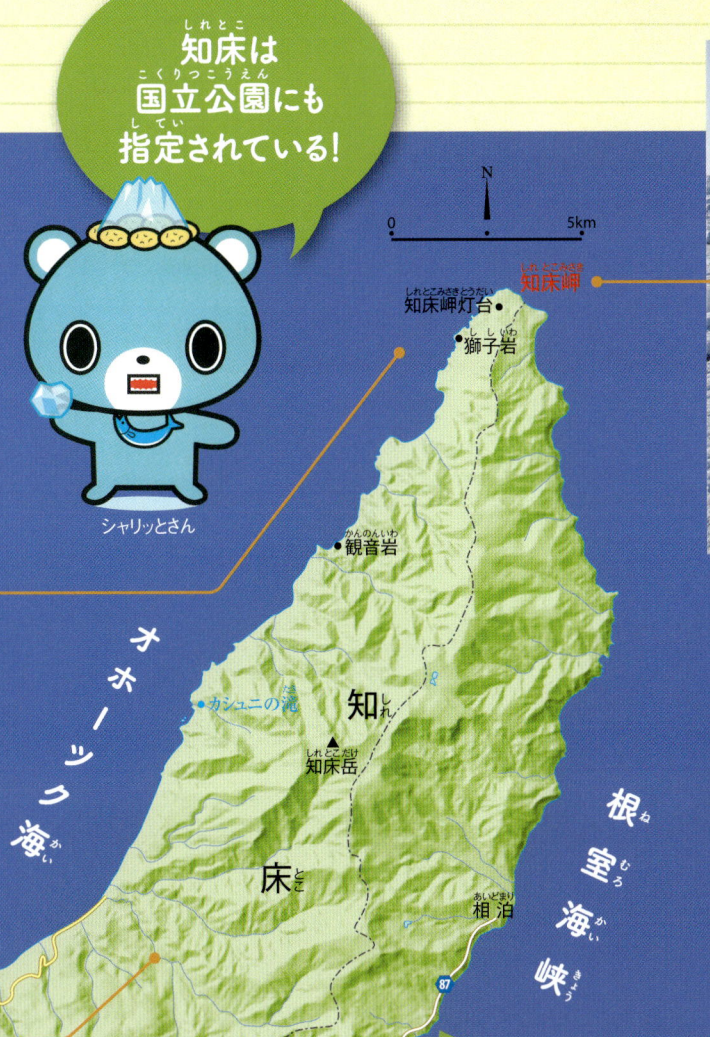

知床は
国立公園にも
指定されている！

シャリッとさん

流氷はどこからやってくる？

知床半島周辺の海は、地球上でもっとも低い緯度で流氷が見られる場所。この流氷は、オホーツク海北西のシベリア沿岸やサハリン北部の海でつくられます。流氷はシベリアからの季節風を受けてオホーツク海を南下し、約1000kmの旅をして知床へとたどり着くのです。

そうだったのか！

ヒグマは
どんな1年を過ごす？

冬眠から目覚めたヒグマは、海岸や川の下流域で生活する。みずみずしい草のほか、海岸に打ち上げられた海獣の死がいや弱ったエゾシカなどもごちそうに。

成長した草や生まれたばかりの子ジカなどを食べて暮らす。

春 夏

冬 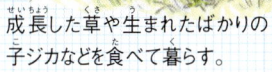秋

12月上旬、穴にもぐって冬眠をはじめる。1月下旬から2月初旬には、メスが穴の中で出産。新しい命が生まれる。

冬眠に備えて、川を上ってきたサケやマスをたっぷりと食べる。ドングリやヤマブドウなどの実も食べて、でっぷりとした体つきに。

シャリッとさん／斜里町のマスコットキャラクター。流氷でできた斜里岳ハットをかぶり、サケのネックレスをしている。好物は流氷。

流氷がもたらす豊かな生態系

イラスト図解

知床では、海にすむ生き物と陸にすむ生き物たちの命が循環する生態系が形づくられています。流氷がもたらすプランクトンからはじまる、食物連鎖の流れを見てみましょう。

❶栄養たっぷりの流氷がプランクトンを増やす

冬に流れついた流氷は春になると溶け、流氷の底に付いていた植物プランクトン（アイスアルジー）が光合成をして、爆発的に増えていきます。

オジロワシ

カモメ

トド

シャチ

流氷

ウミウ

海

① 植物プランクトン

② 動物プランクトン

小さい魚など

③

④

サケ

クジラ

❷海の生き物が元気に育つ

植物プランクトンを食べた動物プランクトンやエビ・カニをはじめとする甲殻類が、魚類などのエサになります。

海・川・陸・山にまたがる食物連鎖

　知床の生き物たちは、みんな密接にかかわり合って、「生態系」を形づくっています。自然界における生き物たちの「食べる」「食べられる」の関係を「食物連鎖」といいます。食物連鎖は地上だけで見られるものではありませ

ん。あらゆる生物のあいだで延々と繰り返される終わりのないサイクルなのです。知床は海と陸の生態系が河川によってつながり、海・川・陸・山にまたがる食物連鎖が繰り広げられる、世界でも珍しい場所です。

シマフクロウ
森（もり）
エゾシカ
川（かわ）
キタキツネ
⑤
エゾヒグマ
エゾユキウサギ
⑥

⑥動物のフンが森を育てる養分に

　動物たちのフン（排せつ物）や死がいは、土にかえって草木を育てる養分となります。こうして「海と陸の食物連鎖」が繰り返されるのです。

❸海と空のハンターが魚を食べる

　クジラやシャチなど海にすむ大型ほ乳類、鳥などが魚を食べます。

❹大人になったサケが川に戻る

　オホーツク海を泳ぎまわって大きく育ったサケやマスが、知床の川に戻ってきます。

❺サケやマスはヒグマたちの大好物！

　産卵のために川を上ってきたサケやマスは、冬眠前のヒグマの重要な栄養源に。食べ残しはキツネやシカなど小中型の動物のエサになります。

地名に残るアイヌ民族の言葉

北海道では「知床」をはじめ、多くの地名がアイヌ語に由来しています。どのような地名があるか、地図などを見ながら調べてみましょう。

アイヌ民族がつけた地名の特徴

アイヌ民族とは、東北地方の北部から北海道、千島列島、樺太（今のサハリン）などの地域に古くから暮らしていた先住民族で、独自の言語（アイヌ語）や文化をもっています。北海道の市町村名のじつに約8割がアイヌ語に由来しているといわれ、その土地の地形の特徴や産物、役割を表したものが多くあります。アイヌ語の地名が漢字で表記されているのは、アイヌ語で呼ばれていた地名をカタカナなどで記録し、似た音をもつ漢字を当てはめたためです。

アイヌ民族の伝統儀式「カムイノミ」。

地名に使われる主なアイヌ語

【アイヌ語】ペッ、ナイ 【意味】川

【アイヌ語】ヌプリ 【意味】山

【アイヌ語】ト 【意味】湖・沼

【アイヌ語】ヤ 【意味】岸

【アイヌ語】ポロ 【意味】大きい

【アイヌ語】ポン 【意味】小さい

【アイヌ語】ワッカ 【意味】水

【アイヌ語】ル 【意味】道

山口先生の

調べてみよう！

身のまわりの「食物連鎖」を調べてみよう！

私たちがふだん口にしている食べ物の多くは、食物連鎖をへて食卓にあがっている。たとえば中型魚のマグロは小魚を食べ、小魚は動物プランクトンを、動物プランクトンは植物プランクトンを食べている。さらにそのマグロは大型魚のエサになる。食材の食物連鎖を調べると、生態系のしくみが身近に感じられるよ。

住んでいる県や町の地名にどんな由来がある？

日本にはその土地の特徴や歴史がこめられている地名が多い。そのほか、古い伝説にもとづく地名（九十九里浜＝源頼朝の伝説に由来）、人名（東京都中央区八重洲＝オランダの貿易家ヤン・ヨーステンに由来）や会社名がついた地名（愛知県豊田市＝トヨタ自動車本社）もある。自分が住んでいる県や町の地名の由来をチェックしてみよう。

地図でアイヌ語由来の地名を探してみよう!

稚内
【アイヌ語】ヤム・ワッカ・ナイ
【意味】冷たい・水の・川

紋別
【アイヌ語】モ・ペッ
【意味】静かな・川

留萌
【アイヌ語】ルル・モ・ペ
【意味】海の潮・静かな・もの

知床半島

札幌
【アイヌ語】サッ・ポロ・ペッ
【意味】乾いた・大きな・川

網走
【アイヌ語】チ・バ・シリ
【意味】私たちが・見つけた・岩

小樽
【アイヌ語】オタ・ル・ナイ
【意味】砂・溶ける・川

洞爺湖
【アイヌ語】ト・ヤ
【意味】湖・の岸

根室
【アイヌ語】ニ・モイ
【意味】木・湾

長万部
【アイヌ語】オ・サマム・ペッ
【意味】川尻・横になっている・川

室蘭
【アイヌ語】モ・ルラン
【意味】小さい・坂

釧路
【アイヌ語】クシ・ペッ
【意味】通り抜ける・川

参考:北海道庁環境生活部アイヌ政策推進室ホームページ
※由来とされるアイヌ語とその意味には、ここに挙げた以外にも諸説があります

さまざまな生き物が見られる自然遺産

周遊する世界遺産

知床が世界遺産に登録された理由のひとつに、いろいろな生物が共存している「生物多様性」が評価されたことが挙げられます。ここでは、同じく生物多様性が認められた世界の自然遺産を紹介します。

カムチャツカ火山群

ロシア

3000〜4000m級の山々が連なるロシア東部のカムチャツカ半島は、今も活発な活動を続ける世界有数の火山地帯。1万頭以上いるといわれるヒグマを頂点に、サケやオオワシなど、知床ともよく似た豊かな生態系が形成されています。

カムチャツカのヒグマもサケが大好物。

タスマニア原生地域

オーストラリア

約1万年前にオーストラリア大陸から分離し、海に隔てられたタスマニア島には、独自の進化をとげた動物が多くすんでいます。なかでも珍しいのが、カモノハシとハリモグラ類の2種類しかいない「単孔類」。絶滅危惧種のタスマニアデビルも生息しています。

この島だけに生息するタスマニアデビル。

セレンゲティ国立公園

タンザニア

遊牧民マサイの言葉で「果てしない平原」を意味するセレンゲティは、アフリカ南部のサバンナ地帯に広がる国立公園。ヒョウやチーター、ライオンなど300万頭もの大型ほ乳類が生息しています。ウシ科のヌーの大群が大移動することで有名です。

ワニが潜む川を一気に渡るヌーの大群。

ユネスコ公認、2つの自然公園

ユネスコでは世界自然遺産のほか、エコパークとジオパークの認定も行っています。エコパークは人と自然の共生をめざし、生態系と伝統的な暮らしをともに守る制度、ジオパークは科学的な価値の高い地形などを保護する制度です。

生態系と人びとの暮らしをともに守るエコパーク

人類は古くから、自然の恵みを受けて生活を営んできました。今でも世界各地には、狩猟・採集や農業、漁業、林業などを営み、自然と共生する人びとが大勢います。彼らの生活を、自然環境とともに守ろうというのがユネスコのエコパーク（生物圏保存地域）です。エコパークの中には、世界遺産に登録されている場所もあります。

綾エコパーク（宮崎県）。原始林を守りながら、持続的な林業が営まれている。つり橋を渡って林の散策もできる。

日本初のジオパークのひとつ、洞爺湖有珠山（北海道）。パーク内の昭和新山ではガイドツアーが行われている。

エコパークの3つの地域

核心地域
もっとも厳しく自然を保護する地域。

緩衝地域
エコツーリズムなど、自然の利活用を行う地域。

移行地域
人びとが暮らし、持続可能な社会を営む地域。

海外の主なエコパーク

アメリカ	カリフォルニア海岸山脈
エクアドル	ガラパゴス諸島
中国	チョモランマ
デンマーク	グリーンランド北東部

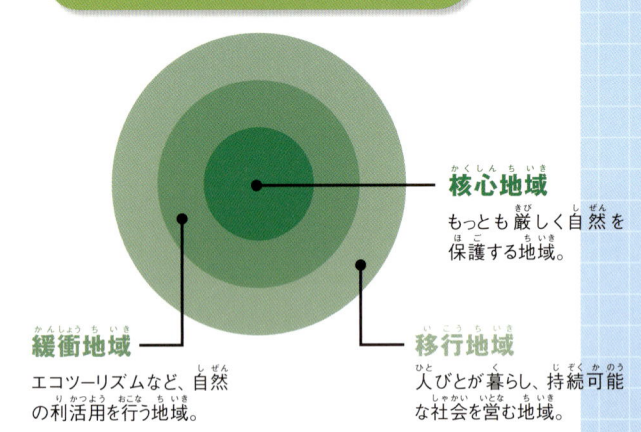

チョモランマ（ネパールとの国境にそびえるエベレスト山の中国側）。

「生きている地球」を実感できるジオパーク

ジオパークは科学的な価値の高い地形、地質、化石発掘地などを登録する制度。地球の成り立ちを学ぶことができるため、エコツーリズムなども積極的に行われています。地震や火山活動との関連が深い場所も多く、防災研究・教育の場として注目されている場所もたくさんあります。

レスボス島の石化林。

海外の主なジオパーク

韓国	済州島の地形
ギリシャ	レスボス島の石化林
中国	香港の地形
ドイツ	テラヴィタの化石地帯

奈良時代から人びとに崇められていた富士山をはじめ、日本に古くから伝わる「信仰」と深いかかわりをもつ世界遺産を紹介します。

富士山 —— 信仰の対象と芸術の源泉

信仰を集めた日本一の山

標高3776mを誇る日本一高い山「富士山」。日本を代表するこの山は、奈良時代から信仰の対象となり、江戸時代には多くの人びとが富士山を訪れました。こうした信仰の歴史が評価され、2013年、富士山は文化遺産として世界遺産に登録されたのです。

剣ケ峰（標高3776m）
富士山の標高3776mとは、この剣ケ峰の高さのこと。頂上には郵便局もある。

宝永火口（第1火口）
江戸時代の1707年におきた宝永噴火でできた火口。この噴火は、富士山の歴史上もっとも激しかったもののひとつ。この下に第2、第3の火口が連なっている。

宝永山（標高2693m）

空から眺めた富士山。富士山を世界遺産に登録するための運動は1992年からはじまっていた。登録は20年来の念願だった。

登録年	**2013年**
所在地	**静岡県、山梨県**
登録物件	**富士山域、河口湖など**
登録区分	**文化遺産**（登録基準③⑥）
アクセス	【富士山域】富士急行「河口湖」駅からバスで約1時間、「富士山五合目」下車。

ココがすごい！ 登録ポイント

◎富士山信仰は、平安時代にはすでに日本中に広まっていた。

◎葛飾北斎や歌川広重のほか、ゴッホやモネなど外国の画家たちにも芸術的なひらめきを与えた。

古くから親しまれてきた「お富士さん」

日本の最高峰である富士山は、なだらかな稜線と整った円すい形の姿から、古くから人びとのあいだで「お富士さん」などの愛称で親しまれてきました。

その一方で、富士山は古代から大きな噴火を何度もく

り返し、荒ぶる神が宿る山としておそれられる対象でもありました。その神をしずめるため、富士山の周囲には数々の浅間神社がまつられていて、世界遺産の構成資産には8つの神社が含まれています。

なぜ「自然遺産」ではなく「文化遺産」で登録されたの?

富士山は当初、自然遺産としての登録をめざしていましたが、登山道には多くのゴミが散乱し、トイレからは異臭がするなど、本来の自然が保たれているとはいえませんでした。そこで、自然遺産としての登録を断念。2005年から文化遺産としての登録をめざし、富士山が「信仰の山」「芸術の山」であり続けてきた点を特色として構成資産を選びました。

頂上をめざす登山者。登山道では今もゴミ拾いが行われている。

多くの芸術家に愛された富士山

富士山を題材とした絵画や芸術作品は古くからありましたが、庶民のあいだに広まるきっかけをつくったのは江戸時代の浮世絵師・葛飾北斎です。さまざまな場所から眺めた富士山を描いた『富嶽三十六景』は、大胆な構図の効果もあって人気を博すようになりました。その後北斎の絵は海を渡り、ゴッホやモネといったヨーロッパの画家にも構図や色づかいにおいて影響を与えるようになったのです。

別名「赤富士」とも呼ばれる「凱風快晴」(『富嶽三十六景』から)。北斎の代表作のひとつ。

そうだったのか!

いつから「富士」と呼ばれているの?

「フジ」という呼び名が歴史上はじめて登場するのは、奈良時代の書物『常陸風土記』で、「福慈岳」と書かれています。以降、富士山は「不自」「布自」「不字」などと表記され、かぐや姫で知られる『竹取物語』には「不死」とあります。はじめて「富士」という字が使われたのは平安時代のことで、『続日本紀』(797年)といわれています。古くから信仰されている山だからこそ、さまざまな呼び名がつけられてきたのです。

富士山は『竹取物語』にも登場する。

富士山信仰ってどんなもの?

もっと知りたい

富士山が世界遺産に登録されたのは、古くから信仰と芸術の対象となっていたことが評価されたためです。富士山とその周辺には、その信仰と芸術の源となった場所がたくさん残っています。

たくさんの碑は何のため?

人穴浅間神社の境内にある「人穴富士講遺跡」には、長さ83mの溶岩洞穴「人穴」と、富士講（P117）に参加した人びとがたてた232の碑や塔があります。人穴は昔から浅間大菩薩がすむ場所と伝えられており、江戸時代には神様のいる場所として信仰されてきました。碑や塔は、自分の願いを届けるためや供養のためのもので、戦後の1964年までつくられていました。

人穴富士講遺跡の碑や供養塔。
（写真：富士宮市）

多くの芸術家が愛した場所

富士山から約45kmも離れている三保松原は、富士山が世界遺産に登録されるにあたって、その距離の遠さや、富士山と三保松原をつなぐ根拠が薄いという理由から、構成資産から外されそうになりました。しかし、三保松原は浮世絵や「富士曼荼羅図」にも描かれている富士山とは切っても切れない縁の深い場所だったことから、日本政府代表団の努力もあり、構成資産のひとつとして登録されることになったのです。

最後まで登録されるかわからなかった三保松原。
（写真：静岡県観光協会）

山頂にも神社があるぞ!

富士山の標高1500mから上の一帯と山のふもとの一部は、「富士山域」という名称で世界遺産に登録されています。この富士山域には、山頂にたてられた浅間大社も含まれています。山頂に宗教施設が築かれたのは12世紀半ばのことで、その後、経典や仏像などが山頂に奉納され、17世紀までに大日堂（現在の浅間大社奥宮）などが築かれて、現在にいたっています。

富士山の頂上に築かれた浅間大社奥宮。

富士山の構成資産

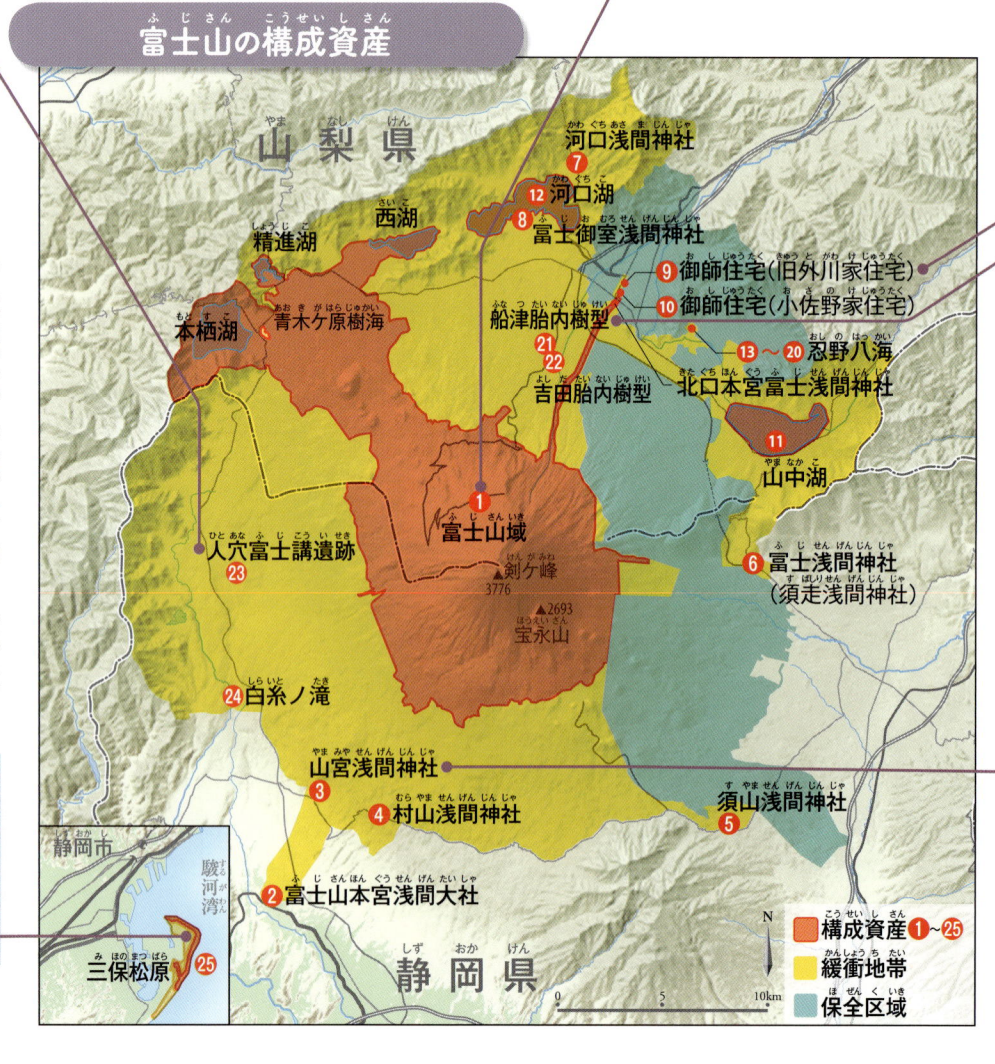

山梨県

河口浅間神社 ⑦
河口湖 ⑫
富士御室浅間神社 ⑧
御師住宅（旧外川家住宅）⑨
御師住宅（小佐野家住宅）⑩
精進湖
西湖
船津胎内樹型
⑬〜⑳ 忍野八海
北口本宮富士浅間神社
本栖湖
青木ケ原樹海
㉑㉒
吉田胎内樹型
山中湖 ⑪
人穴富士講遺跡 ㉓
① 富士山域
▲剣ケ峰 3776
富士浅間神社（須走浅間神社）⑥
▲2693
宝永山
白糸ノ滝 ㉔
山宮浅間神社 ③
村山浅間神社 ④
須山浅間神社 ⑤
静岡市
駿河湾
② 富士山本宮浅間大社
三保松原 ㉕
静岡県

N
構成資産 1〜25
緩衝地帯
保全区域
0　5　10km

江戸時代に広まった「富士講」とは?

富士山を霊山として信仰し、登山して拝む集団を「富士講」といいます。江戸時代中期、江戸や周辺の農村部で組織化されました。神道行者の長谷川角行は、「富士山にすむ仙元大菩薩を信仰すれば、天下泰平、家内安全がかなう」と説き、自身は富士山の西のふもとにある人穴(P116)で修行しました。その後、角行の弟子たちが師の教えを受け継ぎ、江戸後期には「江戸八百八町に八百八講あり」といわれるほど多くの富士講が生まれました。

御師住宅(旧外川家住宅)。主屋は奥にたっている。
(写真:富士吉田市)

登山者に宿と食事を提供した家

御師住宅(旧外川家住宅)は、富士講の信者に宿や食事を提供した家。「御師」とは、神社などに所属し、人びとの代わりに祈祷を行う職業の人たちです。写真の旧外川家住宅は江戸時代の1768年にたてられたもので、御師の住宅としてはもっとも古く、1960年代まで富士講の信者を受け入れていました。

本殿がない神社がある!

一般的な神社には、神をまつる本殿がありますが、山宮浅間神社にはありません。富士山を拝む場所(遥拝所)が設けられ、そこから神の山とされている富士山を拝むのです。山宮浅間神社は富士山本宮浅間大社の前身で、800年以上も前からあるといわれています。

山宮浅間神社の遥拝所から眺めた富士山。

母親の胎内に似た洞穴!

人の内臓のようなヒダ状の壁を持つ洞穴「船津胎内樹型」は、富士山の噴火によってつくられたもの。流れ出た溶岩が樹木をおおい、樹木が焼けて朽ちたあとに残った空洞が、母親の胎内のように見えたことからこの名前がつけられました。そして、この洞穴をめぐることで自分を生まれ変わらせるという信仰に発展し、洞穴は「御胎内」と呼ばれて信仰の対象となったのです。

船津胎内樹型の入り口付近。ヒダ状になった壁が見える。

そうだったのか!

山頂はいったい誰のもの?

静岡県と山梨県の2県にまたがる富士山ですが、その山頂はどちらの県にも属しておらず、富士山本宮浅間大社の敷地になっているのです。かつて徳川家康が富士山の山頂を本宮のものと認めていたという古文書があり、2004年、一部の国有地や県道をのぞく山頂付近(3360m以上)が本宮のものとして認められました。

夏雲が湧く富士山の山頂付近。

イラスト図解

富士山はどうやってできたの？

雄大な姿を見せている富士山は、いつ、どのようにしてできた山なのでしょうか。また、なぜ富士山は噴火をくり返してきたのか？　富士山と火山について考えてみましょう。

現在の富士山は4階建て

富士山がいつから火山活動をはじめたのか、じつは詳しいことはわかっていません。研究が進むにつれて、富士山の岩石がその南東にそびえる愛鷹山のものに似ていることから、富士山の活動期は愛鷹山が活動していた今から30万～20万年前にはじまったのではないかと推定されています。また、富士山の地下を調べたところ、富士山は4つの層（火山）からなっていることがわかりました。現在の富士山（新富士火山）の下には、新しい順に、古富士火山、小御岳火山、先小御岳火山の3つの火山があったのです。つまり富士山は、何度もの噴火をくり返して大きくなったわけです。

日本の周辺はプレートだらけ

日本には110の活火山があるといわれています。これほど多くの火山があるのは、日本の周辺に4つの「プレート」が集まっているからです。プレートとは地球のいちばん外側の殻のようなもの。太平洋プレート、フィリピン海プレート、北アメリカプレート、ユーラシアプレートの4つがあり、互いにぶつかり合うことで摩擦が生じ、火山の噴火のもととなるマグマが地下深くにできるのです。富士山はこのプレートのうちの3つがちょうど重なる場所にあり、そのほかの日本の火山もプレートの境界部分に多く分布しています。

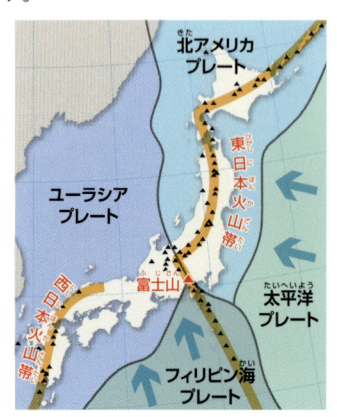

現在の富士山ができるまで

30万～20万年前

1階

愛鷹山　先小御岳火山が活動

20万～10万年前

2階

小御岳火山が活動

10万～1万7000年前

3階

古富士火山が活動

1万7000年前～現在

4階

新富士火山が活動

噴火がもたらした美しい景観

富士山の周囲には美しい景色がたくさんあります。これらのほとんどは富士山の噴火によってもたらされたもので、山の北西に広がる青木ケ原樹海は、9世紀後半の噴火によって流れ出た溶岩の上に樹木が生えた結果としてできたものです。観光名所にもなっている白糸ノ滝は、富士山の湧き水が幅約200mにわたって流れ出る滝です。このように富士山のまわりは噴火の歴史を物語る場所でもあるのです。

源 頼朝のつくった歌にも登場する白糸ノ滝(上)。青木ケ原樹海では、朽ちた木々から新たな芽が吹き出している(下)。
(写真:静岡県観光協会)

富士山のまわりに湖が多い理由

富士山の北側には、山中湖・河口湖・西湖・精進湖・本栖湖の5つの湖があり、「富士五湖」と呼ばれています。なぜ富士山の周囲に多くの湖が点在しているのでしょうか。山中湖や河口湖、本栖湖は、もともとあった川が富士山の噴火で流れ出た溶岩によって閉じられて湖になったと考えられています。西湖と精進湖は、かつて存在していた大きな湖(せの海)に噴火による溶岩が流れ込み、分断された結果できたものといわれています。富士五湖も富士山の噴火と関係が深い湖なのです。

富士五湖でいちばん大きい山中湖。湖にうつる「逆さ富士」が美しい。

そうだったのか！

火山はなぜ噴火するの？

海洋プレート(太平洋プレート、フィリピン海プレート)が大陸プレート(北アメリカプレート、ユーラシアプレート)にぶつかると、海洋プレートは重たいので大陸プレートの下にもぐりこみます。このとき、もぐりこんだ海洋プレートと一緒に運ばれた大量の水分がマントルの中に放出され、マントルが溶けてマグマをつくります(ただし、マグマのでき方はこれ以外にもあります)。こうしてできたマグマは周囲の岩よりも軽いため、徐々に上がっていき、ついには地表へ噴出することになります。これが噴火と呼ばれるものです。

マントル

外核(液体)
内核(固体)

地球をゆで卵にたとえると、黄身部分が核、白身部分がマントル。核には、固体の内核と液体の外核がある。マントルは主にカンラン岩でできた固体だが、核に近い部分は温度が高く、地表に近い部分は温度が低いため対流が生まれ、ゆっくりと動いている。

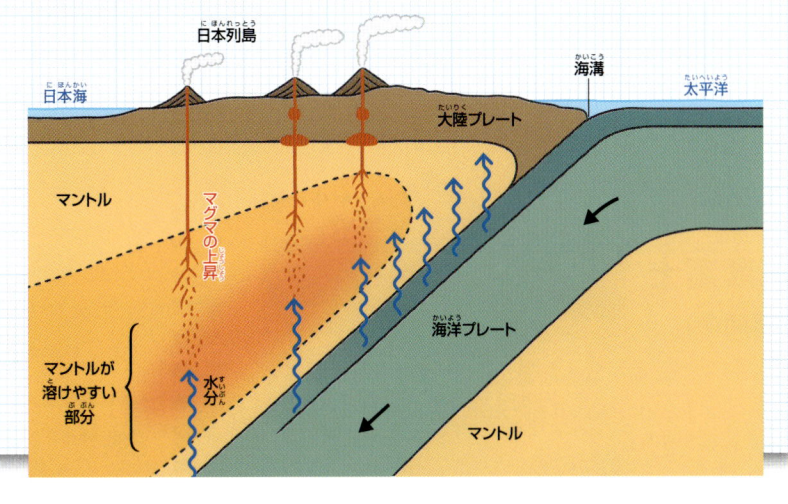

総合学習

全国の「富士山」を探してみよう!

日本の各地には「富士」とつく山がたくさんあり、それらは「ふるさと富士」と呼ばれています。みなさんも住んでいる場所の近くで「富士山」を探してみましょう。

340以上もある「ふるさと富士」!

全国には「ふるさと富士」が340以上あるといわれています。頂上や山の形が本家の富士山にそっくりな山だけでなく、あまり姿が似ていなくても、ある方向から見ると富士山に似ているなどの理由から、「○○富士」と名づけられています。利尻島にある利尻山が「利尻富士」というように、ふるさと富士の多くは「地方名＋富士」で呼ばれています。

主な「ふるさと富士」

津軽富士（岩木山）

標高1625m。山頂部は岩木山、鳥海山、巌鬼山の3つにわかれており、「山」という漢字をそのまま形にしたような山（青森県弘前市）。

利尻富士（利尻山）

標高1721m。利尻島にある独立峰で、山のすそ野が海岸線まですまっているため、島と山が同化しているようにも見える（北海道利尻富士町・利尻町）。

近江富士（三上山）

標高432m。別名「琵琶湖富士」。ふもとには御上神社がたち、頂上にはその奥宮がある。山全体がご神体とされている（滋賀県野洲市）。

若狭富士（青葉山）

標高693m。別名「丹後富士」。福井県と京都府にまたがり、東峰（693m）と西峰（692m）からなる。かつては修験道の霊山で女性は入ることができなかった（福井県高浜町、京都府舞鶴市）。

出羽富士（鳥海山）

標高2236m。別名「秋田富士」。山形県と秋田県にまたがる火山。200種以上の高山植物が生えている（山形県酒田市、秋田県由利本荘市ほか）。

伯耆富士（大山）

標高1709m。別名「出雲富士」。1936年、国立公園に指定された。古くから山岳信仰の場として拝まれている（鳥取県倉吉市・大山町ほか）。

薩摩富士（開聞岳）

標高924m。薩摩半島の南端にたつ、南薩摩の象徴的な存在。日本百名山のひとつにも数えられ、多くの登山者が訪れる（鹿児島県指宿市）。

小さな富士山がある!?

江戸時代には富士講で山を登る人が増えましたが、登山にはたくさんのお金がかかりました。また、病気の人やお年寄りも気軽に登山はできませんでした。そのため町内の神社などに、小さな富士山「富士塚」をつくったのです。現在も富士塚は東京を中心に各地に残っています。

鳩森八幡神社（東京都渋谷区）の富士塚。頂上へ続く登山道もある。

さまざまな姿を見せる富士山

日本一標高が高い富士山は、静岡県や山梨県だけでなく、遠く離れた場所からも眺めることができます。富士山の展望に詳しい田代博さんによると、富士山を望めるもっとも遠い地点は、322.9km離れた和歌山県の色川富士見峠といいます。また、富士山の山頂に太陽がかかる「ダイヤモンド富士」など、時間や季節、場所によって富士山はさまざまな姿を見せてくれます。

①太陽が山頂にかかることを「ダイヤモンド富士」と呼ぶ（千葉県館山市・北条海岸）、②新宿の高層ビル群越しに見える「町並富士」（東京都文京区）、③山頂に満月がかかる「パール富士」（撮影場所不明）、④山頂のダイヤのような光が湖面にもうつることから「ダブルダイヤモンド富士」と呼ばれる（静岡県富士宮市／写真：静岡県観光協会）。

山口先生の 調べてみよう!

「富士」がつく地名を探してみよう!

「富士見町」という地名の場所からは、昔、富士山やふるさと富士が見えたという。今でもそこから富士山が見えるかもしれないよ。近所に「富士」がつく地名はあるかな?

富士塚に行ってみよう!

「ミニ富士山」ともいわれている富士塚は、東京をはじめ関東地方で多くつくられた。どこに富士塚があるか調べて訪れてみよう。

自分で富士山をつくってみよう!

砂やねんどで実際に富士山をつくって、友だちと見せ合ってみよう。どんなところが富士山だと思ってつくったのか、お互い発表し合ってみるのもいいね。

富士山に似た世界の山

関連する世界遺産

世界遺産に登録されている世界の山の中には、富士山のようにきれいな円すい形の山や、スケールの大きな火山があります。世界の山と富士山をくらべてみよう。

カムチャツカ火山群

ロシア

ユーラシア大陸の東端にあるカムチャツカ半島は、日本の国土とほぼ同じ面積。この半島には火山がなんと約160もあり、そのうち29ほどが現在も活動中です。半島にある2つの自然保護区と4つの自然公園が世界遺産に含まれています。

アバチャ火山は別名「カムチャツカ富士」。

ハワイ火山国立公園

アメリカ

ハワイ諸島でいちばん大きな島、ハワイ島にある国立公園。先住民の聖地であり、「地球上でもっとも活発な火山」ともいわれるキラウエア火山があります。溶岩が海岸線までゆっくりと流れ出る様子や冷えて固まった溶岩が見られます。

火口から白い噴煙を上げるキラウエア火山。

トンガリロ国立公園

ニュージーランド

ニュージーランドの北島にある、同国でもっとも古い歴史を誇る国立公園です。トンガリロ、ナウルホエ、ルアペフという3つの火山は、先住民であるマオリの人びとの聖地。ナウルホエは富士山に似たきれいな円すい形をしています。

きれいなエメラルドブルーの湖を持つトンガリロ山の火口。

厳島神社

神の島の海辺に立つ大鳥居

瀬戸内海に浮かぶ厳島（宮島）は、古くから「神の島」といわれてきました。この島にまつられているのが厳島神社。大きな鳥居と豪華な社殿は海辺に築かれています。なぜこのような不思議なつくりになっているのでしょうか。

笠木

島木

扁額

神社の名前が書かれた扁額。横約1.8m、縦約2.7mで畳3畳分もある。神社側（写真）には「伊都岐島神社」、海側には「嚴嶋神社」と書かれている。

高さは約16m。奈良の東大寺にある大仏とほぼ同じ高さ!

鳥居のてっぺんにある笠木には、西側に月、東側には太陽が彫られている。これは陰陽道の影響といわれている。

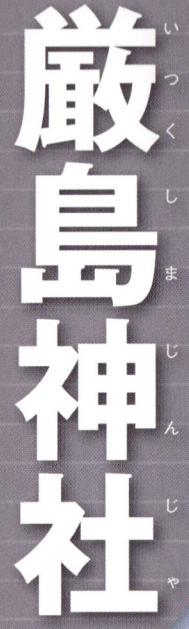

月　太陽

現在の大鳥居は明治時代の1875年に築かれたもので、平安時代のものから数えて8代目にあたる。

潮が満ちてくると鳥居の足もとが海水につかるため、柱の一部が変色している。

鳥居の柱を支える袖柱（外側の4本）。

登録年	1996年
所在地	広島県廿日市市
登録物件	厳島神社、弥山原始林
登録区分	文化遺産（登録基準①②④⑥）
アクセス	JR広島駅から山陽本線で宮島口駅下車、フェリーで約10分。

島根県
三次
広島県
廿日市
広島
厳島神社・
呉
岩国・厳島
山口県
今治
愛媛県
松山
瀬戸内海

ココがすごい! 登録ポイント

◎海辺にたつ神社は世界的に見ても珍しい。

◎現在の社殿は、鎌倉時代の13世紀半ばごろに再建された、とても古いもの。

平清盛がつくった豪華な社殿

天橋立(京都府)、松島(宮城県)とともに「日本三景」のひとつに数えられる宮島。宮島は昔、「神様をいつきまつる(大切におまつりする)聖なる島」という意味から「伊都岐島」と呼ばれ、それがいつしか「厳島」となりました。厳島(宮島)に社殿がはじめて築かれたのは593年のこと。そして1168年、平清盛によって現在のような豪華な社殿がつくられました。当時大きな勢力を誇っていた平氏とともに、厳島神社は発展したのです。

海側から見た厳島神社と背後にそびえる弥山。

神社の背後にせまる原始林!

厳島神社の背後にある弥山(標高535m)には、自然のままの原始林が広がっています。厳島(宮島)は島そのものがご神体とされていたため、弥山の木々も大切に保護されてきたのです。手つかずの自然は「弥山原始林」として、厳島神社とともに世界遺産に登録されています。弥山にはロープウェーがあり、原始のままの木々を眺めることができます。

大鳥居は自分の力で立っている!

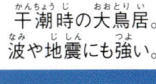
干潮時の大鳥居。
波や地震にも強い。

厳島神社の大鳥居は、根元が固定されているわけではなく、自分の重さ(約60トン)だけで立っています。鳥居の上部の島木は箱形になっていて、この中にこぶし大の石がおよそ7トン分も入れられています。この島木と柱自体の重さで鳥居はどっしりと固定され、自力で立つことができているのです。6本の太い柱は、虫に食われにくく腐りにくいクスノキの自然木。いちばん太い柱の直径はなんと約2mもあります。

ゆかりの人物

平清盛
(1118 〜 81年)

平安時代の末期、平治の乱(1159年)で源氏の勢力を排除し、後白河上皇や二条天皇からあつく信頼された平清盛。実権をにぎった平氏は中国と貿易を行い、財力も得て繁栄した。清盛が厳島神社の社殿を大幅に改装したのは1168年ごろのこと。清盛の家政機関(家事や事業を実行・管理する機関)が出した文書からは、清盛が厳島神社の神主・佐伯景弘を介して安芸(現在の広島県)に勢力を広げていった様子がわかる。また、清盛が神社に納めた「平家納経」33巻は平家の繁栄を願ってつくられたきらびやかなお経で、国宝に指定されている。

もっと知りたい

朱塗りの社殿はまるで竜宮城!

海に浮かんだような姿が「竜宮城」にもたとえられる厳島神社。現在の社殿は平安時代に拡張されたものですが、近くには安土桃山時代に豊臣秀吉が築いた建物もあります。

祓殿

高舞台

平舞台

本社正面（平舞台・高舞台・祓殿）

平舞台は屋根のない床部分で、その一部に舞楽を演じるための高舞台がつくられています。舞楽とは、インドや中国、朝鮮半島などから伝わった舞と音楽です（P127）。

能舞台

日本で唯一、海の上に築かれている能舞台。現在の建物は1680年に広島藩主・浅野綱長によって再建されたもので、毎年4月16日から3日間にわたって能や狂言が演じられます。鳥居や社殿のような朱色に塗られていません。

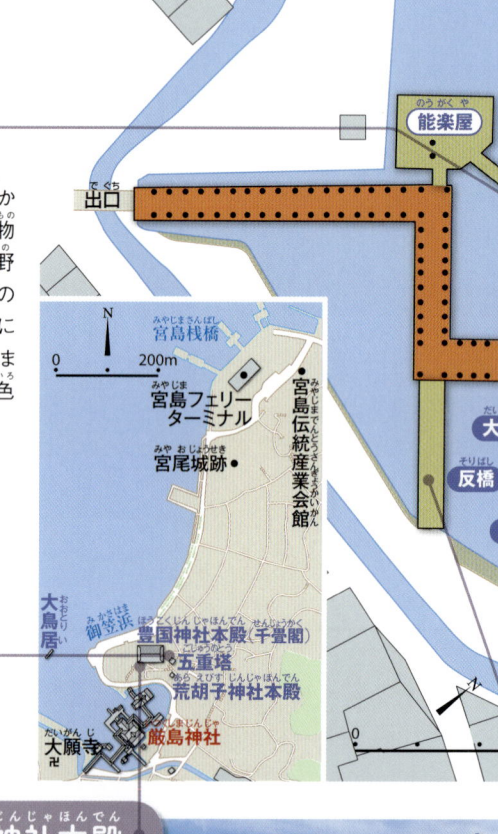

能楽屋

橋掛

能舞台

西廻廊

大国神社本殿

反橋

天神社本殿

宮島桟橋

宮島フェリーターミナル

宮尾城跡

宮島伝統産業会館

御笠浜

大鳥居

豊国神社本殿（千畳閣）

五重塔

荒胡子神社本殿

大願寺

厳島神社

N

0 200m

0 30m

五重塔

室町時代（1407年）につくられた塔で、高さは27.6m。和様と唐様（中国のデザイン）が合わさった珍しい建築様式です。さらにおもしろいのは、塔の中心に吊り下げられた心柱が2層目までで止まっていることで、台風などの風に強い構造となっています。

豊国神社本殿

豊臣秀吉の命によってつくられました。しかし、秀吉の死をきっかけに建築は中断。建物自体は大きく立派ですが、天井が張られていないなど未完成のままなのです。

火焼前（ひたさき）

平舞台から海に突き出た部分を火焼前と呼びます。その形から「舌先」が言葉の由来ともいわれています。火焼前の先端に立つ青銅製の灯籠は江戸時代初期に納められたものです。

客神社（まろうどじんじゃ）

天忍穂耳命・天穂日命・天津彦根命・活津彦根命・熊野櫲樟日命の5柱の男神がまつられている神社。厳島神社の摂社（本社にゆかりの深い神様をまつった神社）の中ではいちばん大きい社です（写真は拝殿から見た本殿）。

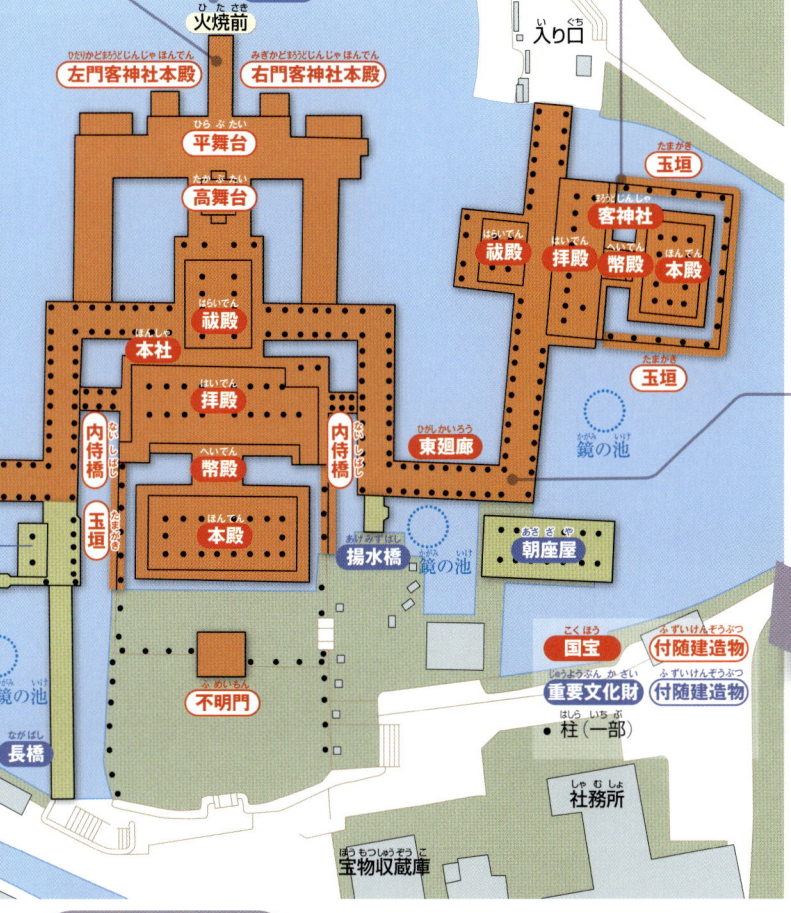

↑ 大鳥居（おおとりい）
火焼前（ひたさき）
左門客神社本殿（ひだりかどまろうどじんじゃほんでん）
右門客神社本殿（みぎかどまろうどじんじゃほんでん）
平舞台（ひらぶたい）
高舞台（たかぶたい）
祓殿（はらいでん）
本社（ほんしゃ）
拝殿（はいでん）
内侍橋（ないしばし）
幣殿（へいでん）
内侍橋（ないしばし）
玉垣（たまがき）
本殿（ほんでん）
東廻廊（ひがしかいろう）
揚水橋（あげみずばし）
鏡の池（かがみのいけ）
朝座屋（あさざや）
鏡の池（かがみのいけ）
不明門（ふめいもん）
長橋（ながばし）

入り口（いりぐち）
玉垣（たまがき）
客神社（まろうどじんじゃ）
祓殿（はらいでん）
拝殿（はいでん）
幣殿（へいでん）
本殿（ほんでん）
玉垣（たまがき）
東廻廊（ひがしかいろう）
鏡の池（かがみのいけ）

国宝（こくほう） **付随建物（ふずいけんぞうぶつ）**
重要文化財（じゅうようぶんかざい） **付随建造物（ふずいけんぞうぶつ）**
● 柱（一部）（はしらいちぶ）

社務所（しゃむしょ）

宝物収蔵庫（ほうもつしゅうぞうこ）

東廻廊（ひがしかいろう）

廻廊は東西合わせて108間（約270m）あり、国宝に指定されています。床板は1間に8枚ずつ敷かれており、クギは使われていません。廻廊を彩る釣灯籠は青銅製で、大正時代に納められたものです。

そうだったのか！

神社を守る驚きのしくみ

廻廊や平舞台の床板は、板と板のあいだが少し空いています。これは「目透し」といって、高潮や台風などで海水が上がってきたときに、波や潮のエネルギーを逃すためのもの。床板の上にあがった水を流す役割もあります。そのほか、本社と客神社の祓殿の外側につけられた白い板も、波の勢いを弱めるためのもの（波除板）です。

客神社の祓殿につけられた波除板（手前の白い板）。

満潮時、平舞台の床板のあいだから水しぶきが噴き上がる。

反橋（そりばし）

天皇の使者「勅使」が来たときに使うことから、勅使橋とも呼ばれていました。使者が来たときは階段が取りつけられ、渡りやすくしていたようです。現在の橋は1557年に再建されたもの。

海辺に神社がたてられたナゾ

イラスト図解

厳島神社を参拝する人びとは、かつては本土から船に乗って大鳥居をくぐらなければなりませんでした。この神社はなぜ、海辺に築かれたのでしょうか。

神社が海に築かれた理由

厳島（宮島）は島全体が神聖なものとされていたため、島の一部である陸地をさけて、潮が満ち引きする海辺に神社をたてたといわれています。また、平清盛が神社に納めた「平家納経」には、海をイメージしたさまざまな絵が描かれていることなどから、清盛は海を重要視していたと考えられています。

島自体がご神体とされていたため、弥山の自然も大切に保護されてきた。山頂付近に広がる原始林は、厳島神社とともに世界遺産に登録されている。

弥山原始林

厳島

構成資産の範囲

北

梶谷駅

紅葉谷川

明治維新まで、厳島神社で行われた仏事などを取り仕切っていた寺院。厳島（宮島）にある寺院の中でいちばん古い由緒ある寺だ。

大聖院

紅葉谷駅

豊臣秀吉がまつられている神社。建物の中は857畳の畳を敷くことができるほど広いため、「千畳閣」とも呼ばれている。

高さ27.6mと比較的小さな五重塔。塔の中に入ることはできないが、天井や壁は中国風の色鮮やかな絵で飾られている。

上卿屋敷

豊国神社

五重塔

宮島歴史民俗資料館

戦国武将の毛利元就と陶晴賢による「厳島の戦い」（1555年）で、毛利軍の拠点となったのが宮尾城。戦は毛利軍の大勝だった。

経塚　宮島水族館

宮尾城跡

清盛神社

表参道商店街

有之浦

宮島フェリーターミナル

大願寺

寺院を開いた人は不明だが、鎌倉時代の建仁年間（1201〜04年）に了海という僧によって再興されたと伝えられている。江戸時代まで多くの職人を抱え、厳島神社をはじめとする寺社の修理や造営を行っていた。

宮島桟橋

厳島神社

大鳥居

社殿がつくられたのは593年で推古天皇の時代。現在の社殿は鎌倉時代（1241年）に再建されたもので、本社本殿は戦国時代（1571年）に毛利元就によりたて替えられた。

鳥居の幅は約24m。柱に使われているクスノキは樹齢500〜600年のものと推定されている。

貿易ルートにあった厳島神社

厳島神社が現在見られるような豪華なつくりになったのは平清盛の力によるものですが、なぜ清盛は厳島神社を深く信仰するようになったのでしょうか。清盛は、現在の神戸市にあった港・大輪田泊（現在の神戸港の一部）を修復し、中国（宋）との貿易を積極的に進めていました。この日宋貿易のルート上にあったことから、清盛は厳島神社でお祈りしたといわれています。日宋貿易によって陶磁器や薬品のほか、最新の建築・土木技術が輸入されました。宋との貿易で大きな利益を得た平氏は、「平家にあらずんば人にあらず」といわれるほど繁栄することになるのです。

日宋貿易の交通路

高麗　日本
金　厳島神社　平安京
松浦　大輪田泊
揚州　大宰府
臨安　坊津
南宋　明州

獅子岩駅

弥山

標高535m。唐から戻った空海（弘法大師）が弥山で修行をしたという伝説がある。山頂付近にある霊火堂には、空海が修行で使ったとされる霊火が今も燃え続けている。

（宮島）

1523年に再建された神社。本殿の屋根は、薄い木の板（こけら）を重ねて敷きつめた「こけら葺」という日本独自のつくり。

摂社大元神社

舞楽の中でも有名な「陵王」。古代中国の王が、その美貌を仮面で隠して戦いにのぞんだという故事をもとにした舞。

日本でしか見られない舞楽

厳島神社で演じられる舞楽は、平清盛によって現在の大阪の四天王寺から伝えられました。舞楽はインドや中国、朝鮮半島などから伝わったものですが、これらの国々では廃れてしまい、今では日本でしか見ることができない、とても貴重なものです。日本国内では現在、宮内庁や四天王寺、厳島神社などに伝えられています。厳島神社では年に数回、舞楽を見ることができます。

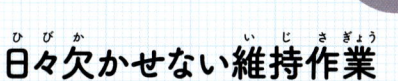

そうだったのか！

日々欠かせない維持作業

厳島神社の社殿や大鳥居は、潮の満ち干によって毎日2回、足もとが海水につかり、高潮や台風のときにはさらに長いあいだ海水にさらされます。拝殿の柱は直径が50cmもありますが、海水による腐食のみならず、海中にすむ生物の影響で穴だらけになることも。そのため、柱の根の部分は「根継ぎ」と呼ばれる修復作業が行われ、新しい材料とそのつど交換しているのです。

調査のために大鳥居の根元に足場を設置する神社工務所の職員。

厳島神社 略 年表

飛鳥	593年	豪族の佐伯鞍職が厳島神社社殿をつくる
平安	1160年	平清盛が神社に参拝する
	1164年	「平家納経」が奉納される
	1168年	清盛によって社殿がほぼ現在の姿に造営される
南北朝	1389年	足利義満が神社に参拝する
室町	1407年	五重塔が建立される
戦国	1555年	厳島の戦い（毛利元就vs.陶晴賢）
	1571年	毛利元就が本社本殿をたて替える
安土桃山	1587年	豊臣秀吉が千畳閣をつくる
江戸	1680年	広島藩主・浅野綱長が能舞台などを再建
明治	1875年	大鳥居（8代目）が再建される
昭和	1950年	厳島全島が瀬戸内海国立公園に編入される
平成	1996年	厳島神社が世界遺産に登録される

総合学習

じつは不思議だらけの「鳥居」

町を歩いていると、神社の入り口に鳥居が立っているのをよく見かけます。そんな身近な鳥居ですが、意外にもそのルーツには多くのナゾが残っています。

60種類以上もある鳥居

一般的な鳥居は、2本の柱と横木でつくられています。地図記号（⛩）そのままのシンプルな形のため、どれも同じように思われがちですが、大きく「神明鳥居」と「明神鳥居」の2種類に分けられます。神明鳥居は、鳥居のてっぺんにある笠木がまっすぐなタイプ。明神鳥居は、笠木が反っている鳥居です。厳島神社の大鳥居も、明神鳥居の一種です。そのほか、構造や材質、装飾などの違いによって、鳥居は60種類以上もあるといわれています。

笠木

島木

笠木の下に置かれる横木。明神鳥居だけにある。

笠木がまっすぐ。

笠木が反っている。

貫

神明鳥居 靖國神社（東京都千代田区）の鳥居。

明神鳥居 伏見稲荷大社（京都市伏見区）の鳥居。

オモシロ鳥居、大集合！

【黒木鳥居】
樹皮のついたままの丸太材でつくった鳥居。神明鳥居の一種で、日本最古の様式といわれている。「黒木」は黒い木という意味ではなく、「クヌギの木」が由来とする説もある。野宮神社（京都市右京区）で見ることができる。

【三柱鳥居】
明神鳥居を3つ合わせたような姿の鳥居。とても珍しい鳥居で、木嶋坐天照御魂神社（京都市右京区）の境内にある。現在の鳥居は江戸時代の1831年に再建されたもの。

【合掌鳥居】
笠木の上に、手のひらを合わせたような合掌形式の構造物が設けられた鳥居。明神鳥居の一種。山王総本宮日吉大社（滋賀県大津市）ではじめて築かれたことから、「日吉鳥居」「山王鳥居」とも呼ばれている。写真は日枝神社（東京都千代田区）の鳥居。

鳥居は何のためにある？

鳥居は、私たち人間が住む世界と神様の世界との境界を示しているといわれています。つまり、「鳥居から先は神様の神域」ということです。いくつか鳥居がある神社では、神様がまつられている本殿に近づくごとに神聖さが高まるといわれています。また、鳥居に似た建築物は、中国やインド、意外なところでは南太平洋の国トンガなど、世界にもあります。たとえば、古代インドの塔を囲む門「トラーナ」。門の形だけでなく、その名前も日本語の「トリイ」に似ているのがおもしろいですね。

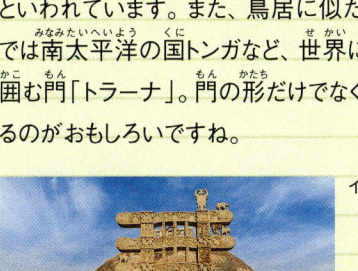

インド・サーンチーの仏教遺跡（世界遺産）に立つ「トラーナ」。

「鳥居」の語源は？

神社の門が「鳥居」と表記されるようになったのは、10世紀以降のこと。その語源についてはさまざまな説があり、「鳥が居るところ」「神聖な鳥がとまる木」といった鳥が関係する説のほか、「トリイ」という言葉に「天門」「額木」「助木」「入宿」などの漢字を当てることもあるため、鳥とはまったく関係がないとする説もあります。このように鳥居の語源や起源については、今もなお大きな謎に包まれているのです。

伊勢神宮（内宮）の宇治橋（神域側）の鳥居。2014年、たて替えられて新しくなった。

山口先生の 調べてみよう！

近所の鳥居はどの種類かな？

左ページで紹介したように、鳥居には「神明鳥居」と「明神鳥居」の大きく2種類がある。見分けるポイントは、鳥居のてっぺんにある笠木の形だよ。また、材質や飾りもさまざまなので、近所の鳥居がどんな種類かチェックしてみよう。

寺社を自然から守る工夫を探してみよう！

厳島神社の床板にすき間があるように（P125）、神社や寺には建物を維持するための工夫がされていることがある。たとえば、屋根がきれいな曲線をしているのは、雨や雪が早く落ちるように計算されたもの（サイクロイド曲線というよ）。神社や寺を訪れて、屋根や柱などに注目してみよう。

水とたたかう世界の都市

厳島神社のように何度も水害にあい、修復をくり返してきた世界の都市があります。またオランダのように、干潟などを埋め立てて国土を広げた国もあります。このような国や都市はどのように水とつき合ってきたのでしょうか。

関連する世界遺産

ヴェネツィアとその潟
イタリア

干潟の上に築かれた世界唯一の水上都市。5世紀ごろ、干潟の小さな島に人びとが住んだことをきっかけに定住がはじまり、13世紀ごろには現在のような都市に成長しました。干潟に何本もの杭を打ち込んで土台をつくり、その上に都市が築かれています。

「水の都」ヴェネツィアでは船が重要な交通手段。

キンデルダイクーエルスハウトの風車群
オランダ

干潟や遠浅の海を埋め立てて国土を広げてきたオランダは、国土の約25％が海面より下にあります。そこで低地にたまった水を高い場所に移すために使われたのが風車。オランダには、かつて約1万基もの風車があったといいます。

オランダを象徴する存在の風車。

サンクト・ペテルブルグ歴史地区と関連建造物群
ロシア

17世紀の皇帝・ピョートル大帝によって築かれた都市で、ロシアの元首都。もともとは人が住むには困難だった沼地でしたが、国中から労働者を集めて工事を行い、都市を築きました。エルミタージュ美術館やペトロパヴロフスク要塞などがあります。

ヴェルサイユ宮殿を参考にして築かれた「夏の宮殿」。

黄金の国ジパング伝説の舞台

平泉 ——仏国土（浄土）を表す建築・庭園及び考古学的遺跡群

平泉は、今では東北地方の小さな町ですが、1000年前には京都に次ぐ全国2位の人口を誇る大都会でした。全体に金箔がはられた中尊寺金色堂をはじめ、京都をしのぐ大寺院のあとなどが、当時の繁栄ぶりを教えてくれます。

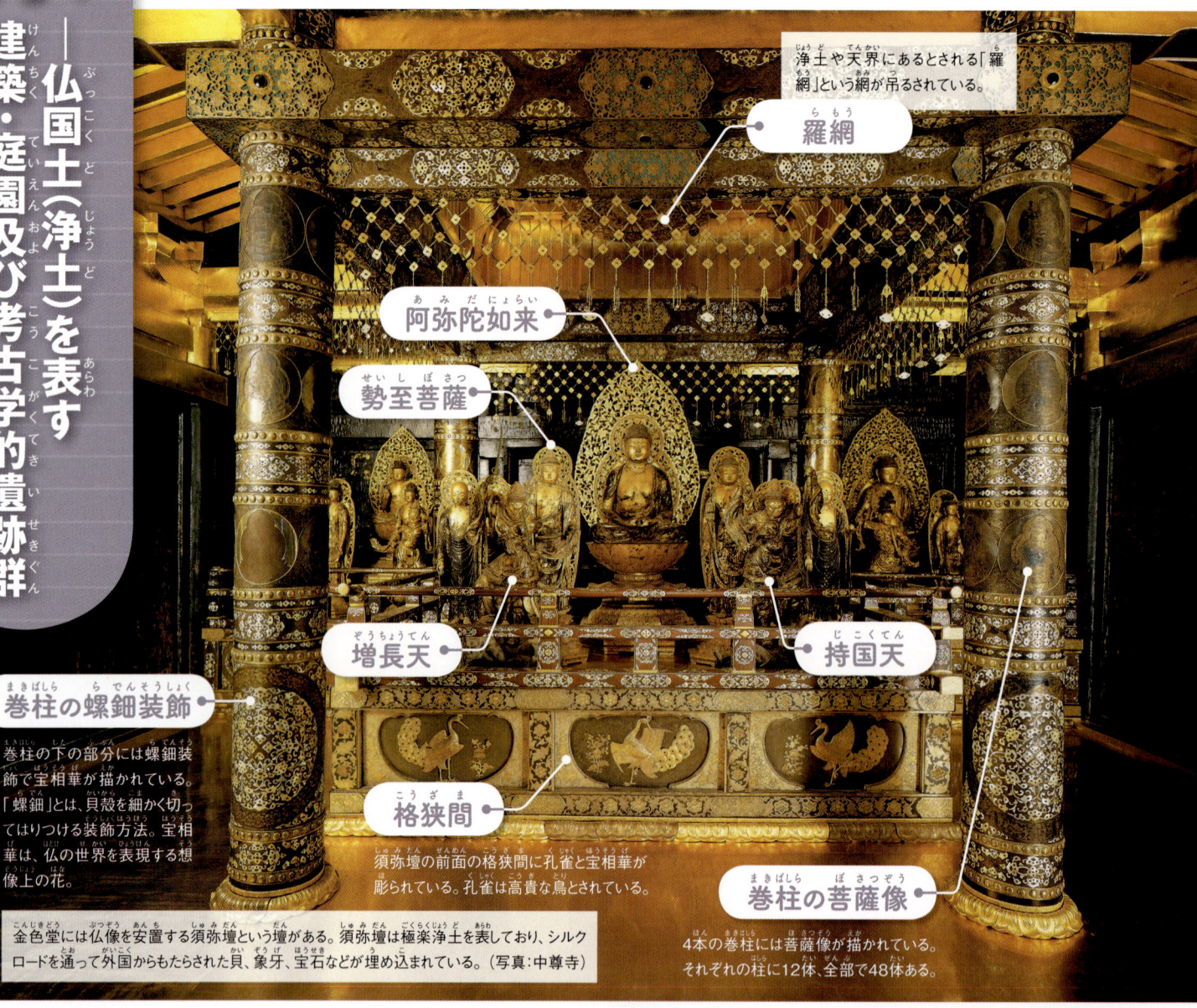

浄土や天界にあるとされる「羅網」という網が吊るされている。

羅網

阿弥陀如来

勢至菩薩

巻柱の螺鈿装飾
巻柱の下の部分には螺鈿装飾で宝相華が描かれている。「螺鈿」とは、貝殻を細かく切ってはりつける装飾方法。宝相華は、仏の世界を表現する想像上の花。

増長天

持国天

格狭間
須弥壇の前面の格狭間に孔雀と宝相華が彫られている。孔雀は高貴な鳥とされている。

巻柱の菩薩像
4本の巻柱には菩薩像が描かれている。それぞれの柱に12体、全部で48体ある。

金色堂には仏像を安置する須弥壇という壇がある。須弥壇は極楽浄土を表しており、シルクロードを通って外国からもたらされた貝、象牙、宝石などが埋め込まれている。（写真：中尊寺）

登録年	**2011年**
所在地	**岩手県平泉町**
登録物件	**中尊寺、毛越寺など5件**
登録区分	**文化遺産**（登録基準②⑥）
アクセス	【中尊寺】JR平泉駅からバスで約5分、中尊寺下車。または駅から中尊寺月見坂入口まで徒歩25分。

北海道
青森県　青森
秋田県　岩手県
秋田　盛岡
日本海
平泉
一関
山形県　宮城県
山形　仙台
太平洋

ココがすごい！ 登録ポイント

◎現実世界に浄土（仏の世界）をイメージした風景がつくられた。

◎仏教とともに伝来した庭園設計の考え方が、日本で独自に発展したことを物語っている。

平安時代につくられた浄土を表す寺と庭園

平泉は平安時代、朝廷による東北支配の拠点となった場所です。本格的な町づくりは、1094年に藤原清衡が政庁(政治に関した仕事をする役所)をたててからはじまりました。藤原氏は京都にならい、浄土(仏の世界)を表現する寺院を建立。世界遺産には、初代の清衡が再興した中尊寺、2代基衡がたてた毛越寺、基衡の夫人がたてた観自在王院跡、3代秀衡がたてた無量光院跡、無量光院の後ろにそびえる金鶏山の5カ所が登録されています。

なぜ金色の寺がつくられたの?

中尊寺に金箔をはったお堂「金色堂」がつくられたのは、浄土を表すためだったといわれています。平安時代の人びとは、浄土には金や宝石で飾られたお堂があると考えていました。浄土を忠実に表現するためには、お堂を金色に仕上げる必要があったのです。

中尊寺の覆堂。金色堂はこの覆堂の中にある。

そうだったのか!

金色堂はお墓だった!?

金色堂には3つの須弥壇(仏像を安置する台座)があり、それぞれの須弥壇からは棺が見つかっています。1950年に行われた調査で、棺に納められていたのは、平安時代に平泉を治めた藤原清衡、基衡、秀衡のご遺体と確認されました。調査によって、須弥壇に副葬品が納められていたことや、彼らの身長、亡くなった年なども明らかになっています。1968年に金色堂の修理が完了すると、ご遺体は再び須弥壇の下に安置され、今も永遠の眠りについています。

初代の清衡が再興した中尊寺(右上が本堂)。空から見ると、森の中にあるのがわかる。

金色堂の金はどこでとれたの?

宮城県気仙沼市の鹿折金山でとれた金鉱石の標本(GSJ M14585)。鹿折金山は、金色堂の金を産出した金山のひとつとされている。(提供:産総研 地質調査総合センター、写真撮影:青木正博)

「浄土を表現したい」と思っても、金がとれなくては金色堂はつくれません。じつは平安時代の東北地方は金の産地として知られており、このことが金色堂をつくるきっかけになったともいわれています。

ジパング伝説の地は平泉だった!?

13〜14世紀のイタリアの旅行家マルコ・ポーロの『東方見聞録』には、「中国の東に、宮殿や民家が黄金でできたジパングという島国がある」と記されています。ここに書かれた"黄金"は中尊寺金色堂を指しているという説があります。当時、京都の金閣はたてられておらず、日本にあった黄金の建物は金色堂しか考えられません。金色堂の話が誇張されて、「国じゅうの宮殿や民家が黄金でできている」と伝わったのでしょう。

東北に出現した極楽浄土

もっと知りたい

平泉では中尊寺のほか、毛越寺、観自在王院跡、無量光院跡、金鶏山が世界遺産に登録されています。これらはすべて、藤原氏がイメージした浄土を形づくっています。

「浄土」って何？

浄土は「仏の世界」という意味で、「仏国土」ともいいます。仏教では仏の数だけ浄土があると考えられています。もっとも有名なのが阿弥陀如来の極楽浄土（西方浄土）で、生きているときによい行いをした人が、死後に行く世界とされています。

広々とした庭園を散策するのもおもしろいケロ!

ケロ平

毛越寺庭園。池は極楽浄土にあるとされる「七宝の池」を表したもの。

浄土と庭園の関係は？

平安時代後期の人びとは「仏教が滅びる日が近い」と信じ、阿弥陀如来に救いを求め、浄土を表した庭園をつくるようになりました。これが浄土庭園です。浄土庭園は、6世紀に仏教とともに庭園技術が伝来したのち、日本で独自に発達した庭園形式です。池の形が丸や四角ではなく、自然に似せてつくられていること、池のほとりに小石や岩を置いて海辺を表現していることなどが特徴です。

観自在王院跡には建物は残っていないが、浄土庭園が見られる。

浄土庭園は貴族の遊び場!?

平安時代の貴族は、庭園につくった曲水という小川で「曲水の宴」を行っていました。これは、曲水の上流から杯を流し、それが手元に届くまでに和歌をよむというものです。毛越寺庭園では1983年に曲水が発見され、それを記念して「曲水の宴」が再現されるようになりました。

毎年5月に毛越寺で行われている「曲水の宴」。

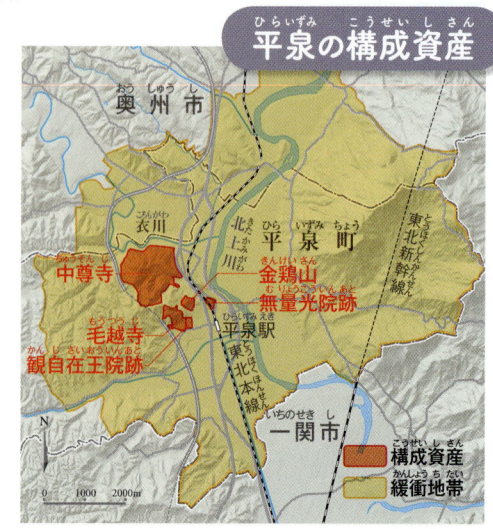

平泉の構成資産

奥州市
衣川
中尊寺
毛越寺
観自在王院跡
平泉町
金鶏山
無量光院跡
平泉駅
一関市

構成資産
緩衝地帯

0　1000　2000m

平等院に似せてつくられた寺

藤原氏の3代秀衡がたてた無量光院は、京都の平等院(P50)を手本にした寺です。当時の建物は残されていませんが、調査の結果、金鶏山の前に本堂と池があり、浄土を表していたことがわかりました。本堂は平等院鳳凰堂よりも大きく、奥州藤原氏の権力の大きさを物語っています。

コンピューターで復元された無量光院と金鶏山。無量光院は東向きにつくられ、毎年4月13日ごろと8月30日ごろに、背後にある金鶏山の頂上に夕日が落ちるように設計されていた。(画像提供:平泉町教育委員会)

そうだったのか!

奥州をひとつに まとめた藤原一族

11世紀末から約1世紀にわたり、奥州(現在の福島、宮城、岩手、青森あたり)一帯を領地としていたのは、藤原清衡、基衡、秀衡、泰衡の4代にわたる藤原一族でした。この100年間、東北では京都に負けないほど華麗な文化が花開きました。若くして源頼朝に滅ぼされてしまった4代泰衡をのぞいて「奥州藤原三代」とも呼ばれ、世界遺産に登録された平泉の遺産はすべてこの3人の尽力によってつくられました。

無量光院跡の池に水をはり、往時の雰囲気を再現。後方にあるのが金鶏山。

黄金の鶏はどこへ?

無量光院跡の後ろにある金鶏山も世界遺産に登録されています。山頂には経塚があり、経典の入った銅製の経筒や壺などが発見されていることから、藤原氏にとって重要な山だったことがわかります。山の名前は、平泉を守る黄金製の鶏を埋めたことにちなむといわれています。しかし発掘調査では、黄金の鶏は見つかりませんでした。

イラスト図解

全盛期の平泉をのぞいてみよう!

藤原清衡が京都をモデルにつくった平泉には数々の寺や庭園があり、さながら町全体が極楽浄土のようでした。当時の町の様子をのぞいてみましょう。

長者ケ原廃寺
平安時代中期には寺院があったが、12世紀にはなくなっていたとみられている。

白鳥舘
藤原氏が勢力を伸ばす前にこの地方を治めていた安倍一族の館のあと。

中尊寺
9世紀に創建され、12世紀のはじめごろに藤原清衡が整備した。

無量光院

観自在王院

金色堂

金鶏山
柳之御所の真西にあり、町づくりの中心になったと考えられている。

毛越寺
平安時代には立派な建物がたち並んでいた。観自在王院、無量光院も毛越寺の境内にあった。

奥大道
白河の関(福島県)と外ケ浜(青森県)を結んだ古代の幹線道路。平泉はその中間点にあった。

京都に次ぐ人口10万人の都市

　藤原清衡は1094年ごろ、それまで館を置いていた江刺(岩手県)から平泉に移り、町づくりに着手しました。北上川の西が町の中心で、そこには役所や寺がつくられました。これにより、平泉そのものが極楽浄土(西方浄土)を表していたともいわれています。庶民は中心街の周辺や、川の東側に住んでいたと考えられていて、人口は最盛期を迎えた1180年ごろの推定で10万〜15万人。当時、京都(推定15万〜20万人)に次ぐ全国第2の都市でした。

北
玄武＝山(関山丘陵)
白虎＝道(奥大道)　平泉　青龍＝川(北上川)
朱雀＝池(低湿地)
西　東
南

北上川

柳之御所

藤原秀衡が整備したとされる政庁。中尊寺をのぞむことができた。この「柳之御所遺跡」をはじめ、「白鳥舘遺跡」「長者ケ原廃寺跡」「達谷窟」「骨寺村荘園遺跡」などを世界遺産に追加登録する準備が進められている。

四神に守られた土地

　四神とは東アジア各地で信じられていた東西南北の守り神のこと。青龍(東)、朱雀(南)、白虎(西)、玄武(北)という4つの想像上の動物で、これらの守り神には、存在するのにふさわしい場所が定められていました。たとえば青龍は川、朱雀は池がふさわしい場所とされています。平泉はこうした条件に当てはまり、まさに「繁栄を約束された土地」といえます。

「中尊寺」という名前のヒミツ

　中尊寺は東北地方の真ん中にあるため「中尊寺」と名づけられました。平安時代の東北地方では、白河の関(福島県)から外ケ浜(青森県)まで1町(約109m)ごとに笠卒都婆という供養塔が築かれ、その中心点に1基の塔がたてられました。これが中尊寺の起源と伝えられています。つまり、東北地方の「真ん中の尊い寺」という意味で、中尊寺と呼ばれるようになったのです。

北緯41度　外ケ浜
ちょうど東北地方の中間にある!
北緯39度　平泉
北緯37度　白河の関

国宝って、そもそもどんなもの?

総合学習

国宝とは、読んで字のごとく「国の宝」で、国によって指定された貴重な建物や絵画、彫刻、焼き物、武具、古文書などのことです。その一部をここで紹介します。

金色堂は国宝建造物第1号!?

中尊寺の金色堂は、1950年に制定された「文化財保護法」によって、最初に国宝に指定された建物です。このとき国宝になったのは、全国で181件。そのうち建物が37件でした。これらは北から順番に番号がふられたため、岩手県の金色堂は「国宝建造物第1号」になりました。

現在、岩手県内で国宝をもっているのは中尊寺のみです。中尊寺では金色堂がまるごと国宝となっているほか、金銀の文字で書かれた平安時代のお経「紺紙金銀字交書一切経」、鎌倉時代の金属製の楽器「孔雀文磬」なども国宝に指定されています。

こんな国宝もあるよ!

❶ 上杉本洛中洛外図屏風 右隻

❷ 加茂岩倉遺跡出土銅鐸

❸ 赤糸威鎧

❹ 出雲大社本殿

①1574年、織田信長から上杉謙信に贈られたと伝わる(写真提供:米沢市上杉博物館)
②1996年、農道で史上最多となる39個の銅鐸が発見された(写真提供:島根県立古代出雲歴史博物館) ③鎌倉時代末期に制作された、大鎧の典型的なもの(写真提供:櫛引八幡宮)
④2013年、60年に一度の大遷宮が完了した(写真提供:出雲大社)

国宝はめったに見られない!?

国宝の中には、めったに一般公開されないものもあります。古い時代のものは、長く光を当てると色が薄くなったり、材質が弱くなったりしてしまうため、公開することが難しいのです。しかし、国宝とは「国民みんなの宝」ですから、所有者が一人で楽しむことはできません。文化財保護法でも、「所有者は公開する必要がある」と定めています。このため博物館や寺社などでは、温度や湿度に気をつけながら一般公開できるよう努力しています。

国宝に指定されるまで

　国宝とは、簡単にいえば「重要文化財のうち、とくにすばらしいもの」のことで、「同じものをつくることが難しい」「時代がとても古い」「つくられた時代が特定できる」などが指定基準です。2015年7月に松江城天守(島根県)が国宝に指定されたのも、建設年代を書いたお札が見つかったことがきっかけでした。文化庁では定期的に文化審議会を開き、専門家どうしで話し合ったあと、国宝にふさわしいものがあれば文部科学大臣に伝えます。大臣がこれを認めれば、晴れて国宝に指定されるのです。

松江城天守。現存する12天守の中で、唯一の正統天守閣ともいわれる。

山口先生の　調べてみよう!

地元の文化財保護の制度を調べてみよう!

　文部科学省が指定する国宝や重要文化財とは別に、全国の都道府県や市町村では、文化財を保護する独自の制度が設けられている。地元の「県指定」や「市指定」の文化財を調べてみよう。

身のまわりの「金」を探してみよう!

　金色堂に使われている金は、身近なところでも使われている。携帯電話やパソコンの内部には、酸化しにくいなどの理由から、金が使われている部分がある。また、ネックレスやペンダントなどの装身具にも使われているよ。

「金」にまつわる世界遺産

関連する世界遺産

　金は古くから人びとをとりこにしてきました。世界には、そのことを物語る遺跡や建物が残されています。平泉で極楽浄土を表現した金は、海外ではどのように使われたのでしょうか。

エジプト　古代都市テーベとその墓地遺跡

　エジプトは古くから大量の金を産出した国で、歴代の王族は権力の象徴として黄金製品をつくりました。そのほとんどが盗まれてしまいましたが、ツタンカーメン王の黄金のマスク(紀元前14世紀)は、奇跡的に無傷で発見されました。

黄金のマスクが発見されたツタンカーメンの墓(王家の谷)。

スリランカ　ダンブッラの黄金寺院

　仏教では、仏の体は金色に輝いていると考えられました。それを表現した黄金の仏像が、岩かげの寺に安置されています。じつは金の仏像は、それほど珍しいものではありません。奈良や鎌倉の大仏も、かつては金色に装飾されていました。

岩かげの寺院に160体以上の黄金の仏像がある。

メキシコ　プエブラ歴史地区

　キリスト教の教会は「神の家」を表しているため、しばしば豪華に飾られました。16世紀以降バロック様式が広まると、その傾向は強くなります。プエブラ歴史地区のサント・ドミンゴ教会もその時代のもので、とくに派手につくられました。

金や銀で飾られたサント・ドミンゴ教会の内部。

紀伊山地の霊場と参詣道

古くからの聖地へと続く参詣道

紀伊半島の吉野・大峯、高野山、熊野三山（熊野本宮大社、熊野那智大社、熊野速玉大社）に残る文化がまとめて世界遺産になりました。古くから日本に根づいてきた神道と仏教、その2つが合わさってできた修験道がつくった信仰の遺産がここにはあります。

青岸渡寺三重塔と那智大滝。三重塔は上階まで登ることができる。

那智大滝

落差日本一（約133m）を誇る「那智の滝」は、日本三大瀑布のひとつ。滝の落ち口の幅は約13m、滝つぼの深さはなんと約10mもある。

三重塔

大滝を眺めるには絶好の場所。現在の三重塔は1972年、約400年ぶりに再建されたもの。

登録年	**2004年**
所在地	**奈良県吉野町など**
登録物件	**吉野山、金剛峯寺、熊野本宮大社など**
登録区分	**文化遺産**（登録基準②③④⑥）
アクセス	【吉野山】近鉄吉野線「吉野駅」から徒歩3分の千本口駅からロープウェーで吉野山駅へ。そこからバスで山内をめぐる。

ココがすごい！ 登録ポイント

◎古くから日本に根づいた神道と仏教が合わさってできた文化が1000年以上も残り続けている。

◎高野山の壇上伽藍（金堂や大塔などがたつ、高野山の中心となる聖地）は全国の真言宗の寺院が見習う模範となった。

参詣道がつくる神と人とのつながり

「紀伊山地の霊場と参詣道」と名づけられたこの世界遺産は、大峯奥駈道や熊野参詣道といった「道そのもの」が登録資産に含まれている珍しい遺産です。

道自体が世界遺産になった例はほとんどなく、ほかにはスペインの「サンティアゴ・デ・コンポステーラの巡礼路」（P145）などがあります。とくに大峯奥駈道は、現在も修行をする人たちが超人的な力をえるための場として使われている、とても神聖な道です。

高野山

僧侶の空海（弘法大師）は816年、高野山に金剛峯寺を開きました。一般的な寺といえば、本尊をまつる本堂があってその敷地を境内といいますが、金剛峯寺の場合は高野山全体が境内であり、「総本山金剛峯寺」と呼ばれています。つまり高野山のすべてが寺といえるのです。高野山内には、117もの寺（小院）がたてられています。

空海が眠る、高野山の信仰の中心「奥之院」への参道。

金剛峯寺の壇上伽藍にある根本大塔。高さは約48m。

熊野本宮大社

熊野三山のひとつで、那智大社、速玉大社とともに、全国に3000社以上ある熊野神社の総本宮。もともとは現在の場所ではなく、近くの「大斎原」と呼ばれる地にたてられていましたが、1889年の大洪水によって社殿や神楽殿、能舞台などが崩壊したため、水害を免れた4つの建物を現在の場所に移しました。もともと大社があった大斎原には、約34mもの大鳥居が立っています。

熊野本宮大社の社殿。中央の建物に主祭神の家都美御子大神がまつられている。

熊野那智大社

那智大滝を神としてまつったことがはじまりといわれている神社で、熊野三山のひとつ。熊野那智大社の近くには青岸渡寺という寺があり、もともとひとつのまとまりとして信仰されていました。この2つの寺社とも4世紀に開かれたと伝わっています。

登録資産の概略図

- 高野山町石道
- 丹生都比売神社
- 金剛峯寺
- 吉野山
- 大峯山寺
- 三重県
- 奈良県
- 和歌山県
- 熊野参詣道（小辺路）
- 大峯奥駈道
- 熊野参詣道（伊勢路）
- 熊野参詣道（中辺路）
- 熊野三山（熊野本宮大社）
- 熊野三山（熊野速玉大社）
- 熊野三山（熊野那智大社）
- 熊野三山（青岸渡寺）
- 那智原始林／那智大滝
- 補陀洛山寺
- 熊野参詣道（大辺路）

熊野那智大社の拝殿。

熊野速玉大社

熊野速玉大社は、紀伊半島の南南東の端にたっています。大昔、熊野の神ははじめに神倉山のゴトビキ岩（ゴトビキとはこの地方の方言でヒキガエルのこと）に降り立ち、その後、現在の地に築かれた社殿に移ったと伝えられています。この由緒から現在の社殿は、「はじめての新しい宮」という意味で「新宮」と呼ばれています。熊野三山のひとつ。

そうだったのか！

「熊野古道」はどこからどこまで？

「熊野古道」とは、熊野三山にお参りするための道（参詣道）の総称で、特定の道の名前ではありません。紀伊半島には「中辺路」「小辺路」「大辺路」という3つの参詣道のほか、伊勢（三重県）から本宮などへ通じる「伊勢路」、大阪方面から通じる「紀伊路」があります。現在はトレッキングコースやドライブコースとしても人びとに親しまれています。

熊野那智大社へと通じる大門坂。

熊野速玉大社の本殿。

もっと知りたい

深い森にかくされた熊野のヒミツ

神話時代から神聖な地とされていた熊野の山々。この場所には神だけでなく、たくさんの人びとがひきつけられました。熊野の魅力はいったいどこにあるのでしょうか。

吉野山はなぜ桜の山になった？

奈良県中央部にある吉野山は、桜の名所として知られています。なぜこの山は桜で満たされるようになったのでしょうか。その起源は、山での修行を通して超人的な力をえる信仰「修験道」の開祖といわれている役行者（役小角）にあります。役行者が吉野山で厳しい修行をしているとき、目の前に蔵王権現という仏が現れたのを感じとり、その姿を桜の木に彫ったといわれています。この言い伝えから、その後人びとが吉野山に桜の苗木を寄進するようになったのです。

熊野那智大社に立つヤタガラスの像。

なぜ熊野には
カラスがいっぱい？

ヤタガラスは、日本サッカー協会のマークにもなっているよ！

熊野三山それぞれの神社にまつられ、熊野の象徴ともいえるのが3本足のカラス「ヤタガラス（八咫烏）」。太陽の化身であるヤタガラスは、神の使いとして、初代天皇である神武天皇を熊野から大和（奈良県）まで先導したといわれ、「導きの神」としてまつられているのです。足が3本ある理由は諸説ありますが、3本の足は「天」「地」「人」をあらわすといわれています。

和歌山県
PRキャラクター
きいちゃん

 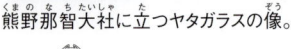 きいちゃん／紀州犬をモチーフにした紀の国わかやま国体のマスコット。愛称は「紀伊国」「紀の国」「紀州犬」の頭文字「き」から。

那智参詣曼荼羅

「アリの熊野詣で」ってなんだ？

熊野三山をお参りしてまわることを「熊野詣で」といいます。平安時代の後期以降、熊野三山には天皇や貴族、武士から庶民にいたるまで、多くの人びとがお参りに訪れました。室町時代には庶民の参詣者が増え、熊野三山へ向かう道が人でいっぱいになり、それがアリの行列のように見えたことから、「アリの熊野詣で」と呼ばれるようになりました。当時の庶民にとって旅はめったにない楽しみのひとつだったため、さぞやにぎわいを見せたことでしょう。

「那智参詣曼荼羅」は、那智山に参詣する人びとや那智山の縁起（由来）を描きこんだもの。（正覚寺蔵／写真：和歌山県立博物館）

滝が神様になった！

熊野那智大社の別宮である飛瀧神社は、那智大滝がご神体。つまり社殿がなく、滝そのものを神としてまつっているのです。那智大滝は毎秒1トンもの水量を誇り、滝の音がドドドーッと響きわたります。毎年2回、滝の最上部にかけられているしめ縄が取り替えられています。

熊野の森を守った生物学者

熊野の地・和歌山県に生まれ、アメリカやイギリスで学び、独学でも動植物を研究した南方熊楠。明治政府によって、小さな神社は大きな神社に合併されるなど神社が整理され、それにともなって大切にされてきた森林が伐採されるのを目にした熊楠は、森林伐採に対して反対運動を起こします。この運動が熊野の森を守ることにつながり、日本の自然保護運動のはしりとなりました。熊野のみならず、日本の自然を保護した人物の一人が熊楠だったのです。

飛瀧神社の鳥居と那智大滝。

驚くべき記憶力の持ち主だったことから「歩く百科事典」と称された南方熊楠。（南方熊楠顕彰館〈田辺市〉蔵）

山で修行する「山伏」とは？

イラスト図解

山の中で修験道の修行をする人たちのことを「山伏」といいます。この呼び名は「山に伏して厳しい修行をする」ことに由来します。山伏たちはどのような服装で、どんな修行をしているのでしょうか。

ほら貝
ほかの山伏に合図を送るため、ほら貝を吹く。

頭巾
硬い素材の場合は、山中を流れる水をすくうコップにもなる。

鈴懸衣
麻でできた衣。濡れても乾きが早く、風通しもいい。

金剛杖
180cmほどのつえ。山中で命を落とした場合、供養のためにつえを立てて墓のかわりにした。

結袈裟
山伏がつける袈裟で、階級によって丸い房の部分の色が変わる。階級は7種類あり、緋（赤）がもっとも位が高い。

最多角念珠
そろばん玉のような角がある数珠。

檜扇
木でつくられた扇。修行で火を焚くときに用いることがあるので「火扇」とも呼ばれる。

手甲・脚絆
手や足を保護するためのもの。手甲は汗ふきにもなる。

笈
荷物などを運ぶための箱。

引敷
動物の皮でできた座布団のようなもの。これを尻にあてると、山の中で座るときに水気や土がつかない。

わらじ

鈴懸袴
麻でできた袴。

錫杖
先端に輪がついたつえ。六輪なのは、仏様に近づくための6つの修行である「六波羅蜜」から。

螺緒
自身を聖なる者とするためのもの。ほどくと12mもの長さになり、登山用のロープにもなる。

※上記のイラストは天台系の本山派の装束です。

ほら貝の音は5km先まで届く！

熊野をはじめ、現在でも日本の各地で行われている山伏の修行。山伏が身につける服は、修験道の本尊である大日如来の姿に似せてつくられたともいわれていますが、歩きにくい山々を駆けめぐるため、動きやすいように工夫された実用的な服装となっています。山伏の代表的な道具であるほら貝は、出発や到着、集合を合図するためのもの。風がない状態だと、5kmも先の場所まで音が届くというから驚きです。

気合を入れて火渡りをする山伏姿の行者（熊本県阿蘇市）。

1300年の歴史を誇る修行の道「大峯奥駈道」

　紀伊山地の二大霊場である吉野山と熊野を結ぶ道が、大峯奥駈道。長さは約90km、1300年以上の歴史を誇る修験道の修行の道です。その道中には巨木や巨岩、滝などがあり、さまざまな修行の場となります。吉野から大峯山寺がたつ山上ケ岳までは、1300m以上もの標高差をかけ登らなければなりません。また、山上ケ岳の「西の覗き」と呼ばれる断崖絶壁では、縄だけで体をしばられた状態で崖に身を乗り出す修行も行います。その修行は厳しいだけでなく、まさに命がけなのです。

大峯奥駈道

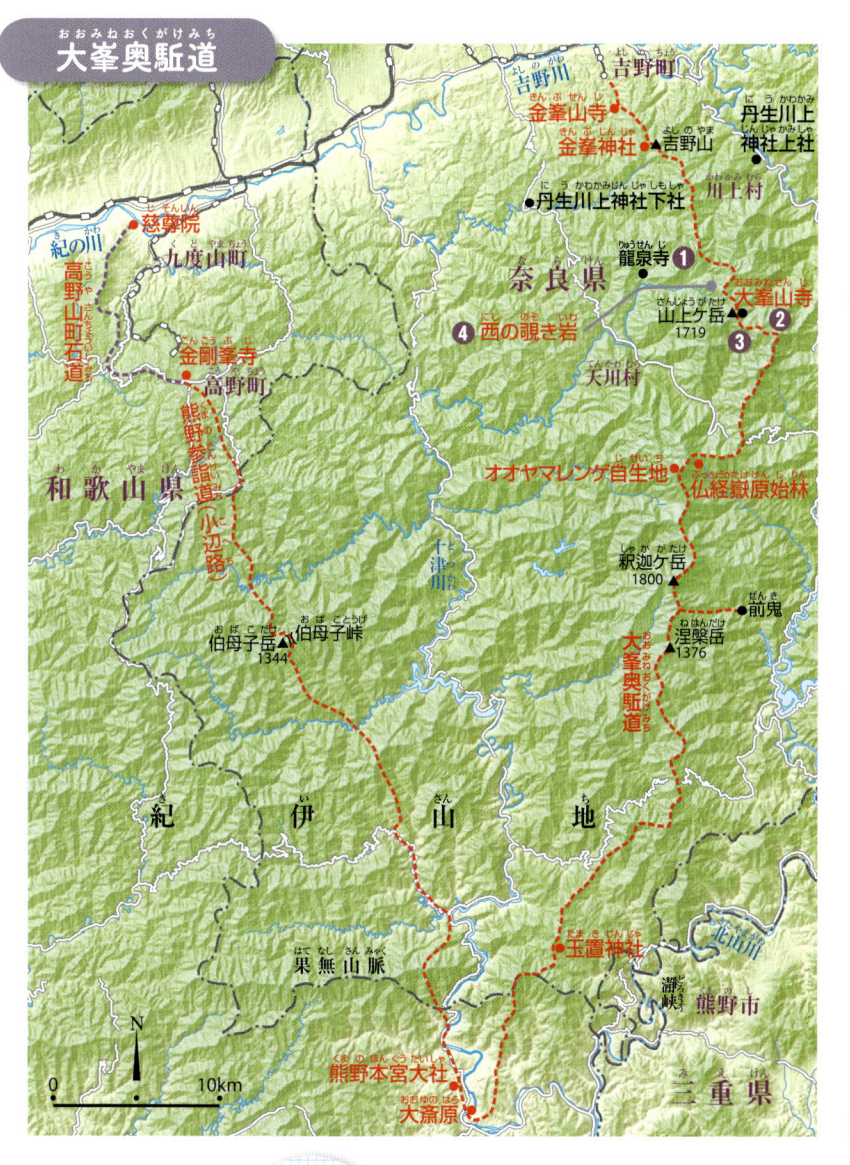

① 龍泉寺の「水の行」

　龍泉寺は大峰山の登山口・洞川にある寺で、役行者が発見した泉のほとりに八大龍王尊をまつったのがはじまりとされています。ここの第一水行場で身を清め、大峯奥駈道へと入っていきます。

② 大峯山寺

　大峰山の山上ケ岳(標高1719m)の山頂に築かれた寺。毎年5月3日に戸開け式、9月23日に戸閉め式が行われます。山上ケ岳は宗教上の理由により、現在でも女人禁制の山となっています。

③ 岩場での修行

　山上ケ岳付近のゴツゴツとしたけわしい岩場を登る山伏たち。足の遅い者や弱っている者が行列の前を行きますが、先頭付近にいた者が後詰め(後方)へ行くと修行の中止をすすめられることもあります。

そうだったのか！

役行者ってどんな人？

　伝説的な人物として語られることが多い役行者ですが、『続日本紀』の文武天皇3年(699年)の条にも記されているので、実在した人物であると推測されています。一般的に、この役行者が修験道を開いたとされていますが、後世になってから修験者が役行者を開祖としてすえたという説もあります。

吉野山の金峯山寺近くに立つ役行者像。

④ 西の覗きの「捨て身行」

　高さは約100mにも達する断崖で、神仏に、自分がこの世界で正しく生きることを誓います。他人に自分の命をあずけることがさらなる恐怖心をいだかせるといいます。

(4点とも写真提供:奈良県天川村)

総合学習

日本各地の巡礼道を歩こう！

神社や寺といった霊場をお参りすることを「参詣」といい、多くの霊場をお参りしてまわることを「巡礼」と呼びます。熊野古道は巡礼で通る道（巡礼道）のひとつですが、日本にはほかにどんな巡礼道があるのでしょうか。

もっとも有名な「四国八十八ケ所巡礼」

日本でもっとも古い本格的な巡礼道「西国三十三所巡礼」をはじめ、寺社をめぐる巡礼道は日本各地にあります。江戸時代に庶民のあいだで流行したのが、伊勢神宮へお参りする「お伊勢参り」で、人びとはこぞって伊勢をめざしました。現在は四国八十八ケ所霊場の巡礼道は人気が高く、何周もする人がいるほどです。

【お伊勢参り】

2000年の歴史をもつ伊勢神宮（三重県伊勢市）への巡礼道。江戸時代、五街道（東海道、中山道、甲州街道、日光街道、奥州街道）の整備によって日本全国から巡礼者が押し寄せました。「おかげ参り」とも呼ばれています。

【西国三十三所巡礼】

近畿の2府4県と岐阜県にまたがる33カ所の観音霊場をめぐる、日本最古の本格的な巡礼道です。現在までに日本には600以上の巡礼道がつくられましたが、そのほとんどがこの西国三十三所巡礼をまねたものとされています。

侍や町民姿に仮装してお伊勢参りをする人たち。

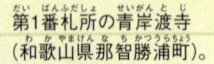

第1番札所の青岸渡寺（和歌山県那智勝浦町）。

巡礼の白装束でにぎわう第1番札所・四萬部寺。

【秩父三十四ケ所観音霊場】

埼玉県秩父市や横瀬町などに点在する観音霊場をめぐる巡礼道です。1番（四萬部寺）から34番（水潜寺）まで一巡すると約100kmの道のり。

【鎌倉五山】

神奈川県鎌倉市にたつ鎌倉五山（建長寺、円覚寺、寿福寺、浄智寺、浄妙寺）をめぐる巡礼道です。「五山」とは、室町時代に幕府によって定められた禅宗の5つの大きな寺のことで、東京都心から近いこともあって多くの人びとでにぎわいます。

建長寺の三門。

【四国八十八ケ所霊場】

空海（弘法大師）ゆかりの88カ所の寺をめぐる巡礼道。四国を一周、ぐるりと囲むようなルートになっていて、霊場をまわることを「遍路」といいます。当初、遍路を行う者は修行僧などに限られましたが、その後、空海への信仰の高まりとともに一般庶民にも広まっていきました。

第45番札所・岩屋寺（愛媛県久万高原町）で祈りを捧げる巡礼者たち。

【山の辺の道】

『日本書紀』にもその名が残る、古代の巡礼道。奈良盆地の東側に連なる山すそを通る奈良への道に、『万葉集』や『古事記』『日本書紀』にゆかりの深い地名や伝説が今でも残っています。道も歩きやすく、人気があります。

三輪山（写真奥）と山の辺の道（奈良県桜井市）。

巡礼者たちの持ち物や服装って?

　巡礼者の服装や持ち物について厳密な決まりはありませんが、白衣を身につけるのが一般的です。四国八十八ケ所霊場の巡礼者を例に、代表的な持ち物を挙げると、日よけや雨よけに役立つ「菅笠」、白衣の上につける略式の法衣「輪袈裟」、お大師さま(空海)が姿を変えたものとされる「金剛杖」、物を収納するための「頭陀袋」、寺でお経を読むときに使う「持鈴」などがあります。

菅笠
輪袈裟
金剛杖
頭陀袋

四国八十八ケ所霊場の第3番札所・金泉寺に向かう巡礼者たち。

山口先生の　調べてみよう!

近所の県道や市道の歴史を学ぼう!

　今では立派な県道や市道として車が行きかう道路であっても、昔は人びとが歩いて通った道だった。そんな道路のそばには大名や幕府の役人が泊まるための施設「本陣」がたっていて、現在でも残されていることがあるよ。

巡礼道をめぐってみよう!

　全国各地に観音霊場の巡礼道があり、ウォークラリーなども行っている。参拝者向けに押印されるハンコ(御朱印)を集めるのもおもしろいよ。

聖なる地に通じる世界の巡礼道

　古くはお釈迦さまの死後にはじまったゆかりの地への巡礼や、イスラム教徒の聖地・メッカへの巡礼など、世界にも聖地をめざす巡礼道があります。

関連する世界遺産

スペイン

サンティアゴ・デ・コンポステーラの巡礼路:カミーノ・フランセスとスペイン北部の巡礼路群

　「紀伊山地の霊場と参詣道」と同じく、巡礼の道として登録された世界遺産です。スペインの北西部にあるサンティアゴ・デ・コンポステーラはキリストの十二使徒の一人、聖ヤコブ(スペイン語でサンティアゴ)の遺体が船で流れ着いた聖地です。

巡礼の終着地、サンティアゴ・デ・コンポステーラ大聖堂。

サウジアラビア

ジェッダ歴史地区:メッカへの玄関口

　ジェッダはサウジアラビア西部に位置し、イスラム教徒の聖地・メッカからは西へ約70km離れている港湾都市です。古くからメッカへ運ばれる物資の経由地として繁栄し、歴史のあるモスク(礼拝所)やスーク(市場)などがあります。

旧市街にたつアラビア建築の建物の木格子。

インド

ブッダガヤの大菩提寺

　ブッダガヤはお釈迦さま(ブッダ)が悟りを開いた場所で、その聖地にマハーボーディ寺院が築かれています。この寺院の前身はアショーカ王が紀元前3世紀に築いた寺院といわれ、今でもたくさんの仏教徒が訪れています。

マハーボーディ寺院の大塔(高さは約52m)。

文化遺産として登録された景色

世界遺産では、人の手が加えられた景観や、信仰の対象になっている自然など、「自然と人間の共同作品」といえる場所を文化的景観として登録しています。文化的景観には、「設計された景観」「進化してきた景観」「関連する景観」の3種類があります。

ユネスコが考案した新タイプの文化遺産

世界遺産の制度が生まれてからというもの、文化遺産に登録される場所の多くは、立派な建造物や巨大遺跡などでした。新しいタイプの文化遺産を増やそうと考えていたユネスコは、自然との結びつきが強い文化財を「文化的景観」と名づけ、1992年に世界遺産の制度に導入しました。その後、世界各地からさまざまな景観が登録されています。

②進化してきた景観

畑や牧場、集落など、人の生活とともに少しずつ姿を変えていく景観のことです。「石見銀山遺跡とその文化的景観」(P164)では、銀の採掘作業とともに、周辺の景観が進化してきたあとをたどることができます。このように遺跡となり、すでに進化が止まった景観でも認定されます。

石見銀山遺跡では400年以上にわたって進化した景観が残されている(上)。中国のハニ族の棚田のように、田んぼや畑として登録された場所も多い(左)。

①設計された景観

人の手で意識的に設計された景観のことで、庭園や公園などが当てはまります。日本から登録されたものはありません。

チェコのレドニツェ城と庭園。

③関連する景観

信仰の対象になったり、文化・芸術活動の場所になったりするなど、人びとの活動との関連が深い景観のことです。「設計された景観」「進化してきた景観」とは違い、人の手がほとんど加わっていないものも認められます。「紀伊山地の霊場と参詣道」(P138)では、寺や神社と一体化した自然景観が高く評価されました。

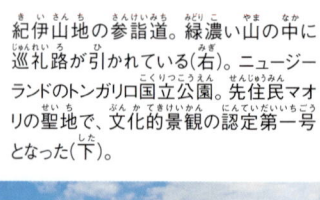

紀伊山地の参詣道。緑濃い山の中に巡礼路が引かれている(右)。ニュージーランドのトンガリロ国立公園。先住民マオリの聖地で、文化的景観の認定第一号となった(下)。

第5章 「近代」の世界遺産

生糸や鉄、銀などを生み出して日本の近代化に貢献した産業遺産や、世界に誇る近代建築など、「近代」の世界遺産を紹介します。

原爆ドーム

世界平和の象徴となった遺産

1945年8月6日、広島に原子爆弾(原爆)が落とされました。人類史上はじめて使われた核兵器のおそろしさを今に伝えるのが原爆ドームです。2016年5月には、アメリカのオバマ大統領が現職大統領としてはじめて広島を訪れ、平和記念公園の原爆死没者慰霊碑に献花しました。

レンガ造りの3階建ての建物で、ドームがある中央部分(階段室)のみ5階建て。当時の広島市には珍しいヨーロッパ風の建物だった。

ドーム
高さ4mの楕円形をしたドーム。銅板でおおわれていたが、原爆の爆風と熱で鉄骨のみが焼け残った。

階段室
ドーム部分の下は5階まで続く階段室。階段のほとんどは原爆によって失われた。

レンガの壁
被爆によって建物の外装がはげ、レンガの壁がむき出しになっている。

登録年	1996年
所在地	広島県広島市
登録物件	原爆ドーム
登録区分	文化遺産(登録基準⑥)
アクセス	JR広島駅から路面電車(広島電鉄)2号線の「広電宮島口」行き、もしくは「広電西広島」行きで「原爆ドーム前」下車、徒歩すぐ。

ココがすごい！ 登録ポイント

◎原爆の威力やおそろしさを現代に伝える代表的な建物。

◎核兵器をなくし平和を訴える世界的なシンボルとなっている。

「平和の記念碑」として世界遺産に

原爆ドームは、被爆する前は広島県産業奨励館という建物でした。それが戦後、焼け残ったドーム状の鉄骨の形から、いつしか市民のあいだで「原爆ドーム」と呼ばれるようになったのです。

建物の老朽化が進み、取りこわしの話も出ましたが、広島市は1966年、平和を願うシンボルとして永久保存することを決定。そして1996年12月、原爆ドームは平和の記念碑として世界遺産に登録されました。正式な登録名が「広島平和記念碑（原爆ドーム）」となったのも、世界の平和を求める思いが込められているためです。

原爆ドームと平和記念公園

世界の平和を願い、原爆によって焼きつくされたかつての繁華街跡につくられた平和記念公園。世界遺産として登録されている建物は原爆ドームのみだが、ともにこの遺産を構成するものとして平和記念公園が含まれている。

名前がわからなかったり、引き取り手のない遺骨を供養するための塔。

原爆供養塔

原爆ドーム

時代を超えて平和の大切さを訴えるシンボル。建物の中や敷地内に入ることはできない。

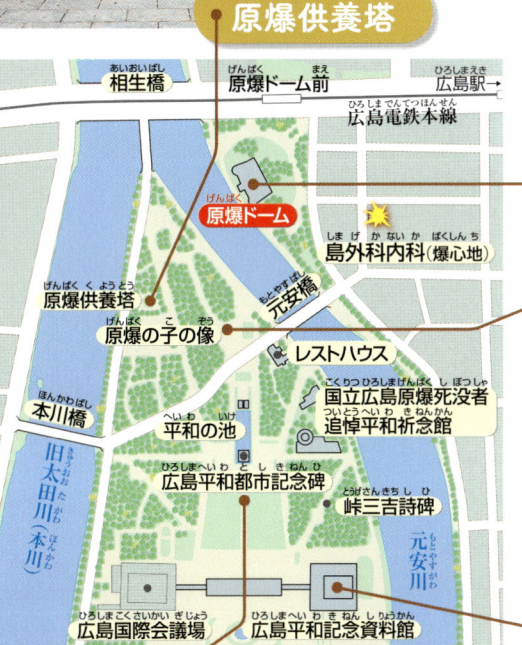

原爆の子の像

原爆で亡くなった子どもたちの霊を慰めるためにつくられた少女の像。原爆による白血病で12歳の生涯をとじた佐々木禎子さんが像のモデル。禎子さんは病室で回復を願いながら鶴を折っていたことから、像の近くにはたくさんの折り鶴がささげられている。

広島平和都市記念碑
（原爆死没者慰霊碑）

広島平和記念資料館

1952年につくられた記念碑。屋根の下には原爆死没者の名簿を納める石室があり、その碑文には、「安らかに眠って下さい　過ちは繰返しませぬから」と彫られている。

本館では被爆者の遺品（P153）や被爆資料など、東館では広島に原爆が投下された経緯などが写真やパネルを用いて解説されている。2006年、本館が国の重要文化財に指定された。

原爆ドームって、どんな建物？

むき出しのレンガの壁や鉄骨しか残っていない原爆ドームですが、原爆の被害を受ける前はどのような建物だったのでしょうか。100年以上にわたる建物の歴史を見ていきましょう。

名所だった洋風建築

原爆ドームはもともと、広島県の物産品を展示・販売する「広島県物産陳列館」として1915年に設立されました。その後、「広島県立商品陳列所」「広島県産業奨励館」と名前を変え、戦後に原爆ドームと呼ばれるようになります。この建物を設計したのは、チェコ人の建築家ヤン・レツル。建物の本体は窓の多い3階建てで、ドームのある中央部分だけ5階建てになっていました。敷地内には約500〜600坪の大きな庭園があり、和風の庭だけでなく、豪華な噴水を備えた洋風庭園もありました。銅板の楕円形ドームが特徴的なヨーロッパ風の建物は、当時木造の家が多かった広島市内ではとくに目を引き、広島名所のひとつに数えられるほどでした。

被爆前の広島県産業奨励館。

広島県物産陳列館の陳列室。（写真：広島市公文書館蔵）

建物は電飾で飾られることもあった。（写真：広島市公文書館蔵）

爆心地から約250mの本川橋はほぼ全壊。写真左奥に原爆ドームがたっている。

原爆ドームが全壊しなかった理由

原爆は、原爆ドーム（当時の呼び名は広島県産業奨励館）の南東約160m、高度約600mの地点で炸裂しました。これほど近くで爆発したのに原爆ドームが全壊しなかったのは、建物のほぼ真上から爆風がおそったことにより、側面の厚い壁が破壊されずにすんだためといわれています。また、窓の多い建物だったため、爆風が窓から吹き抜けたことも理由のひとつと考えられています。しかし爆発当時、館内にいた約30人の人びとは、みな亡くなってしまいました。

被爆直後の原爆ドーム。ページ右上の被爆前の写真とくらべると、建物の大部分が崩れているのがわかる。

解体される可能性もあった!

　原爆ドームは、はじめから保存が決められていたわけではありませんでした。「戦争のおそろしさを伝えるために保存しよう」という市民の思いがある一方で、「つらい記憶がよみがえるので撤去してほしい」という声もあったからです。建物の保存に大きく動き出したのは1960年以降のこと。きっかけは、被爆による白血病で亡くなった楮山ヒロ子さんが残した日記でした。「あのいたいたしい産業奨励館(原爆ドーム)だけがいつまでも、おそる(べき)原爆を世にうったえてくれるだろうか」とつづられた日記の存在を知った市民団体は、原爆ドーム保存のための運動をはじめたのです。

最初の保存工事は1967年に行われた。

そうだったのか!

保存工事を支えた募金活動

　原爆ドームは時がたつにつれて老朽化が進み、1962年以降は建物の中への立ち入りが禁止されるほどでした。その後、建物の保存を求める声が高まる中、1966年に広島市は原爆ドーム保存のための募金活動をはじめます。日本全国から9カ月間で寄せられた募金は6619万円以上。現在も募金活動は続いていて、日本だけでなく世界中から寄付金が寄せられています。

神戸の高校生たちによる募金活動(1967年)。

原爆ドームの内部はどうなっている?

原爆の爆風や熱によって建物を支える梁が折れ曲がり、鉄骨がむき出しになっている。

洋風建築だったことがわかる鉄製のらせん階段。

補強の柱

建物の内部には、補強のための柱が立てられている。

上空から眺めた建物。鉄骨のドームが楕円形をしているのがわかる。

町に残る
被爆した建築物

　爆心地から半径5km以内には、猿猴橋や旧日本銀行広島支店、旧広島陸軍被服支廠など、原爆ドーム以外にも多くの被爆建造物が残されています。旧広島陸軍被服支廠は、兵士が身につける物の生産などをしていた施設。爆心地から約2.7kmも離れていたのにもかかわらず、鉄製の窓の扉は大きくゆがんでいました。

広島の原爆の証人と称される旧広島陸軍被服支廠。

広島に原爆が落とされた理由

第二次世界大戦中は、日本各地でアメリカ軍による空襲がありました。東京をはじめ、多くの都市が空襲の目標地となった中で、なぜ原爆は広島に落とされたのでしょうか。

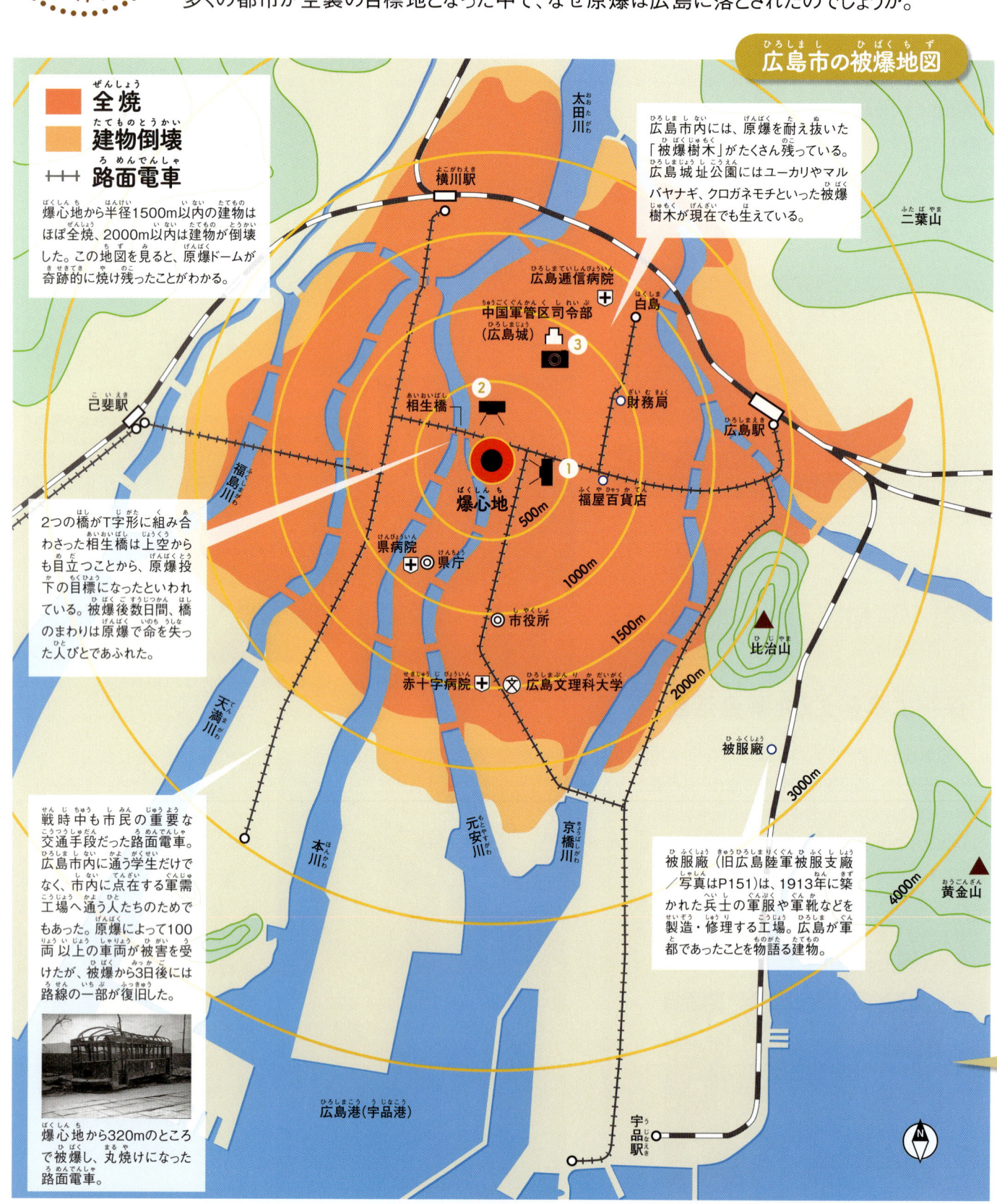

広島市の被爆地図

全焼
建物倒壊
路面電車

爆心地から半径1500m以内の建物はほぼ全焼、2000m以内は建物が倒壊した。この地図を見ると、原爆ドームが奇跡的に焼け残ったことがわかる。

広島市内には、原爆を耐え抜いた「被爆樹木」がたくさん残っている。広島城址公園にはユーカリやマルバヤナギ、クロガネモチといった被爆樹木が現在でも生えている。

2つの橋がT字形に組み合わさった相生橋は上空からも目立つことから、原爆投下の目標になったといわれている。被爆後数日間、橋のまわりは原爆で命を失った人びとであふれた。

戦時中も市民の重要な交通手段だった路面電車。広島市内に通う学生だけでなく、市内に点在する軍需工場へ通う人たちのためでもあった。原爆によって100両以上の車両が被害を受けたが、被爆から3日後には路線の一部が復旧した。

爆心地から320mのところで被爆し、丸焼けになった路面電車。

被服廠（旧広島陸軍被服支廠／写真はP151）は、1913年に築かれた兵士の軍服や軍靴などを製造・修理する工場。広島が軍都であったことを物語る建物。

太田川 / 横川駅 / 二葉山 / 広島逓信病院 / 中国軍管区司令部（広島城）/ 白島 / 相生橋 / 財務局 / 広島駅 / 己斐駅 / 福島川 / 爆心地 / 500m / 福屋百貨店 / 県病院 / 県庁 / 1000m / 市役所 / 1500m / 比治山 / 赤十字病院 / 広島文理科大学 / 2000m / 天満川 / 被服廠 / 本川 / 元安川 / 京橋川 / 3000m / 黄金山 / 4000m / 広島港（宇品港）/ 宇品駅 / N

広島市発行「広島原爆戦災誌」付録「原子爆弾被災状況　広島市街説明図」をもとに作製。

広島・長崎以外にも投下予定地はあった！

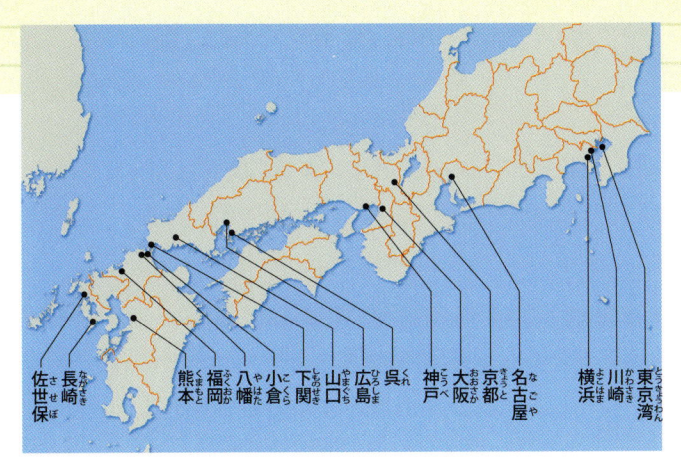

アメリカは原爆を投下する場所の研究対象として、東京湾や名古屋、福岡など17カ所を選びました（左図参照）。その後、広島、小倉（福岡県）、新潟、長崎の4都市を原爆投下の目標地として選定。これらはみな軍需・工業都市でした。この4都市の中で広島が第一の候補地となったのは、戦争のための物資や兵員が多く集められていたことのほか、アメリカ人の捕虜収容所がないと考えられていたためです。8月6日の朝、広島市の上空は晴れわたり、原爆の威力を調べることに障害もなかったため、広島に原爆が投下されることとなったのです。

佐世保　長崎　熊本　福岡　八幡　小倉　下関　山口　広島　呉　神戸　大阪　京都　名古屋　横浜　川崎　東京湾

遺品で知る原爆

広島平和記念資料館には、被爆した人たちの遺品が展示されています。三輪車や弁当箱、懐中時計のほか、溶けた一升瓶や焼けた衣服など、原爆によって人生を変えられてしまった人びとが残した品々は、原爆のおそろしさを物語ります。

懐中時計

持ち主の男性は被爆し、8月22日に亡くなった。懐中時計は、原爆が投下された8時15分を指したまま止まっている。（寄贈　二川一夫）

3人の中学生の遺品

帽子は13歳、学生服は14歳、足のすねに巻かれたゲートルは12歳の少年のもの。ゲートルをつけていた少年は大やけどを負い、隣町まで逃げて助けられたものの、母に会えずにその生涯を閉じた。（寄贈　津田蔵吉、福岡重春、上田キヨ）

弁当箱

13歳の男の子が抱えていた弁当箱。原爆投下から3日後、母親が弁当箱をおなかに抱えたままの息子を発見した。原爆の熱によって弁当箱の中は焦げて真っ黒になっていた。（寄贈　折免シゲコ）

三輪車

焼け焦げた三輪車の持ち主は3歳の男の子。近所の女の子と庭で遊んでいるときに被爆して亡くなった。（寄贈　銕谷信男）

（写真4点：広島平和記念資料館所蔵・提供）

被爆直後の町の様子

1 原爆投下後の爆心地付近。右端に広島県産業奨励館（原爆ドーム）がある。

2 広島県商工経済会（商工会議所）の屋上から見た広島県産業奨励館。

3 原爆の爆風で全壊した広島城の天守閣。爆心地から940m。

総合学習

原爆が投下された日のこと

アメリカの爆撃機B29が投下した4トンの原子爆弾「リトルボーイ」によって廃墟と化した広島市。原爆が落とされたその日、広島ではどのようなことが起こっていたのでしょうか。

原爆を投下した B29「エノラ・ゲイ」

　1945年8月6日午前1時45分（現地時間同2時45分）、原子爆弾「リトルボーイ」を積んだB29「エノラ・ゲイ」は、日本のはるか南に位置するマリアナ諸島から飛び立ちました。7時間後、広島上空に差し掛かったエノラ・ゲイは、午前8時15分17秒、リトルボーイを投下。原爆は投下目標である相生橋からやや南東に流され、島病院（現・島外科内科）の上空約600mの地点で爆発しました。爆心地付近の地表の温度は3000〜4000度。半径2km以内の建物は全壊し、広島市内の建物の9割が焼失したといいます。原爆による正確な死傷者の数は定かではありませんが、広島県によると、約14万人が同年12月末までに死亡し、被爆1年後の死者数は約16万4000人に達したとされています。現在までの犠牲者の数は約30万人ともいわれ、おびただしい数の人びとが原爆によって命を失う結果となりました。

エノラ・ゲイの機長ポール・ティベッツ（上）。
原爆でつぶれた下村時計店。くずれて1階部分がなくなっている（下）。

原爆投下までの出来事（1945年）

5月28日	アメリカが原爆投下都市の候補として、広島、新潟、京都の3都市を内定
6月1日	原爆投下の候補地のひとつである京都が外される（候補地は広島、小倉、新潟に）
7月16日	アメリカのニューメキシコ州で原爆実験が行われる
7月25日	アメリカ軍に原爆の投下命令が正式に下される（広島、小倉、新潟、長崎の4都市のいずれか）
8月6日 午前0時37分（現地時間同1時37分）	マリアナ諸島のテニアン島の飛行場から、投下目標都市の天候を確認するため3機のB29が離陸
午前1時45分（現地時間同2時45分）	同飛行場からリトルボーイを積んだエノラ・ゲイが離陸
午前7時30分	エノラ・ゲイの機長ポール・ティベッツが2人の搭乗員に「広島へ向かう」と機内電話で告げる
午前8時15分17秒	リトルボーイが投下される
午前8時16分	島病院の上空約600mで原爆が炸裂

広島上空に広がるキノコ雲。爆発から1時間以上、経過したときの写真。（写真：広島平和記念資料館所蔵・提供）

長崎にも落とされた原爆

　広島に原爆が落とされてから3日後の8月9日午前11時2分、B29に搭載されたプルトニウム爆弾「ファットマン」が長崎市街に投下されました。上空約9600mから放たれた爆弾は1分後、地上から約500mの上空で爆発。爆心地から2km以内の建物は全壊、長崎のキリスト教の象徴である浦上天主堂は爆心地(長崎駅から北北西へ約2.5kmの地点)から約500mしか離れていなかったため、建物のほとんどが破壊されました。長崎に落とされた爆弾は広島のもの以上の威力があったといわれ、戦後の1950年7月に長崎市が推定したところによると、原爆による死者は7万3884人、重軽傷者も7万4909人におよんだといいます。

爆風と熱線で崩壊してしまった浦上天主堂。

山口先生の 調べてみよう!

戦争遺跡を探してみよう!

　日本の各地には、原爆ドームのように戦争にまつわる遺跡が数多く残っている。たとえば、空襲から戦闘機などを守るための施設「掩体壕」(茨城県鹿嶋市)や、砲弾の着弾点を確認するための施設「神島監的哨跡」(三重県鳥羽市)など。自分が住んでいる家の近くにそのような建物がないか、探してみよう。

原爆や空襲の話を調べてみよう!

　原爆による被害のほか、戦争中の日本はアメリカ軍の空襲によって全国各地で大きな被害を受けた。東京大空襲はその最たる例。原爆や空襲について書かれた本を読んだり、体験した人の話を聞いたりすることは、平和について考えるうえで重要なことだよ。

「負の世界遺産」から学ぶ世界史

　世界遺産の中には、人類のあやまちを記憶しておくために登録された遺産があり、「負の世界遺産」とも呼ばれています。これらの遺産には、私たちが知っておくべき歴史がつまっています。

ポーランド

 アウシュヴィッツ・ビルケナウ
ナチスドイツの強制絶滅収容所

　第二次世界大戦時、ナチスドイツによってポーランド南部につくられた悪名高き強制収容所。収容された人の大半はユダヤ人で、過酷な労働を強いられ、ガス室に送られたり、銃殺や拷問などによって100万人以上が命を絶たれました。

アウシュヴィッツ強制収容所の門。

セネガル

ゴレ島

　西アフリカの国セネガルの西の沖合に浮かぶゴレ島。この島には、17〜19世紀、アフリカ有数の奴隷貿易の拠点が置かれていました。1978年に最初に登録された12の世界遺産のうちのひとつで、「負の世界遺産」の先駆者的存在でもあります。

18世紀に築かれた「奴隷の家」。

南アフリカ

ロベン島

　南アフリカの南西にあるロベン島には、同国の元大統領ネルソン・マンデラが政治犯として収容されていた刑務所があります。マンデラ元大統領をはじめ、白人が黒人を差別する政策「アパルトヘイト」に反対する活動家が数多く収容されました。

旧刑務所。現在、元看守などが施設のガイド役を担う。

富岡製糸場と絹産業遺産群

日本の近代化を支えた絹の糸

群馬県南部にある富岡製糸場は、明治から昭和までの約115年にわたって絹織物などの材料となる生糸をつくり、日本の近代化と絹産業の発展に大きく貢献しました。

❶ 富岡製糸場（富岡市）

フランスの技術を導入した日本初の本格的製糸工場

1872（明治5）年に明治政府が設立した官営（国営）の製糸場。民間に払い下げられた後も一貫して製糸を行い、日本の製糸業をけん引し続けました。カイコの繭から生糸をつくった繰糸工場（写真）や繭を保管した繭倉庫など、主要な施設がほぼ創業当時のまま残されています。

創業当初はフランス式の繰糸器が配置されていたが、現在見られるのは昭和41年から使われていた日産の自動繰糸機。

登録年	2014年
所在地	群馬県富岡市、伊勢崎市、藤岡市、下仁田町
登録物件	富岡製糸場など4資産
登録区分	文化遺産（登録基準②④）
アクセス	【富岡製糸場】上信越自動車道の富岡ICから約10分。または上信電鉄の上州富岡駅下車、徒歩約15分。

新潟県
栃木県
群馬県
前橋市●
富岡製糸場●
長野県
埼玉県

ココがすごい！ 登録ポイント

◎養蚕（※）・製糸の技術革新により良質な生糸の大量生産を可能にして、世界の絹産業の発展に大きく貢献。

◎西洋の先進技術を取り入れた模範工場が、日本の製糸業の基礎となった。

◎明治初期の製糸場の姿がほぼそのまま今も残っている。

※カイコを飼育して繭をとること

絹産業に技術革新をもたらした産業遺産

江戸時代に鎖国を続けていた日本は、明治時代に入っても欧米の先進諸国にくらべて工業技術の水準が低いままでした。そこで明治政府は、ものづくりを盛んにする政策を進めます。まず考えたのが、当時、輸出の中心だった生糸を大量生産することでした。高品質の生糸を海外の国々にたくさん売って、欧米の進んだ工業製品や武器を買おうと考えたのです。1872（明治5）年、政府は群馬県富岡（現在の富岡市）に、フランスの技術を取り入れた官営の模範工場「富岡製糸場」を建設しました。その後、日本各地に器械製糸場が建設され、製糸技術の近代化が進みました。

「富岡製糸場と絹産業遺産群」として世界遺産に登録されたのは富岡製糸場のほか、荒船風穴（下仁田町）、田島弥平旧宅（伊勢崎市）、高山社跡（藤岡市）。いずれも日本の絹産業に技術革新をもたらし、近代化に導いた貴重な産業遺産です。

群馬県

② 荒船風穴（下仁田町）

蚕種の貯蔵施設

カイコは通常、春にしか繭をつくらないため、繭がとれるのは1年に1回だけでした。そこで蚕種（カイコの卵）を冷蔵保存して卵がかえる時期をずらし、カイコを飼う回数を増やす方法が考え出されます。当時は電気冷蔵庫などがない時代でしたが、岩のすき間から冷たい風が吹き出すこの荒船風穴を天然の冷蔵庫として利用し、蚕種を貯蔵しました。

荒船風穴には当時、3つの蚕種貯蔵庫がたてられていた。

住居兼カイコ室としてつくられた田島弥平旧宅は、屋根の部分にある換気用のやぐらが特徴的。

③ 田島弥平旧宅（伊勢崎市）

近代養蚕農家の原型

カイコの飼い方とそのための家づくりを考えた田島弥平は、風通しを大切にした「清涼育」という飼育法を開発しました。江戸時代の1863年にたてられた田島弥平旧宅は、弥平がカイコを飼って蚕種をとっていた家。カイコを飼っていた2階には窓がたくさんあり、屋根には空気を取り入れるやぐらがあるなど、風通しのいいつくりになっています。この構造は、弥平が書いた養蚕の本によって全国へと広まっていきました。

2階の蚕室には、火をたくための穴が床にあるほか、天井にも清温育のしくみがほどこされている。

山あいの静かな集落にある高山社跡。

④ 高山社跡（藤岡市）

「清温育」を開発した養蚕教育施設

飼育が難しかったカイコの飼い方の改良に取り組んだ高山長五郎は、風通しを重視した清涼育と、火をたいて蚕室（カイコを飼育する部屋）を暖める温暖育のよいところをとった「清温育」という飼育法を開発しました。彼は清温育を広めるために1884（明治17）年、教育機関の高山社を創設。高山社を巣立った生徒たちは各地で清温育を広め、日本の養蚕業を発展させました。

富岡製糸場ってどんなところ?

富岡製糸場では、カイコ(カイコガの幼虫)の繭から生糸をつくっていました。ここでは、カイコの繭から生糸、織物になるまでの流れをはじめ、富岡製糸場がどんな工場だったのかを見ていきましょう。

約145年前の建物が そのままの姿で残る!

富岡製糸場は、今から約145年前の1872(明治5)年に建造されました。敷地の面積は5万5000㎡。これは東京ドームのグラウンド約4個分もの広さです。1893(明治26)年に三井家に払い下げられた後、1902(明治35)年には横浜の生糸商・原合名会社、1939(昭和14)年からは片倉製糸紡績株式会社(現在の片倉工業)が受け継ぎ、操業を続けました。そして1987(昭和62)年、115年にわたる操業を終え、2005(平成17)年以降、富岡市が所有・管理を行っています。

敷地内には、繰糸工場や東西2つの繭倉庫、首長館、女工館などが明治時代の姿のまま残っています。明治政府がつくった官営工場は全国に三十数カ所あったといわれていますが、ほぼ完全な形で残っているのは富岡製糸場だけです。

富岡製糸場マップ

西置繭所 / 寄宿舎 / 繰糸所 / 煙突 / 乾燥場 / 東置繭所 / 首長館 / 診療所 / 女工館 / 検査人館

●東置繭所

製糸場に運ばれてきた繭を乾燥させて保管した繭倉庫。東西に2つある。

●繰糸所

繭から糸をつくる建物。官営当初は300人の工女(女性工員)が繰糸器を使って糸を繰り、生糸をつくることができた。

●首長館

指導者として雇われたフランス人、ポール・ブリュナが家族と暮らしていた住居。ブリュナの帰国後は工女たちの宿舎、教育・娯楽の場として用いられた。

●女工館

繰糸技術を工女に教えるため招かれたフランス人の女性教師のためにたてられた宿舎。(写真:富岡市)

(写真:岡谷蚕糸博物館)

バスティアン / ブリュナ

お雇い外国人ブリュナが建設を指導

明治政府が製糸場の指導者として雇ったのが、当時横浜で生糸の検査人をしていたフランス人、ポール・ブリュナです。ブリュナは、江戸時代から養蚕が盛んで、生糸の原料となる繭を確保できる富岡を工場の建設地に決定すると、体の小さな日本人向けに改良したフランス式の繰糸器や、動力となる蒸気エンジンなどを輸入しました。

建物を設計したのは、横須賀製鉄所の船工兼製図技師として来日していたフランス人、オーギュスト・バスティアン。彼が引いた図面をもとに、日本の大工や職人が建設を進めました。主要な建物は、木の骨組みに、レンガで壁を仕上げて造る「木骨レンガ造」という西洋の影響を受けた建築方法でたてられましたが、屋根は日本瓦でふくなど、日本と西洋の技術を見事に融合させました。

カイコの繭が織物になるまで

① 養蚕

カイコは成長して繭をつくるようになるまで、とてもたくさんの桑の葉を食べます。そのため、桑畑の管理も養蚕農家の大切な仕事です。成長したカイコは、小さな部屋に区切られた「まぶし」の中に入れられます。口から糸を出して繭をつくったカイコは、その繭の中でサナギになります。そしてその繭が製糸工場に出荷されます。

カイコが桑の葉を食べて成長する。

まぶしの中でカイコが繭をつくる。

② 製糸

繭は乾燥させてから保存します。その繭を鍋で煮て、引き出した糸を何本かより合わせて生糸にします。生糸はまず、小さな枠に巻き取っていき、その後さらに大きな枠に巻き直し、枠から外して出荷します。

富岡製糸場に最初に設置されたフランス式繰糸器。

日産自動車が製造した自動繰糸機。富岡製糸場では1966年から使われた。

完成した生糸。

③ 絹織物

生糸を加工した絹糸を染めて織り、反物などに仕上げます。絹織物は、日本では着物や帯などになります。戦前、富岡製糸場の生糸は主に海外に輸出されました。また、原合名会社の経営期には、国内各地の織物産地に出荷され、歓迎されたと記録にあります。

色とりどりの反物。

絹は日本では着物などの和服になった。

世界一の生糸輸出国となった日本

生糸は、カイコがつくる繭を原料としています。桑を育ててカイコを飼い、繭をつくらせるのが「養蚕業」。さらにこの繭から生糸をつくり出すのが、富岡製糸場に代表される「製糸業」です。養蚕の技術、製糸の技術がともに発展したことで、日本の生糸は海外で高く評価され、1909（明治42）年に日本は世界一の生糸輸出国になりました。生糸は20世紀半ばまで日本の経済発展を支えただけではなく、かつては一部の特権階級の高級衣料素材だった絹やその技術を世界に広め、人びとの生活・文化を豊かにする役割も果たしました。

そうだったのか！

富岡の絹は鉄道で運ばれた！

富岡製糸場でつくられた生糸は当初、船で利根川を下って東京や横浜へと運ばれていました。しかし、生糸が大量に生産されるようになると、当時最大の貿易港があった横浜に効率よく運ぶため、鉄道が使われるようになります。まずは1884（明治17）年、群馬県高崎と東京を結ぶ路線が開通。1897（明治30）年には富岡を通る上野鉄道（現在の上信電鉄）、1908（明治41）年には八王子と横浜、1934（昭和9）年には八王子と高崎を結ぶ鉄道も開通し、群馬と横浜がつながる路線が完成しました。

イラスト図解

富岡製糸場の「繰糸所」のしくみ

カイコの繭から糸を繰って生糸をつくる繰糸所は、富岡製糸場の「心臓」ともいえる場所でした。
繰糸所がどのような建物だったのか、浮世絵に描かれた創業当時の姿を見てみましょう。

お富ちゃん

工女たちの活躍は、女性の社会進出を促したといわれているんです。

広い空間

繰糸所は長さ140m、幅12m、高さ12mという巨大な建物。製糸機械を置く広い作業空間を確保するため、木材を三角形に組んで屋根を支え、柱を少なくする西欧建築の「トラス構造」が採用された。

大きな窓

場内に太陽の光をより多く取り入れるため、壁にはたくさんのガラス窓が使われた。動力が電化されたのは、1920(大正9)年のこと。

繰糸器

創業時はフランスから導入した金属製の繰糸器300釜が設置された。技術革新は常に行われ、第2次世界大戦後は自動繰糸器が導入された。

フランス積みのレンガ

富岡製糸場の主要な建物は、木の骨組みに、レンガで壁を仕上げる「木骨レンガ造」。レンガは、長い面と短い面を交互に積んでいくフランス積みで積まれている。

工女

繰糸所では工女たちが300人並び、いっせいに糸を繰る作業をしていた。当初、工女たちの1日の労働時間は8時間未満で、日曜日は休み。お盆と年末年始には10日ずつ休日があった。1日3回の食事や寮の費用、病院での診療も無料。世界でも先進的な労働環境だったといわれている。

お富ちゃん／富岡製糸場の工女をイメージした富岡市のキャラクター。14歳の女の子で、性格はやさしくおしとやか。

繰糸所の「主役」は女性工員!

富岡製糸場では、全国から公募した士族や豪農(財力・権力のある農家)の子女を中心に約400人が働いていました(1873年の記録)。繰糸所で繭から糸をとる繊細な作業を担ったのは、こうした工女(女性工員)たち。工女の給料は能力給で、年齢に関係なく製糸技術がすぐれていれば一等工女になれるシステムでした。一等工女は給与も特別待遇で、あこがれの存在でした。

工女たちは、富岡製糸場で近代的な製糸技術を覚え、帰郷後に地元の製糸場で技術指導者になることが期待されていました。こうして富岡製糸場の技術は各地へと広がり、全国で高品質の生糸がたくさんつくられるようになりました。

工女たちの生活

【勤務時間】
7:00〜16:30

実働時間は7時間45分
(季節によって勤務時間は異なる)

【給料】
工女の等級別年間給料(1872年)

一等工女…25円
二等工女…18円
三等工女…12円
等外工女…9円

(参考資料:『富岡製糸場 解説書(改訂版)』平成19年、富岡市)

浮世絵「富岡製糸場工女勉強之図」(部分)に描かれた工女。(所蔵:群馬県立図書館)

当初、富岡製糸場はブリュナの技術指導のもと運営され、工女に繰糸技術を教えるためのフランス人の女性教師、検査人などが雇われていた。外国人が去った1876(明治9)年以降は、日本人だけで操業されるようになった。

お雇い外国人

富岡製糸場の繰糸所が描かれた「上州富岡製糸場之図」(明治6年)。(所蔵:国立国会図書館)

総合学習

「繊維」について学ぼう!

私たちがふだん着ている服は、細長い「繊維」が集まってできています。繊維のひとつである絹は、衣類ではない新しい分野での活躍が期待されています。

「繊維」って何のこと?

繊維は大きく「天然繊維」と「化学繊維」の2つに分類されます。

天然繊維は自然の中にある繊維のことで、綿や麻など植物からとれる「植物繊維」、羊の毛でできたウールやカイコの繭からとれる絹(シルク)といった動物由来の「動物繊維」などがあります。一方、化学繊維は化学技術を応用して人がつくり出した繊維のこと。天然繊維が何千年も前から使われてきたのに対し、化学繊維は誕生してからまだ100年あまりしか経っていない歴史の浅い繊維です。ポリエステルやナイロンなど主に石油を原料にしたもの、天然の材料(たんぱく質やセルロースなど)に化学薬品を作用させてつくったものなど、機能・用途に応じてさまざまな種類があります。現在では繊維の生産量のうち、多くを化学繊維が占めるようになっています。

代表的な天然繊維

綿

綿の木になる実は成熟すると、ボール状の綿花(木綿)になる。これが綿の原料となる。

ウール

羊などの毛を使った、軽くて保温性の高い繊維。

絹(シルク)

カイコの繭を原料につくる。製糸場でつくられるのがこの絹糸。

麻

亜麻(リネン)や黄麻(ジュート)などの植物を原料に使った繊維。

代表的な化学繊維

ポリエステル

ペットボトルと同じPET樹脂からつくられる。

ナイロン

摩擦や折り曲げに強く、薄くて軽い服がつくれる。

アクリル

軽くて保温性が高く、ウールに近い肌触り。

アセテート

絹のような光沢と肌触りで、婦人服などに多く使われる。

ポリプロピレン

もっとも軽い繊維。水に濡れてもすぐに乾く。

レーヨン

吸湿・吸水性が高く、美しい色合いにできるのが特徴。

山口先生の 調べてみよう!

暮らしの中の「繊維」を探してみよう

繊維は衣類だけではなく、寝具やじゅうたん、紙おむつ、マスク、エアコンのフィルター、歯ブラシや自動車用エアバッグなど生活の中のさまざまなものに使われている。身近なところにある繊維を探してみよう。

洋服のタグを見てみよう

洋服についている「タグ」と呼ばれる小さな布には「綿100%」など、その洋服がどのような繊維でできているかが書かれている。ふだん着ている洋服のタグを見て、何の繊維でできているかを調べてみよう。

地元の鉄道の歴史を調べてみよう

日本の鉄道路線の中には、富岡製糸場の生糸を運んだ上野鉄道(上信電鉄)のように、もともと各地の特産物などを運ぶために敷かれた路線もある。地元を走る鉄道が誕生した歴史を調べれば、意外な理由が明らかになるかもしれないよ。

日本の絹の現在

日本の繭の生産量は1930年の約40万トンをピークに減少し、2014年には約147トンまで激減。養蚕農家は1929年のピーク時に約222万戸だったのが、2013年には486戸にまで減りました。1959年に1800社以上あった製糸場は、現在は数えるほどしか残っていません。このうち富岡製糸場のような大規模な製糸場は2社だけです。日本の製糸業が衰退した原因には、海外の安い繭の流入や後継者不足、化学繊維の普及などがあります。現在、日本の絹はほとんどが海外から輸入したもので、国内で生産された絹は1%にも満たないといわれています。

新たな分野で注目されている絹

日本国内では、生糸の生産も絹の需要も減少していますが、最近では絹が衣類以外の分野で注目を集めています。昔から人が手術するときの「縫合糸」として利用されてきた絹は、人体への適合性が高いことから、人工血管や傷の治りを早くする軟膏の素材にするなど、医療の分野での研究開発が日本で進められているのです。ほかにも化粧品やコンタクトレンズ、食品など、さまざまな用途での利用が模索されています。カイコがつくり出す絹が近い将来、新たな分野で活躍することになるかもしれません。

富岡市の隣、安中市にある碓氷製糸農業協同組合は、現在も生糸を生産している製糸場のひとつ。全国で生産される繭の約6割がこの工場に運ばれてくる。

繭を収穫する富岡市の養蚕農家。

関連する世界遺産

産業を支えた「工場」の世界遺産

世界には、工場として世界遺産に登録された産業遺産がたくさんあります。技術革新だけではなく、労働者の働く環境や生活まで考えてつくられた工場も少なくありません。

ダーウェント峡谷の工場群
イギリス

イギリス中部のダーウェント川沿いには、川の水力を利用した紡績工場が点在しています。産業革命期の18世紀にたてられたこの工場群は、近代的な工業生産による産業を世界ではじめて実現し、その後の工業化社会の幕開けとなった場所でした。

現在は博物館となっている紡績工場「マッソン・ミル」。

ファグス靴工場
ドイツ

ドイツ北西部の町アルフェルトにある、100年ほど前にたてられた製靴工場。設計者は芸術学校「バウハウス」を創設したグロピウスで、鉄骨と巨大ガラスを全面に使用した斬新で機能的なデザインは、世界中に大きな影響を与えました。

巨大ガラスのおかげで、工場内は明るく働きやすかった。

クレスピ・ダッダ
イタリア

19世紀後半、資本家のクレスピが自分の工場の労働者とその家族のためにつくったイタリア北部の「企業村」。紡績工場と道を隔てたところに労働者の家や学校などがたてられ、工場が閉鎖された今も一部の家に労働者の子孫が暮らしています。

労働者たちが暮らした住居。

石見銀山遺跡とその文化的景観

世界を動かした「日本の銀」

島根県のほぼ中央、日本海から6kmほど内陸に入ったところに石見銀山はあります。石見銀山で産出した銀は、海を渡って中国や東南アジア、ヨーロッパへと持ち出され、商業や文化の東西交流をもたらしました。

仙ノ山（標高537m）

戦国時代から約400年にわたって銀が採掘された石見銀山の中心地。山頂近くで集落跡が発見され、多くの人が暮らす町があったことがわかった。

要害山（標高414m）

要害山にあった山吹城は、戦国時代に大内、尼子、毛利氏など戦国大名による銀山の争奪戦の舞台となった。

銀山地区

戦国時代に仙ノ山を中心に集落が形成され、鉱山で働く人や商人、職人などさまざまな人たちが暮らしていた。

江戸時代に形成された銀山町に隣接する町。代官所や代官所に来た人が泊まる宿が置かれ、武家の屋敷、商家が混在した町並みが現在も残っている。

大森地区

登録年	2007年
所在地	島根県大田市
登録物件	銀山柵内など14資産
登録区分	文化遺産（登録基準②③⑤）
アクセス	【石見銀山遺跡】JR大田市駅から約15km、仁万駅から約7km。自動車やバス、タクシーを利用。

ココがすごい！ 登録ポイント

◎日本の銀が16世紀の世界の経済と文化の交流をもたらした。

◎銀生産と鉱山開発の伝統的技術の跡が残る。

◎鉱山の遺跡と自然環境が一体となって文化的景観をつくっている。

鉱山から世界へとつながる銀の道

島根県大田市の山あいに位置する大森は、人口わずか400人程度の小さな町。しかしこの一帯には、かつて20万人もの人びとが暮らす石見銀山の鉱山町があったといわれています。石見銀山は戦国時代の16世紀から約400年にわたって銀を生み出し続け、遠くヨーロッパの国々にもその名を知られた世界有数の大銀山でした。

石見銀山遺跡は鉱山だけではなく、鉱山のもとで栄えた鉱山町、銀を運んだ街道、銀を積み出した港・港町を含めて世界遺産に登録されました。銀の製錬に欠かせない木材を確保するため森林を伐採しながら、同時に再生のための植林も行ってきた“エコ”な鉱山であることも登録の大きな要因となりました。

トンネルがいっぱい!

仙ノ山の山頂からふもとまでは「柵内」と呼ばれる鉱山の区域。銀鉱石を採掘するために掘られた「間歩」と呼ばれるトンネルの跡が約600カ所も残っています。銀鉱石のある鉱脈を掘り進んでいったため、トンネルはアリの巣のように地中に広がっています。

石見銀山最大といわれる全長900mの龍源寺間歩。壁のあちこちに、ノミで掘った跡が残っている。

銀と物資を運んだ「銀山街道」

銀鉱山と鉱山町、港町を結び、銀や銀鉱石などの輸送路として機能したのが、街道です。鞆ケ浦道は石見銀山から鞆ケ浦に至る約7.5kmの街道。温泉津沖泊道は銀山と温泉津、沖泊を結ぶ約12kmの街道です。

銀山に関わる人びとが暮らした鉱山町

代官所や武家の住居、商家などが立ちならぶ大森の町は、江戸時代に銀山経営の町として発展。江戸時代の1800年に起きた大火で多くが焼失しましたが、その後にたてられた瓦屋根の古い町並みが今も残っています。

銀山街道はほとんどが、けわしい峠を越える山道だった。(写真:大田市教育委員会)

江戸時代の町並みが残された大森。

銀を運び出した港と港町

石見銀山で産出された銀は、16世紀前半には日本海の港・鞆ケ浦に運ばれ、当時日本最大の貿易港だった博多へと送られました。16世紀後半になると積み出し港は沖泊、温泉津に変わり、銀山で消費される物資の搬入地として発展しました。

沖泊の湾内には、船を留めておくための鼻ぐり岩が多く残されている。(写真:大田市教育委員会)

国内外に流通した石見の銀

もっと知りたい

石見銀山で採掘された銀は、戦国時代から江戸時代にかけて銀貨などとして国内の経済を支えただけではなく、国外にも輸出されて世界の経済にも大きな影響を与えました。

新技術の導入で大幅に増えた銀の生産量

石見銀山で銀がとれることが知られたのは、鎌倉時代末期の1309年。室町時代の1526年には博多の商人・神屋寿禎が航海の途中に光を放つ山（仙ノ山）を見つけ、本格的な銀の採掘がはじまったといわれています。当初は採掘された銀の鉱石は不純物を取りのぞかずに、そのまま博多や朝鮮へと送られていたようです。しかし、1533年に中国から朝鮮半島を経て伝わった「灰吹法」という技術が導入されると、石見銀山での銀の生産量は飛躍的に増大。この新しい技術が全国へと広がり、日本は世界有数の銀生産国になったのです。江戸時代に入ると、徳川家康に任命されて初代銀山奉行となった大久保長安のもとで、石見銀山は最盛期を迎えました。

石見銀山の福石鉱床から採掘された「福石」と呼ばれる銀鉱石。銀の含有率が高く、平均して1kgに1gの銀が含まれているといわれる。（個人所蔵）

石見銀山の坑内を描いた図。過酷な労働環境で手作業で働く人たちは短命で、30歳になると長寿のお祝いをしたという。（所蔵：中村俊郎）

御取納丁銀

16世紀後半に石見銀山の銀でつくられた銀貨（丁銀）を石州銀といい、文字入りの石州銀は貴族や武家のあいだで使用されたと考えられている。「御取納」の文字があるこの石州銀は、1559年に毛利元就が正親町天皇の即位に際して納めたものの控えといわれる。

原寸大
長さ160mm
（重さ159.2g）

無紋丁銀

文字の書かれていない石州銀を無紋丁銀という。石州銀は重さが一定ではなかったため、無紋丁銀を必要なぶんだけ切って使用した。（所蔵：島根県立古代出雲歴史博物館）

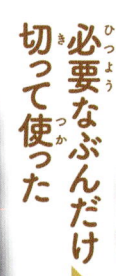

原寸大
長さ85mm
（重さ98.5g）

必要なぶんだけ切って使った

世界に知られた石見の銀

石見銀山は、最盛期の江戸時代初期には年間約38トンの銀を産出。当時の日本は世界の銀の約3分の1を産出したといわれ、その大半は石見銀山によるものでした。そのころの外国の文献に「Soma銀」という銀が登場しますが、ソーマとは戦国時代に「佐摩銀山」とも呼ばれていた石見銀山のことだと考えられています。石見銀山は、16世紀にヨーロッパで製作された地図に「銀鉱山」などと書かれるほど広く知れわたっていました。キリスト教を日本に伝えたスペイン人宣教師フランシスコ・ザビエルも、ポルトガルに宛てた手紙の中で日本のことを「銀の島」と記しています。

ティセラ日本図（1595年）

ポルトガル人宣教師が製作し、ベルギーで印刷された16世紀末の地図。石見銀山部分を拡大してみると（右）、日本海側に「Hivami」（石見）、「Argenti fodinæ」（銀鉱山）とラテン語で書かれている。（所蔵：島根県立古代出雲歴史博物館）

そうだったのか！

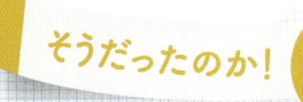

日本を「銀の国」に変えた灰吹法とは？

石見銀山で導入された「灰吹法」とは、銀と鉛の合金を灰の上に置き、加熱して鉛を灰に吸着させ、銀だけを取り出す方法です。旧約聖書にも記述があるほど古くから行われてきた技術ですが、その原理は、現在でも貴金属の生産に応用されています。

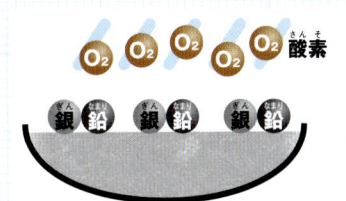

① 灰の上に銀と鉛の合金（貴鉛）を置き、酸素を送る。

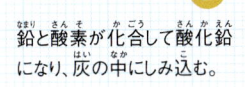

② 鉛と酸素が化合して酸化鉛になり、灰の中にしみ込む。

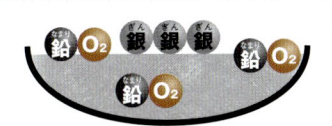

③ 酸化鉛が底に沈んで、灰の上に銀だけが残る。

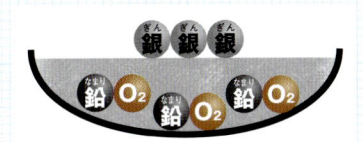

戦国大名が繰り広げた銀山争奪戦

勢力争いが盛んだった戦国時代、多額の軍資金を必要とした大名にとって、良質な銀を産出する石見銀山はまさに「宝の山」でした。周防（山口県）の大内氏、出雲（島根県）の尼子氏、安芸（広島県）の毛利氏らによる争奪戦が繰り広げられ、1562年に毛利氏が石見銀山を領有。天下統一を果たした豊臣秀吉は、毛利氏による銀山支配を認めたものの、多額の銀を納めさせたといわれています。江戸時代になると、徳川家康は、石見銀山を幕府の支配下に置きました。陸路で尾道（広島県）に運ばれた石見の銀は、瀬戸内海を渡って大阪に集められ、貨幣となって江戸幕府の財政を支えたのです。

戦国武将たちによる銀山争奪戦の舞台となったの要害山。

イラスト図解

海を渡った日本の銀

石見銀山が開発された16世紀は、世界が航路で結ばれた「大航海時代」と呼ばれる時代。アジアに進出してきたポルトガル人によって、日本の銀は中国や東南アジア、そしてヨーロッパへと渡っていきました。

大西洋

ヨーロッパ

リスボン●

●ポルトガル

香辛料を求めて東南アジアに進出したポルトガルは、中国の承認を得てマカオに居留地をつくり、日本と中国間の代理貿易である「南蛮貿易」を開始します。ポルトガルは日本の銀を中心に貿易を展開し、大きな利益を得るようになりました。

日本の銀を使ったポルトガルの貿易

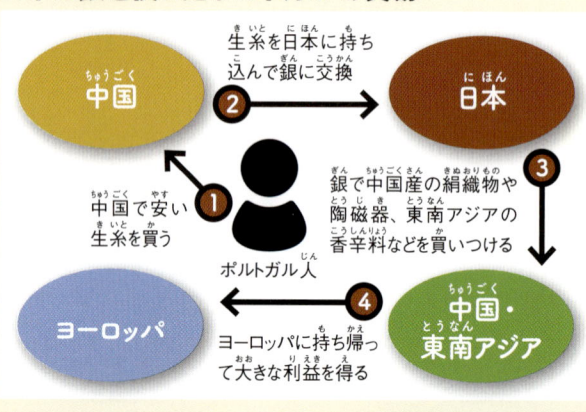

中国

② 生糸を日本に持ち込んで銀に交換

日本

① 中国で安い生糸を買う

ポルトガル人

③ 銀で中国産の絹織物や陶磁器、東南アジアの香辛料などを買いつける

ヨーロッパ

④ ヨーロッパに持ち帰って大きな利益を得る

中国・東南アジア

●スペイン

大航海時代にポルトガルと海の覇権を競ったスペインは、1545年に新大陸のボリビア南部でポトシ鉱山(写真)を発見。ここで採掘された大量の銀は、スペインを経由してヨーロッパに入りました。

世界遺産に登録されているボリビアのポトシ銀山。

●ゴア

ポルトガルの貿易の拠点となったのが、インドのゴア。アジアへのキリスト教布教の拠点でもあり、フランシスコ・ザビエルもゴアから船に乗って日本にやってきました。

ゴア

アフリカ

マダガスカル島

喜望峰●

15〜16世紀に登場したガレオン船(模型)。大航海時代を代表する船で、主に軍艦として使われたが、ポルトガルの南蛮貿易などの商船としても用いられた。

← 16世紀ごろの銀の流れ

日本の銀が結びつけた東洋と西洋

ヨーロッパでは15世紀、コロンブスのアメリカ大陸到達やバスコ・ダ・ガマのインド航路開拓などによって、大航海時代が幕を開けました。マルコ・ポーロの『東方見聞録』に触発されたスペインとポルトガルは、東南アジアの香辛料や中国の絹織物、陶磁器などを求めてアジアに進出。日本の銀に目をつけたポルトガルは、銀獲得をめざして日本近海に姿を現すようになりました。

石見銀をはじめとする日本の銀を介した交易は、アジアの海を世界経済の中心地にし、さらには東洋と西洋の結びつきを強めるきっかけとなりました。歴史の教科書に載っている「鉄砲伝来(1543年)」や「キリスト教の伝播(1549年)」も、じつはこうした流れの中で起きた出来事なのです。

●明(中国)
明(中国)では、軍隊の費用をまかなうため、税金を銀で納めさせることにしました。しかし銀の量が不足していたため、中国国内で銀の需要が爆発的に増えました。

南蛮船の入港や西洋人の風俗が描かれた「南蛮人来朝之図」(17世紀初頭)。(所蔵:長崎歴史文化博物館)

北京
南京
マカオ
マニラ
マラッカ
長崎
石見銀山(島根県)
太平洋
インド洋

●日本
戦国時代の1543年、ポルトガル人の乗り合わせた船が、鹿児島南方の種子島に漂着。この偶然の航路の発見以来、かねて日本への渡航を考えていたポルトガルは、九州を訪れて貿易をはじめます。日本の主な輸出品は、石見銀山をはじめとする鉱山で産出された銀でした。

石見銀山などでとれた日本の銀は、遠くヨーロッパまで運ばれていたんだね!

●モルッカ諸島
インドネシア東部にある、ナツメグやクローブをはじめとする香辛料の一大産地。「香料(香料)諸島」とも呼ばれ、16世紀初頭にポルトガルに征服されました。

らとちゃん
©2012 大田市 らとちゃん 293

そうだったのか!

南蛮貿易で何が日本にやってきた!?

九州の各港を訪れて貿易をはじめたポルトガルに続き、スペインをはじめとするヨーロッパの国々も日本との貿易を開始します。こうした国々から来た南蛮船は、今では当たり前に食べているカボチャやジャガイモといった食料のほか、科学・技術なども伝え、後の日本に大きな影響を与えました。

渡来した主なもの

交易品	生糸・絹織物・毛織物	宗教	キリスト教
織物など	ビロード・羅紗・更紗・皮革	技術	印刷・採鉱・精錬
嗜好品	たばこ・ブドウ酒	学術	医学・天文学・地理
食料	砂糖・パン・カボチャ		科学・西洋絵画法・音楽
	トウモロコシ・サツマイモ	その他	せっけん・めがね
	ジャガイモ・スイカ		ガラス・ボタン
武器	鉄砲・大砲・火薬		カッパ・時計・カルタ

「お金」の歴史

私たちは物を売ったり買ったりするときに、お金（貨幣）を使います。身近な存在なのに意外と知られていない、お金の歴史を調べてみましょう。

物々交換から貨幣へ

お金（貨幣）がない時代、「イノシシ1頭と魚数匹を交換」というように、昔の人たちは必要なものを物々交換で手に入れていました。しかし物々交換では、お互いの欲しいものが一致しないこともあります。そこで、交換するのに便利で、誰もが欲しがるものとして「物品貨幣」が生まれました。たとえば古代ローマでは塩、中国では貝、日本では米や布などが物々交換の仲立ちに使われたのです。

やがて誰もが納得する価値を持ち、しかも時間がたっても性質が変わらないものとして、金・銀・銅の「金属貨幣」が使われるようになります。この金属貨幣の預かり証として誕生したのが、紙のお金「紙幣」です。その後、預かり証だった紙幣自体が価値をもつようになり、さまざまなものを買うことができるようになったのです。

世界のびっくり貨幣

巨大な「石」がお金!?

西太平洋に浮かぶミクロネシア連邦のヤップ島では、結婚式などの特別な行事、土地や家の売買などで「フェイ」と呼ばれる石のお金（石貨）が使われています。石貨はヤップ島から400km以上離れた島で切り出し、カヌーで運んできたもの。大きいものでは直径3.6mになるといわれる世界最大のお金です。

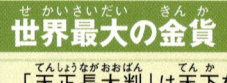

世界最大の金貨

「天正長大判」は天下を統一した豊臣秀吉がつくったといわれる金貨。縦約17cm、横約10cmで、現在残っている金貨の中では世界最大といわれています。（写真：日本銀行貨幣博物館）

A4サイズの紙よりも大きい紙幣

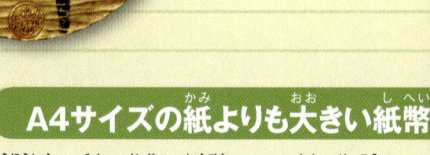

「大明通行宝鈔」は明の時代の中国で1375年に発行された世界最大の紙幣。A4の紙よりひと回り大きい縦約34cm、横22cmのサイズです。（写真：国立印刷局 お札と切手の博物館）

山口先生の 調べてみよう!

「銀座」は日本各地にある!

江戸幕府には、金貨、銀貨、銭貨をつくる「金座」「銀座」「銭座」という機関がつくられた。東京都中央区の「銀座」という地名は、そこに銀座が置かれていたことに由来しているが、東京随一の繁華街となったこの銀座にあやかって、日本各地にも銀座と名のつく繁華街が誕生した。あなたの身近なところにも「銀座」はあるかな?

ポルトガルからきた外来語を探そう!

日本にやってきたポルトガル人たちは、言葉や文化などさまざまなものを日本に伝えた。たとえば現在も日本で使われているテンプラ（天ぷら）、カステラなどの言葉は、もともとポルトガル語が起源の外来語。ほかにはどのような外来語があるかな?

近くにあった「鉱山」を調べてみよう!

石見銀山だけではなく、日本には各地に鉱山が存在していた。自分の住んでいる都道府県に古い鉱山の遺跡があったら、どのような鉱石がとられていたかを調べよう。

日本の貨幣の主な歴史

飛鳥時代

日本初の貨幣の誕生

683年、中国の貨幣をモデルとして「富本銭」がつくられた。

飛鳥池遺跡（奈良県）出土の富本銭。

奈良時代〜平安時代　和同開珎の流通

708年に「和同開珎」という銀銭と銅銭がつくられ、それから250年のあいだに金銭1種類、銀銭1種類、銅銭12種類がつくられた。

平安後期〜鎌倉時代〜室町時代　中国銭の使用

中国（宋や明）との交易で銅銭が流入。この銅銭は江戸時代のはじめごろまで使われた。

石見銀山の石州銀（左）と武田氏の甲斐国などで使われた甲州金（右）。（※）

安土・桃山時代（戦国時代）

金貨・銀貨の流通

16世紀中ごろには金銀の採掘が盛んになり、金貨や銀貨がつくられた。石見銀山の開発が進んだのもこの時代。

江戸時代

江戸幕府の貨幣制度

徳川家康が全国で使える貨幣（小判や金貨、銀貨）をつくり、3代・家光は「寛永通宝」という銭貨をつくった。

左から寛永通宝、慶長小判、慶長丁銀。（※）

明治時代〜大正時代　「円」の誕生

1871（明治4）年、小判は廃止されて金貨が貨幣の基本となり、現在使われている「円」という単位が誕生。

日本銀行券の発行

1885（明治18）年、日本銀行が銀貨と引き換えられる紙幣「日本銀行券」を発行。

1885年発行の10円紙幣。

金貨と交換できる紙幣の発行

1897（明治30）年、欧米の国々にならって、金貨と交換できる新しい紙幣が発行された。

昭和　補助貨幣の誕生

日中戦争から太平洋戦争の終わりにかけてお金の使用が増えたため、金・銀・銅以外の新しい素材の金属（アルミニウムなど）で補助貨幣がつくられた。この補助貨幣が、現在の硬貨のもとになった。

新しいしくみへの移行

1942（昭和17）年、紙幣と金貨を引き換える制度（金本位制）がなくなり、日本銀行が通貨の発行量を調整する制度（管理通貨制度）がスタート。これにより、お金の価値は国の信用によって決まることになった。

1944年発行の100円紙幣。

（※）の写真：日本銀行貨幣博物館

西瀬する世界遺産

大航海時代の世界遺産

ポルトガル人が日本にやってきた時代は、スペインやオランダなどの西欧諸国が海を渡って世界へと進出した「大航海時代」。この時代の繁栄を物語る遺産を紹介します。

ポルトガル　ジェロニモス修道院とベレンの塔

大航海時代のポルトガルに黄金期をもたらしたエンリケ航海王子とバスコ・ダ・ガマをたたえ、16世紀初頭に首都リスボンにたてられたのがジェロニモス修道院。また、テージョ川を行き交う船を監視し、河口を守る要塞としてベレンの塔が建設されました。

航海に出かける船乗りたちを見送ったベレンの塔。

中国　マカオ歴史地区

広東省南端にあるマカオは、大航海時代にはポルトガルの貿易の中継地、カトリック教会の布教の拠点として繁栄。19世紀末から20世紀末までポルトガルの統治下にありました。歴史地区には、中国とポルトガルの建築様式が融合した街並みが残っています。

17世紀に建設された聖ポール天主堂の跡。

スペイン　セビージャの大聖堂

スペイン南西部の都市セビージャにある大聖堂。イスラム教徒支配時代のモスク跡地に15世紀初頭から約100年をかけて建造され、アメリカ大陸に到達したコロンブスの墓があります。アルカサル（宮殿）、インディアス古文書館とともに世界遺産に登録。

大聖堂にあるコロンブスの墓。

日本近代化の原点！

九州を中心とした8つの県の23の資産からなる「明治日本の産業革命遺産」。19世紀後半から20世紀のはじめという短期間のうちに日本が西洋の技術を取り入れ、近代産業国家となった道のりを示す貴重な文化遺産です。

●官営八幡製鉄所
[福岡県北九州市]

●遠賀川水源地ポンプ室
[福岡県中間市]

1901年に操業を開始した官営八幡製鉄所は、ドイツの技術者を招いてつくられた官営（国立）製鉄所。製鉄所に工業用水を送る遠賀川水源地ポンプ室は現在も利用されています。

官営八幡製鉄所旧本事務所。

●萩反射炉
●恵美須ケ鼻造船所跡
●大板山たたら製鉄遺跡
●萩城下町
●松下村塾
[山口県萩市]

大板山たたら製鉄遺跡。

大板山たたら製鉄遺跡では、砂鉄を原料に木炭を燃やして鉄をつくる日本独特の「たたら製鉄」が営まれました。恵美須ケ鼻造船所跡は、幕府の要請によって設置された洋式軍艦の造船所。オランダとロシアの造船技術を用いて船がつくられました。

●三重津海軍所跡
[佐賀県佐賀市]

佐賀藩主・鍋島直正がつくった造船施設。1865年には日本初の実用蒸気船「凌風丸」が完成しました。

●小菅修船場跡
●三菱長崎造船所第三船渠
●三菱長崎造船所ジャイアント・カンチレバークレーン
●三菱長崎造船所旧木型場
●三菱長崎造船所占勝閣
●高島炭坑
●端島炭坑
●旧グラバー住宅
[長崎県長崎市]

旧グラバー住宅。

三菱長崎造船所は1887年に国営から三菱の所有となり、多くの船がつくられました。旧グラバー住宅は、イギリス（スコットランド）の貿易商グラバーが住んでいた日本最古の木造洋風建築。グラバーは蒸気機関車を日本にもち込んだ人物でもあります。

●三池炭鉱、三池港
[福岡県大牟田市・熊本県荒尾市]

●三角西（旧）港
[熊本県宇城市]

三池炭鉱でとれた石炭は、三池港から運び出されました。三角西（旧）港も三池炭鉱からの石炭を海外に輸出するために使用されました。

山口県
福岡県
佐賀県
長崎県
熊本県
鹿児島県

三池炭鉱万田坑。

わずか50年で近代化を実現!

江戸時代に鎖国をしていた日本の産業は、西洋諸国から大きく遅れていました。そんななか、当時アジア最強と考えられていた清(中国)がアヘン戦争でイギリスに大敗。大きな衝撃を受けた日本の侍たちは、外国の侵略から国を守るため、西洋の技術を取り入れた近代化への道を考えはじめました。

明治時代に入ると、日本はさらに積極的に近代化を進めます。とくに力を入れたのが製鉄や造船。その燃料となる石炭の発掘が本格的にはじまり、国営の製鉄所や造船所もつくられました。こうして日本の産業は急速に発展し、開国からわずか50年あまりで近代化を成しとげたのです。

●橋野鉄鉱山・高炉跡
[岩手県釜石市]

江戸時代末期に盛岡藩が鉄鉱石を掘った場所。高炉で鉄鉱石をとかし、鉄を生産しました。

岩手県

●韮山反射炉
[静岡県伊豆の国市]

幕末の代官・江川英龍が大砲をつくるために建設した反射炉。英龍は西洋の「パン」を日本に広めた人物としても知られています。

静岡県

登録年	2015年
所在地	山口県、福岡県、佐賀県、長崎県、熊本県、鹿児島県、岩手県、静岡県
登録物件	上記8県の23資産 (※各資産の名称は地図内の●部分)
登録区分	文化遺産(登録基準②④)

●旧集成館　●寺山炭窯跡
●関吉の疎水溝
[鹿児島県鹿児島市]

旧集成館は江戸時代末期に薩摩藩主・島津斉彬が築いた工場群。寺山炭窯跡は集成館で使用する燃料づくり、関吉の疎水溝は水の供給に使われました。

旧集成館(機械工場)。
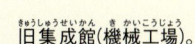

ココがすごい! 登録ポイント

◎わずか50年ほどで近代産業国家になった日本の歩みを示す。

◎西洋の最先端技術が日本の伝統文化と融合。

◎複数の地域にまたがる資産をひとつの世界遺産とする「シリアル・ノミネーション」の日本初の例。

島全体が炭鉱の町「軍艦島」

もっと知りたい

長崎港の南西沖約19kmに浮かぶ端島（通称・軍艦島）は、明治、大正、昭和の約100年にわたり、石炭の産地として日本の発展を支えました。島の海底には、広さ2km四方、深さ1km以上の範囲に石炭をとるための坑道が掘られました。

なぜ「軍艦島」と呼ばれるの？

端島を海から見ると、まるで船のようです。その姿が戦艦「土佐」に似ていると新聞が報じたことから、「軍艦島」と呼ばれるようになりました。

長崎造船所でつくられた軍艦「土佐」。

2009年からは一般の人も島に入れるようになったよ！

さるくちゃん

住宅棟

映画館

30号棟

「日本最高層」の鉄筋コンクリート製アパート

1918年には、鉄筋コンクリート製のアパート「日給社宅」がたてられました。9階建てのアパートは当時、日本最高層のものでした。日給社宅と呼ばれたのは、当初日給で働いていた作業員たちの住居としてつくられたことに由来します。

700人以上の生徒がいた学校

端島小中学校は1958年に建築されました。当初は6階建てでしたが、1961年には増築されて7階建てに。完成当時、公立の小中学校では国内最高層の校舎で、最盛期には700人を超える生徒が通っていました。

たてられたばかりの6階建ての校舎。

世界一の人口密度だった！

最盛期の1959年、東京ドーム約1.3個分の広さの端島には5259人が暮らしていたという記録が残っています。その人口密度は、なんと当時の東京23区の約9倍。世界でもっとも人口密度の高い場所でした。

長い階段の下は「端島銀座」と呼ばれた島内一の繁華街。（写真：長崎県観光連盟）

日本の産業革命を支えた小さな島

端島周辺の海底で石炭が見つかったのは、江戸時代後期のこと。明治時代半ばには、製鉄や船を動かすための重要な燃料として、石炭の本格的な採掘がはじまります。

当初は小さな岩場にすぎなかった端島ですが、埋め立てをくり返して現在の南北約480m、東西約160m、周囲約1.2kmの大きな島に。大正時代に入ると、アパートなど建物が次々にできて、小さな島はひとつの町のようになっていきます。炭坑での仕事は危険をともなうものでしたが、石炭の需要の高まりとともに作業員も増え、島全体が栄えていったのです。しかし1960年代以降にエネルギーの中心が石炭から石油に移ると、全国の炭鉱が次々と閉じられ、端島も1974年に閉山し、無人島になりました。

高層アパートの屋上には庭園が!

緑の少なかった端島では、住民たちの憩いの場として、高層アパートの屋上に庭園がつくられました。1910年ごろには島のほぼ中央に立つ14号棟アパートの屋上に庭園があったとされ、これが日本初の屋上庭園といわれています。

島には娯楽施設も!

端島には、小中学校や病院、商店、郵便局、役場の事務所など生活に必要な施設はすべてそろっていて、映画館やパチンコ屋、居酒屋など、大人たちが楽しめる娯楽施設もありました。最大の娯楽となったのは映画。毎週のように最新の映画フィルムが船で届けられたそうです。

子どもに人気だったプール。島では真水が貴重だったため「海水」が使われていた。
(写真:長崎県観光連盟)

坑道(坑口への道を掘り進める作業員。

炭坑入り口

プール

最高品質の石炭がとれた

江戸時代の終わりに欧米から蒸気機関や先端的な製鉄技術が伝わると、その燃料として端島を含む九州各地で石炭が盛んに掘られるようになりました。とくに端島と北隣にある高島からとれる石炭は、よく燃えるわりに煙が少なく、当時の日本では最高級の品質でした。

「日本最古」の鉄筋コンクリート製アパート

1916年にたてられた30号棟は、一部が半地下になり、上から見ると「口」の形をした建物。これは日本で最初の鉄筋コンクリート製の高層アパートでした。

そうだったのか!

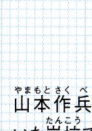

描かれた炭坑で働く人びとの暮らし

かつて九州北部には、端島のほかにも石炭をとる坑道がたくさん掘られました。坑道では天井の崩落や有毒ガスによる事故も絶えなかったといいます。そんな炭坑で働く人びとの姿を描き残したのが、山本作兵衛さん。1892年に生まれ、約50年にわたって炭坑で働いた作兵衛さんは、福岡県の炭坑で目にした作業員の生活や働く様子を描きました。この炭坑記録画を含む697点は2011年、日本ではじめてユネスコの「世界の記憶」(P74)に登録されました。

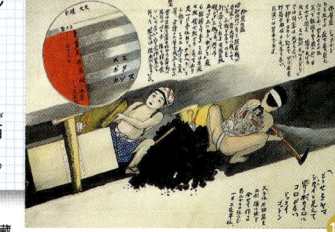

山本作兵衛さんが描いた炭坑で働く人たち。

さるくちゃん／「まちをぶらぶら歩く」という意味の長崎弁「さるく」から命名。観光サイト「長崎さるく」のキャラクター。

日本が歩んだ産業革命の道のり

幕末から明治にかけたわずか50年という短期間で、日本は西洋の技術を取り入れて近代化を成しとげました。この産業革命はどのように進められたのか、その流れを見ていきましょう。

1840年	1850年	1860年	1870年

主な出来事

- アヘン戦争（40〜42年）
- 日本開国（54年）／ペリー来航（53年）
- 江戸時代
- 明治時代がはじまる（68年）

世界遺産の登録資産がつくられた時期

- ●萩城下町
- ●旧集成館（反射炉）
- ●関吉の疎水溝
- ●大板山たたら製鉄遺跡
- ●萩反射炉
- ●恵美須ケ鼻造船所跡
- ●松下村塾
- ●韮山反射炉
- ●橋野鉄鉱山・高炉跡
- ●寺山炭窯跡
- ●三重津海軍所跡
- ●旧グラバー住宅
- ●小菅修船場跡
- ●高島炭坑
- ●旧集成館（機械工場）
- ●旧集成館（旧鹿児島紡績所技師館）

❶産業革命のきっかけはアヘン戦争！

江戸時代後期になると、日本を開国させようとアメリカやイギリスの船がやってくるようになりました。対して幕府は、1825年に外国船を撃退する命令（異国船打払令）を出します。しかし1842年、清（中国）がアヘン戦争でイギリスに大敗すると日本は大きな衝撃を受け、外国の侵略から国を守るため、西洋の技術を取り入れた近代化を考えはじめます。

韮山反射炉と伊豆韮山代官・江川英龍。

吉田松陰と松下村塾。

❷ペリー来航で開国！　近代化への歩みを早める

近代化に向けていち早く動き出したのは、薩摩藩（鹿児島）、長州藩（山口）、佐賀藩（佐賀）。薩摩藩は1851年、オランダの技術書を手本に、大砲用の鉄をつくる反射炉を建設します。このようななか、1853年にアメリカのペリーが「黒船」と呼ばれた巨大な軍艦で浦賀（神奈川）沖に来航し、翌年に日本は開国。欧米の脅威が身にしみた幕府は大型の軍艦づくりを命じ、長州藩は恵美須ケ鼻造船所、佐賀藩は三重津海軍所を建設しました。韮山反射炉も、このころにつくられたものです。

旧集成館（旧鹿児島紡績所技師館）と薩摩藩主・島津斉彬。

❸明治政府が誕生「富国強兵」で強い日本に！

江戸幕府が倒れ、明治政府が誕生。政府は西洋に負けない国をつくるため、経済の発展と軍事力の強化（富国強兵）に力を入れます。しかし当時の日本には、産業を大きく発展させる力をもった施設はまだありませんでした。そこで明治政府は、模範となる官営（国立）工場の設立を進めます。

❹お雇い外国人に西洋の技術を学べ!

明治政府は西洋の技術を取り入れるため、外国人の技術者を積極的に採用しました。この「お雇い外国人」の一人、フランス人技師のブリュナが指導にあたったのが、1872年に操業を開始した官営の模範工場「富岡製糸場」(P156)です。明治の産業革命は、生糸をつくる製糸業、綿の糸をつくる紡績業といった軽工業から進んでいきました。

お雇い外国人のブリュナ。

❺工場を官営から民営に

1880年代になると、民間企業が力をつけるようになりました。そこで政府は、官営の工場を次々と民間企業に任せていきます。これが、三菱や三井をはじめとする財閥が生まれるきっかけにもなりました。

1880年　　1890年　　1900年　　1910年

明治時代

大日本帝国憲法発布（89年）

三角西(旧)港●

日清戦争（94〜95年）

炭鉱の町として栄えた端島。

●端島炭坑

日露戦争（04〜05年）

三菱長崎造船所のジャイアント・カンチレバークレーン(左)、旧木型場(右)と第3代三菱財閥社長・岩崎久彌。

大正時代がはじまる（12年）

三菱長崎造船所 ジャイアント・カンチレバークレーン●
三池炭鉱専用鉄道敷跡●
　　　　　　　　●三菱長崎造船所 旧木型場
　　　　　　●官営八幡製鉄所 旧本事務所
　　　　　●官営八幡製鉄所 旧鍛冶工場・修繕工場
　　　　●三池炭鉱 万田坑
　　　　　●三菱長崎造船所 占勝閣
三菱長崎造船所 第三船渠●

●三池港
●遠賀川水源地 ポンプ室
●三池炭鉱 宮原坑

❻鉄の国産化を目指せ!

軽工業は発展したものの、製鉄や造船などの重工業はまだあまり成長していませんでした。とくに重工業の基礎となる鉄は、多くを輸入に頼っている状態でした。そこで政府は官営八幡製鉄所をつくり、1901年から生産をスタート。鉄の国産化を目指しました。

官営八幡製鉄所と長官・中村雄次郎。

そうだったのか!

幕末にヨーロッパへと渡った「長州ファイブ」

松下村塾の生徒の中に、「長州ファイブ」と呼ばれた5人の長州藩士がいました。井上聞多（井上馨）、遠藤謹助、山尾庸三、伊藤俊輔（伊藤博文）、野村弥吉（井上勝）です。外国から国を守る海防や、西洋に学び産業・技術を獲得することを重視する吉田松陰の考えを引き継いだ彼らは、幕末に長州藩から派遣されヨーロッパに秘密留学。現地で多くの技術を学び、優秀な技術者たちを日本に呼ぶなど、近代化に大きな役目を果たしました。

ロンドンでの長州ファイブ。上段左が遠藤、上段中央が野村、上段右が伊藤、下段左が井上聞多、下段右が山尾。

❼産業革命によって伸びた日本の国力

日本は日清戦争で清に、続く日露戦争でロシアに勝利。2つの強国を破ったことにより、日本は国際的な地位を高めました。日露戦争後には、官営八幡製鉄所をはじめとして、国内の重工業も発展していきます。こうした産業革命によって、日本の国力は飛躍的に伸びました。

総合学習

今も生活を支える産業革命遺産

江戸時代末期から明治時代にかけて日本に近代化をもたらした「産業革命遺産」。
そこで育まれたものづくりの基礎は、今も私たちの生活を支えています。

「石炭」「石油」ってどんなもの?

日本の産業革命を支えたエネルギー源は、「黒いダイヤ」と呼ばれた石炭でした。この石炭をはじめ石油、天然ガスなどの燃料を「化石燃料」といいます。植物や動物の死がいが地中に堆積し、長い年月をかけて化石になり、やがて石炭や石油などの燃料になりました。200年ほど前から盛んに使われはじめた化石燃料ですが、今でもエネルギー全体の90%近くを占めています。これらの化石燃料はそれぞれどのようにできるのでしょうか。

出典:石油連盟資料などをもとに作成

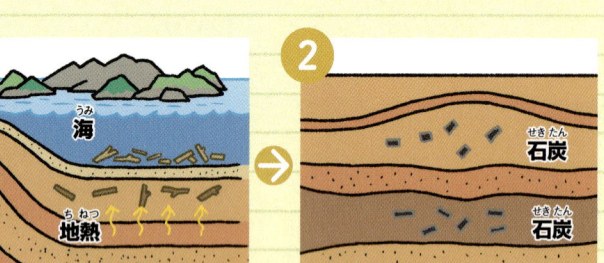

【石炭】❶海や湖の底に積もった植物などが地熱(地球内部の熱)などで分解される。❷何億年もかけて石炭になる。

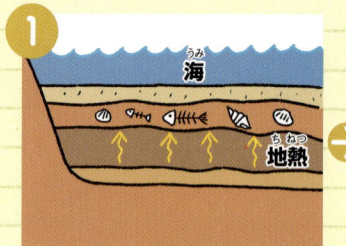

【石油】❶死んだ生物が海や湖の底にたまり、土砂の重みや地熱によって分解される。❷何億年もかけて液状の石油になる。

石炭と石油はどう使われている?

現在、日本でいちばん多く使われている化石燃料は石油ですが、石炭も全体の3割近くを占める重要なエネルギー源です。石炭は長年、鉄をつくるための燃料として使われてきましたが、今では発電所でもっとも多く利用されています。さらに石炭を燃やしたあとに残る灰は、セメントなどの原料のひとつとして道路やビルなどの建物に利用されています。

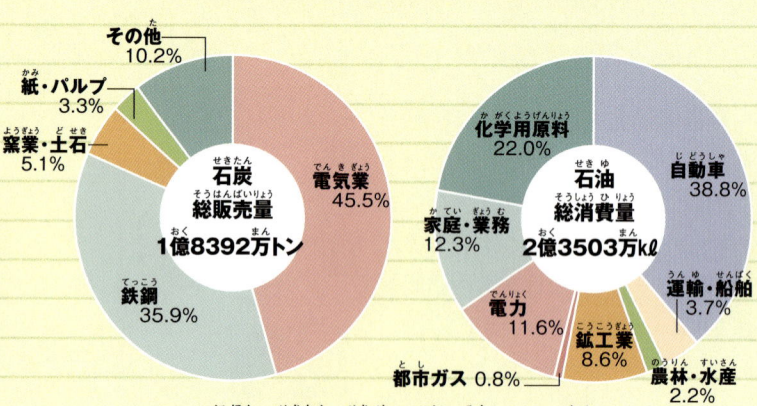

石炭総販売量 1億8392万トン
その他 10.2%
紙・パルプ 3.3%
窯業・土石 5.1%
電気業 45.5%
鉄鋼 35.9%

石油総消費量 2億3503万kℓ
化学用原料 22.0%
自動車 38.8%
家庭・業務 12.3%
電力 11.6%
運輸・船舶 3.7%
鉱工業 8.6%
農林・水産 2.2%
都市ガス 0.8%

日本の石炭と石油の使い道(2013年)

出典:JCOAL「日本の産業別石炭販売量推移」、石油連盟「今日の石油産業2015」

山口先生の 調べてみよう!

石炭や石油からつくられたモノを探してみよう!

石炭は発電所で使われているほか、釣りざおやゴルフクラブなどの原料としても利用されている。石油は、車や飛行機といった乗り物の燃料だけでなく、ペットボトルなどのプラスチック製品、衣料などに使われているよ。

自分の町の人口密度を調べてみよう!

最盛期の軍艦島の人口密度は1km²あたり約8万3600人で、現在の東京23区は1万4500人(2014年)。自分の町や県の人口密度は、「人口(人)÷面積(km²)」で計算できるよ。

全国にある産業遺産を訪ねてみよう!

富山県の黒部ダム(P186)をはじめ、日本の産業を支えた施設は全国にある。日本のものづくりの原点を知ることができるので、近くにどんな産業遺産があるか調べて、実際に訪ねてみよう。

現役で活躍する産業革命遺産

「明治日本の産業革命遺産」に登録された資産の中には、つくられてから100年以上たつ今も、現役で活躍しているものがあります。このような資産を「稼働資産」と呼びます。稼働資産を含む物件が世界遺産に登録されたのは、日本では「明治日本の産業革命遺産」がはじめてです。ここでは、代表的な稼働資産を3つ紹介しましょう。

三池港(福岡県大牟田市)

八幡製鉄所修繕工場
(福岡県北九州市)

1900(明治33)年に八幡製鉄所に建設された修繕工場は、現存する日本最古の鉄骨建築物といわれています。現在も新日鉄住金八幡製鉄所の施設として使用されています。

遠浅で干満の差が大きい有明海は、大型船が接岸するのが難しく、三池でとれた石炭は長崎県や熊本県まで小型船などで運ばれ、大型船に積みかえられていました。そこで大型船に直接積める港として1908(明治41)年に建設されたのが、今も現役の港として機能している三池港です。

長崎造船所ジャイアント・カンチレバークレーン
(長崎県長崎市)

大型の機械を船に積みおろすため、1909(明治42)年に日本ではじめて導入された電動式クレーン。高さは61.7mで、重さ150トンの荷物をつり上げられる力持ちです。

世界の産業遺産

日本に限らず、産業の発展は世界の国や人びとの暮らしを豊かにしてきました。ここでは、鉄鋼業や鉱業、鉄道など当時の産業の姿を今に伝える「産業遺産」を紹介します。

 アイアンブリッジ峡谷
イギリス

イギリス中西部のセバーン川上流にかかるコールブルックデール橋(通称アイアンブリッジ)は、1779年につくられた世界初の鉄橋。18世紀後半〜19世紀の産業革命時に製鉄業で栄えた川沿いの町から、石炭や石灰石、鉄などを運ぶために用いられました。

全長60mのコールブルックデール橋。

 シーウェル鉱山都市
チリ

アンデス山脈の山岳地帯につくられた都市。20世紀初頭、世界最大の地下銅山だったエル・テニエンテ銅山の採掘のために建設され、最盛期には1万5000人が暮らしていました。その後、住民がふもとに移動し、1970年代に無人の街になりました。

町は標高2000mを超える高地にある。

ダージリン・ヒマラヤ鉄道(インドの山岳鉄道群)
インド

インド東北部を走る約88kmの山岳鉄道。1870年代にインドを植民地にしていたイギリスが、良質な茶の栽培に適したこの地に目をつけ、茶の輸送や避暑客の移動用につくりました。レールの幅が610mmと狭く、トイ・トレイン(おもちゃの列車)と呼ばれています。

現役で活躍する古い蒸気機関車。

成長する美術館のしかけ

東京・上野にある国立西洋美術館は、20世紀を代表する建築家ル・コルビュジエが日本にたてた唯一の建物。2016年に登録された、ル・コルビュジエ設計による7カ国（日本、フランス、スイス、ドイツ、ベルギー、インド、アルゼンチン）17資産のひとつです。

国立西洋美術館

（ル・コルビュジエの建築作品
―近代建築運動への顕著な貢献―）

東京の上野公園にある国立西洋美術館。戦後、フランスから返還された美術品を保管・展示するために建設された。完成は1959年。

【外観】

青石貼りの外壁
外壁には青みがかった石を貼りつけている。ル・コルビュジエが考えた手法。

ピロティ
壁をなくし、柱を見せた1階部分を「ピロティ」という。人びとが自由に通行できる場所にしようと、ル・コルビュジエが発明した。ピロティは彼の多くの作品で使われている。

前庭
ところどころに彫刻作品を展示している。

不忍池
上野動物園
上野恩賜公園
東京文化会館・
国立西洋美術館
上野駅

登録年	2016年
登録物件	7カ国17件を登録。日本からは国立西洋美術館の1件
登録区分	文化遺産（登録基準①②⑥）
アクセス	【所在地】東京都台東区上野公園7-7 【交通】JR上野駅（公園口）から徒歩1分 【時間】9:30～17:30（冬季は17時、毎週金曜は20時閉館）入館は閉館30分前まで 【休館】毎週月曜（休日の場合は開館、翌火曜休館）、年末年始 【URL】http://www.nmwa.go.jp/

ココがすごい！ 登録ポイント

◎ル・コルビュジエがとなえた「無限成長美術館」のすぐれた例。

◎7カ国にまたがるル・コルビュジエの建物のひとつで、世界をまたにかけた活躍を証明している。

ル・コルビュジエが夢見た理想の美術館

国立西洋美術館を設計したのは、フランス人建築家のル・コルビュジエ。世界各地で個人住宅やアパート、公共施設などを設計した、20世紀を代表する建築家です。国立西洋美術館の設計にあたっては、自らが理想とする「無限成長美術館」にしようと考えました。ル・コルビュジエは上野の建設予定地を視察したあとフランスに帰国。送られてきた設計図をもとに、弟子の坂倉準三が中心になって建設され、1959年に完成しました。

©国立西洋美術館

©国立西洋美術館

【館内】

トップライト（天窓）

ホールには天窓があり、晴れた日は明るく、くもりや雨の日は暗くなる。光の変化によって、空間の見え方を変化させようというねらいだ。

スロープ

1階と2階をつなぐのは、階段ではなくスロープ。「足もとを気にせず、展示品を見ながら歩いてほしい」という思いで設計された。

この先に2階展示室がある。

19世紀ホール

建物の中央にある1〜2階の吹き抜けホール。「19世紀ホール」という名はル・コルビュジエが命名。

美術館が成長するの？

国立西洋美術館の中に入ると、1階中央の「19世紀ホール」を出発点に、展示室が巻き貝のようにらせん形に延びていることに気づきます。こうしておけば、周囲に空間がある限り、無限に展示室を増やすことができます。ル・コルビュジエは、これを「無限成長美術館」と命名。美術館の理想的な姿であると考えていました。

前庭のオーギュスト・ロダン「考える人（拡大作）」（1881〜82年原型、1902〜03年拡大、1926年鋳造、ブロンズ、松方コレクション）。©国立西洋美術館

どんな美術品を展示しているの？

国立西洋美術館では、14世紀以降のヨーロッパの絵画や彫刻を保管・展示しています。所蔵作品は約5500点にのぼり、西洋美術に関する研究も行っています。特別展もひんぱんに行い、1964年に企画された「ミロのビーナス特別公開」には83万人が来館。当時の来館者数日本記録を打ち立てました。

常設展示しているクロード・モネ「睡蓮」（1916年、油彩・カンヴァス、松方コレクション）。©国立西洋美術館

ル・コルビュジエの工夫と影響力

もっと知りたい

ル・コルビュジエは、鉄やガラスなどの新しい建築材料を使うことで、建物の設計にさまざまな工夫をこらしました。彼のアイデアは、その後の建築に大きな影響を与えました。

国立西洋美術館のさまざまな工夫を見てみよう!

雨どい

ふつうは外にある雨どいが、屋内にある。ル・コルビュジエは、雨どいの設置場所や見え方を工夫した。

©国立西洋美術館

©国立西洋美術館

2段の天井

天井は高いところと低いところがあり、歩きながら空間の変化を楽しむことができる。低い天井の上はガラス張りの照明室になっている。

新館へ▶

【2階】

中3階

等間隔で3カ所に中3階がある。小さな作品を展示する予定だったスペースがあるが、現在は使われていない。

©国立西洋美術館

展示空間

小さな展示室をいくつも設けるのではなく、廊下をそのまま展示室としている。展示室は19世紀ホールを取り囲んでおり、らせん形の美術館の姿がよくわかる。

律動ルーバー

窓の外側に並べられた、縦長のコンクリートの板。間隔が一定ではないため、室内に入る光にリズムが生まれる。

常設展入り口▶
2階へ▶

新館から▶

19世紀ホール

スロープ

ル・コルビュジエの多くの建物で使われている。

©国立西洋美術館

正面出入り口

【1階】

ピロティ

柱の間隔は6.35m。ル・コルビュジエが考えたモデュロール(※)という尺度をもとに決められた。

※西洋人男性の平均身長(183cm)を基本に考え出された、建築の寸法を決める尺度。

「近代建築の父」と呼ばれる理由

19世紀以降のヨーロッパでは、鉄やガラス、コンクリートなどの建材が広まりました。これらを効果的に使ったのがル・コルビュジエの特徴で、①ピロティ、②屋上庭園、③自由な平面、④水平連続窓、⑤自由な立面を「近代建築の5原則」として提唱しました。③と⑤の自由な平面と立面は、壁や窓の位置を自由に決められるという意味です。この5原則は、重たい石やレンガを使った古い建物では実現できないものばかりで、その後の建築に大きく影響しました。このことからル・コルビュジエは、「近代建築の父」と呼ばれています。

国立西洋美術館のピロティ。これにより、2階が浮き上がって見える。©国立西洋美術館

ル・コルビュジエの弟子、坂倉準三が設計した旧神奈川県立近代美術館鎌倉。国立西洋美術館にそっくり(左)。
弟子(前川國男)の弟子、丹下健三が設計した広島平和記念資料館。全体をピロティが支えている(上)。

日本人の弟子がいた？

フランス・パリにあったル・コルビュジエのアトリエでは、前川國男、坂倉準三、吉阪隆正などの日本人も建築を学んでいました。彼らは日本に帰国すると、住宅、学校、役所、図書館、美術館などを次々と建設。その多くが、ル・コルビュジエの理論を取り入れたものでした。

彼らル・コルビュジエの弟子もまた、日本では多くの弟子をかかえ、師匠の教えを広めていました。このため日本は、世界でもっともル・コルビュジエの影響を受けた国のひとつだといわれています。

ゆかりの人物

ル・コルビュジエ
（1887～1965年）

スイス生まれのフランス人建築家で、本名はシャルル・エドゥアール・ジャンヌレ。時計職人の家に生まれ、父のあとをつごうと美術学校で学んでいたときに、校長のすすめで建築の仕事にたずさわるようになった。1955年、国立西洋美術館の建設予定地の視察で8日間だけ来日。その後来日することはなく、完成した国立西洋美術館を見ないままにこの世を去った。

国境を越えた文化財保護

ル・コルビュジエの建築作品は3大陸、7カ国にまたがる世界遺産です。日本の世界遺産としても、外国と共同で登録された最初の例となりました。

史上初、大陸をまたぐ世界遺産

これまでにも複数の国にまたがる世界遺産はありましたが、「ル・コルビュジエの建築作品」はアジア、ヨーロッパ、南アメリカの3大陸、7カ国におよんでいる点が特徴です。世界遺産条約は「国や民族を越えて人類の宝を守ろう」とうたっています(P8参照)。まさに、この理念のとおりに登録された世界遺産といえるでしょう。

フランスの呼びかけに各国が全面協力

世界遺産に登録するには、それぞれの国の法律で保護されていなくてはなりません。国が変われば法律も変わるため、国境をまたぐ世界遺産の実現には、関係する国々の協力が求められます。「ル・コルビュジエの建築作品」では、どのような協力が行われたのでしょうか。

 日本　フランスからの呼びかけにこたえ、2007年に国立西洋美術館を重要文化財に指定しました。通常は、完成から50年以上たった建物が重要文化財に指定されるため、完成(1959年)から48年の建物を重要文化財にするのは、これまでに例のないことでした。

インド　唯一実現したル・コルビュジエの都市計画、チャンディガールがあります。彼の建築作品を世界遺産にするうえで外せない場所ですが、登録に向けた調整は難航しました。一説には、インドでは新しい都市を文化財にする体制が整っていなかったからだといわれています。最終的には、無事に登録されました。

 **フランス**

ル・コルビュジエが活動拠点を置いた国であり、もっとも作品が多い国でもあります。世界遺産の登録運動は、フランスのル・コルビュジエ財団が2004年に思いつき、世界の国々に協力を呼びかけました。

代表作のひとつ、ロンシャンの礼拝堂。

山口先生の　調べてみよう!

世界の文化・自然保護の歴史を調べよう!

文化・自然を守る体制や歴史は国によって違う。たとえばイギリスでは、19世紀から「ナショナル・トラスト」というボランティア団体が自然や文化財を保護してきたし、アメリカは世界ではじめて「国立公園」をつくった国だ。日本には世界でも珍しい「人間国宝」という制度がある。これらのキーワードを調べてみよう。

ル・コルビュジエ建築の子孫を探そう!

ル・コルビュジエが提唱したピロティや水平連続窓は、今ではたくさんの建物に採用されている。近所のビルや住宅をよく観察してみよう。

美術館を「建築」として見てみよう!

「美術品をじっくり味わえる場」にするため、美術館ではいろいろな工夫がなされている。今度美術館に行ったら、建物にも注目だ。

ル・コルビュジエの幅広い活動を示す登録物件

「ル・コルビュジエの建築作品」は3大陸、7カ国にまたがっていることに加え、戸建て住宅、集合住宅、礼拝堂、修道院、美術館など、さまざまな種類の建物が含まれている点も特徴です。どの建物でも、ル・コルビュジエの創意工夫がいかんなく発揮されていますが、なかでも代表作といわれるのがフランスのサヴォア邸。ピロティ、水平連続窓、屋上庭園など、「近代建築の5原則」がすべて取り入れられています。特徴的な白い見た目は、一時期ル・コルビュジエが得意としたデザインです。

世界遺産に登録された ル・コルビュジエの建築作品

国名	件数	登録作品
日本	1件	国立西洋美術館
フランス	10件	サヴォア邸、ロンシャンの礼拝堂など
スイス	2件	レマン湖畔の小さな家、イムーブル・クラルテ
ベルギー	1件	ギエット邸
ドイツ	1件	ヴァイセンホフ・ジードルングの住宅
インド	1件	チャンディガールのキャピトル・コンプレックス
アルゼンチン	1件	クルチェット邸

サヴォア邸は1931年に完成した。国立西洋美術館と同じように、室内にはスロープが取り入れられている。

近現代の名建築

世界遺産にはル・コルビュジエが設計したもののほかにも、19世紀以降の建物が登録されています。それぞれの建物には、建築家のどんな思いが込められているのでしょうか。

アントニ・ガウディの作品群
スペイン

19世紀末〜20世紀初頭のスペインでは、曲線を使った建物が流行しました。その第一人者がアントニ・ガウディで、海や植物など自然の姿を建築に取り入れました。サグラダ・ファミリア教会はガウディの基本設計をもとに、現在も建設中です。

サグラダ・ファミリア。2026年ごろに完成する見込み。

ヴァイマールとデッサウのバウハウスと関連遺産
ドイツ

バウハウスは、建築家ヴァルター・グロピウスが中心となって設立した総合造形学校です。活動期間は1919〜33年のわずか14年間でしたが、現代の建築や家具の原型が次々に考案されたことから、美術史上たいへん重要な学校とされています。

デッサウにはガラス張りの校舎がたてられた。

シドニー・オペラハウス
オーストラリア

1973年にできた劇場。当時、無名だったデンマーク人のヨーン・ウツソンが設計しました。あまりにも独特な姿のため、設計図を見た人は誰もが「実現できない」と思ったそうです。工事も大幅に遅れましたが、関係者の努力によって完成しました。

貝がらやヨットの帆が重なったように見える独特の姿。

日本各地に残る産業遺産

世界遺産に登録された「明治日本の産業革命遺産」や「富岡製糸場」以外にも、日本の近代化に貢献した産業遺産は国内にたくさんあります。その代表的なものを紹介しましょう。

黒部ダム
[富山県立山町]

所在地：立山町芦峅寺
アクセス：JR大糸線信濃大町駅からバスで約40分。

富山県南東部、北アルプスにある日本一深い谷の黒部峡谷を流れる黒部川の上流にある発電用のダム。幅492m、高さは日本最大の186m。発電に利用する水を確保し、経済成長期の電力需要に応えるために、7年かけて建設され、1963年に完成しました。毎年夏〜秋には、ダムを管理する関西電力によって観光放水が実施されています。

ドックヤードガーデン
[神奈川県横浜市]

幕末の開国以来、横浜は日本最大の貿易港として発展しました。横浜みなとみらい地区にあった造船所の痕跡を残すのがドックヤードガーデンです。ドック（船渠）とは船の建造や修理のための施設。ドックヤードガーデンは日本に現存する最古の商船用石造りドック「旧横浜船渠第二号ドック」（1896年完成）を復元したものです。

所在地：横浜市西区みなとみらい2-2-1
アクセス：みなとみらい線みなとみらい駅から徒歩3分。

大谷資料館
[栃木県宇都宮市]

（写真：大谷資料館）

やわらかくて軽く、加工しやすい「大谷石」の産地として古くから知られた大谷には、250もの石切り場跡が残っています。大谷資料館では、大正から昭和の約70年間にわたる石の採掘でできた広大な地下空間を一般に公開。空間は巨大な石柱で区切られるようにして左右へ奥へと迷宮のように広がっています。

所在地：宇都宮市大谷町909
アクセス：JR宇都宮駅からバスで約30分「資料館入口」下車、徒歩5分。

JR門司港駅
[福岡県北九州市]

所在地：北九州市門司区西海岸1-5-31
アクセス：JR門司港駅下車。

九州最北端にある門司港は1889年の開港以来、国際貿易の拠点としてにぎわい、近代的な建築物が次々にたてられました。当時の雰囲気を残すのが、門司港レトロと呼ばれるエリア。その中心となる木造のJR門司港駅（1914年建造、2018年ごろまで改修工事中）は、駅舎として全国初の国指定重要文化財になりました。

トヨタ産業技術記念館
[愛知県名古屋市]

所在地：名古屋市西区則武新町4-1-35
アクセス：名鉄名古屋本線栄生駅から徒歩3分。

トヨタグループの創始者・豊田佐吉が、織機の研究開発のため1911年に創設した試験工場の建物・場所を利用した博物館。織機の発明に一生を捧げた佐吉と、自動車製造に取り組んだ佐吉の息子・喜一郎の2人が築き上げた「モノづくりの原点」を、「繊維機械館」と「自動車館」でそれぞれ学ぶことができます。

古代日本のタイムカプセル

「神宿る島」宗像・沖ノ島と関連遺産群

沖ノ島では4〜9世紀、国の平和や航海の安全を願った祭祀(神をうやまい、まつるための神聖な行事)が行われ、約8万点の品々が神に捧げられました。シルクロードの旅路を思わせる大陸製のカットガラスなども見つかっていることから、奈良・東大寺の正倉院になぞらえて「海の正倉院」とも呼ばれています。

江戸時代までには、島に宗像大社の沖津宮が建立されたとされる。

沖ノ島は、九州の沖60kmの玄界灘に浮かんでいる。島の周囲は約4km。古代の日本人から「神聖な島」と見なされてきた。

4〜9世紀の祭祀は沖津宮周辺の巨岩群で行われ、さまざまな品が神に捧げられた。そのひとつが、当時の貴重品である鏡。70点以上も見つかり、沖ノ島で国家的な祭祀が行われていたことを裏づけている。

暫定リスト記載年	**2009年**
所在地	**福岡県宗像市、福津市**
推薦物件	**宗像大社(沖津宮、中津宮、辺津宮)、新原・奴山古墳群など**
推薦区分	**文化遺産**
アクセス	【宗像大社辺津宮】JR東郷駅からバスで約12分、宗像大社前下車すぐ。

日本海
沖ノ島(宗像大社)
山口県
大島
辺津宮(宗像大社)
玄界灘　福津市・　宗像市
福岡市・　福岡県

ココがすごい! 推薦ポイント

◎古代の東アジアの文化交流や、日本人の信仰の様子を示す出土品が見つかっている。

◎沖ノ島は、国家的な祭祀が行われた遺跡として東アジア最大規模。

＊『「神宿る島」宗像・沖ノ島と関連遺産群』は2017年に世界遺産に登録されました。

国の平和をつかさどる神聖な島

はるか昔から、日本人は海外の人たちと交流してきました。船で九州近海を抜け、玄界灘に出た人びとが最初に目にしたのが、海岸からおよそ60km離れた沖ノ島です。山や島を「聖なるもの」と崇めてきた日本人は、沖ノ島を聖地と見なし、国の平和や航海の安全、交流の成功を願う祭祀を行うようになります。祭祀は島の中腹の巨岩群で行われ、鏡や指輪などが神に捧げられました。その後、島に神社が築かれ、現在にいたるまで聖地であり続けています。

神に捧げられた宝物の数々

沖ノ島の中腹の巨岩群で祭祀が行われたのは、4世紀後半から9世紀後半までの約500年間。この時期、鏡や指輪など、さまざまなものが神に捧げられました。なかには中国や朝鮮半島でつくられたものもあり、当時の東アジアの文化交流の様子を教えてくれます。これらの宝物は神への捧げ物だったため保存状態がよく、沖ノ島はまるで古代のタイムカプセルのようです。

沖ノ島で見つかった宝物は約8万点。そのすべてが国宝に指定されている。金銅製高機(右上)は奈良時代のはたおり機のミニチュアで、とくに珍しい。(宗像大社神宝館で所蔵・展示)

金銅製高機

金銅製香炉状製品

金銅製龍頭

奈良三彩小壺

金製指輪

沖ノ島の上陸前に行われるみそぎ。

受けつがれる「女人禁制」と「みそぎ」

今も神聖な島とされる沖ノ島では、いくつものおきてが守られています。そのひとつが女人禁制で、女性は上陸できません。男性も年に一度200人しか上陸できず、上陸前には海水に浸かってけがれを落とす「みそぎ」をします。上陸してからも、「島で見聞きしたことを他人に話してはいけない」「島のものを持ち出してはいけない」などのおきてがあります。厳しい上陸制限とおきてがあったからこそ、8万点もの宝物が残されたといわれています。

もっと知りたい

海は道であり、聖地だった!

「『神宿る島』宗像・沖ノ島と関連遺産群」では、九州本土にある神社や古墳群も世界遺産に推薦されています。いずれも沖ノ島との関連が深い場所です。

沖津宮(沖ノ島)
田心姫神をまつる

この先に朝鮮半島がある

中津宮(大島)
湍津姫神をまつる

辺津宮(九州本土の田島)
市杵島姫神をまつる

新原・奴山古墳群

福岡県

福岡市

一直線に並ぶ3つの神社

9世紀になると、祭祀の中心は九州本土の宗像大社辺津宮に移されるようになります。宗像大社は国家の守護神である三柱の姫神(宗像三女神)をまつり、沖ノ島(沖津宮)、大島(中津宮)、九州本土(辺津宮)の3カ所につくられました。3つの神社は一直線に並び、直線を延ばすと朝鮮半島にぶつかります。この直線は、古代の日本人の航海ルート(海北道中)を示しています。

海を見渡す古墳群

玄界灘に近い九州の高台に、新原・奴山古墳群があります。この付近を支配した宗像氏の墓や儀式の場が残る遺跡です。今では玄界灘まで1kmほど離れていますが、かつてはすぐ近くに海岸線がありました。宗像氏は海を聖なる場所と考えていたため、海岸近くに古墳をつくったと考えられています。宗像氏は地方豪族でありながら中央政権と密接な関係をもち、沖ノ島の祭祀を仕切りました。そのことを裏づけるかのように、新原・奴山古墳群からは、沖ノ島で出土したものと似た副葬品が発見されています。

円墳や前方後円墳など41基の古墳が残る。

沖ノ島にお参りしたい人はどうすればいいの?

ふだん沖ノ島に渡ることはできないため、沖津宮にお参りしたい人は、大島にある沖津宮遙拝所を代わりにお参りします。遙拝とは、遠くの場所から拝むという意味です。

大島の沖津宮遙拝所。

毎年10月1日に行われるみあれ祭。秋季大祭は10月3日まで行われる。

圧巻！ みあれ祭の漁船パレード

みあれ祭は、宗像大社の秋季大祭の初日に行われる神事で、沖津宮の田心姫神と中津宮の湍津姫神を乗せた船(御座船)を、大島から九州本土の辺津宮までお迎えします。祭りには周辺の港から50隻以上の漁船が参加します。みあれ祭を見ると、玄界灘は確かに「道」であり、「聖地」であったということが感じられます。

交通安全の神様

宗像大社にまつられている宗像三女神は国家の守護神であり、とくに海上の安全を守る道の神様。いまでは交通安全にご利益があるとして、九州各地からたくさんの人が参拝に訪れます。自動車専用のお守りを全国ではじめてつくったのも宗像大社です。

宗像大社辺津宮では自動車のおはらいが行われる。

山口先生の　調べてみよう!

神社のおきての意味を調べよう!

神社は神聖な場所なので、おきてが定められていることが多い。沖ノ島の「女人禁制」「上陸前のみそぎ」は極端な例だが、「草木をとってはいけない」「ペットを連れて入ってはいけない」などといった決まりは多くの神社にある。こうした決まりは、何のために定められているのかな?

ご利益と神様の関係を調べてみよう!

宗像大社が交通安全の神社になったように、神社でまつられている神様とご利益には深い関係がある。近所の神社で、神様とご利益の関係を調べてみよう。

長崎の教会群とキリスト教関連遺産

あつい信仰心を物語る教会

キリスト教は江戸時代の日本で禁止されていましたが、一部の信者は「潜伏キリシタン」となって細々と信仰を守り続け、明治時代に禁教令が解かれたあとに教会をたてるようになりました。教会はキリスト教徒のシンボルであり、彼らの信仰のよりどころなのです。

●平戸の聖地と集落（春日集落と安満岳）
●平戸の聖地と集落（中江ノ島）
[長崎県平戸市]

平戸島は江戸時代、キリスト教がとくに厳しく弾圧された土地のひとつ。そのため人びとは教会をたてることなく、代わりに山や島を聖なる場所と崇め、信仰を守りました。彼らの信仰を伝える風景は、現在でも見ることができます。

聖なる島とされた中江ノ島。

●野崎島の野首・舟森集落跡
[長崎県小値賀町]

野崎島は現在では無人島ですが、かつて野首、舟森という2つの集落がありました。このうち野首集落にレンガづくりの教会が残されています。

旧野首教会。

●旧五輪教会堂
[長崎県五島市]

1881年にたてられた、長崎県でも指折りの古い教会。民家のような外観が特徴で、教会がつくられはじめた当初の素朴な姿を教えてくれます。

●黒島天主堂
[長崎県佐世保市]

黒島は住民のほとんどがカトリックの島。黒島天主堂は彼らの信仰のシンボルです。

●江上天主堂
[長崎県五島市]

木造教会の傑作のひとつ。床が高床構造となっている珍しい教会で、外壁はペンキで塗られています。

●頭ヶ島天主堂
[長崎県新上五島町]

長崎県に現存する唯一の石造教会。頭ヶ島はもともと無人島で、迫害を逃れたキリスト教徒が幕末に住み着きました。

地図ラベル：中江ノ島／安満岳／平戸島／小値賀町／野崎島／黒島／頭ヶ島／中通島／新上五島町／若松島／奈留島／久賀島／五島市／福江島

＊2016年9月1日の長崎世界遺産登録推進会議で、遺産候補の名称が「長崎と天草地方の潜伏キリシタン関連遺産」に変更されました。今後日本政府は、ユネスコに提出する暫定版推薦書に新名称を反映させる予定。（2016年9月1日現在）

キリスト教徒をかくまった長崎の島々

キリスト教は、室町時代末期の1549年に日本に伝わりましたが、1613〜14年ごろに禁じられ、多くの信者が仏教徒になりました。こうしたなか一部の地域では、信者が潜伏して信仰を守り続けました。長崎でキリスト教が守られたのは、貿易港があったため外国人宣教師が移り住んだことや、江戸から遠く、監視の目が行き届きにくかったことが理由です。現在の長崎の地図を見ると、沿岸部や離島に多くの教会があることに気づきます。これは、迫害を逃れて町から離れた場所に移り住んだ信者の子孫たちが、禁教が解かれたあとで教会をたてるようになったからです。

平戸市

佐世保市

長崎県

長崎市

南島原市

熊本県

天草市
天草下島

●大野教会堂
[長崎県長崎市]

フランス人宣教師のド・ロ神父が設計した教会。石を積み上げた特徴的な外壁は、「ド・ロ壁」と呼ばれています。

●出津教会堂と関連施設
[長崎県長崎市]

明治時代の出津は貧しい村で、布教にあたったド・ロ神父は住民に仕事を与えるべく、マカロニ工場やイワシ網工場をつくりました。出津教会堂はレンガづくりで、表面を漆喰で仕上げています。

出津教会堂。

●大浦天主堂と関連施設
[長崎県長崎市]

大浦天主堂は1864年にたてられ、1875年と79年に増築された、現存する日本最古のキリスト教建築。ステンドグラスの美しさでも知られています。

●天草の﨑津集落
[熊本県天草市]

島原・天草一揆のあとに信者が移り住んだ漁村。彼らは隠れて信仰を守り、明治時代に教会をたてました。

●原城跡
[長崎県南島原市]

もとは有馬氏がたてた城で、島原・天草一揆(1637〜38年)のときにキリスト教徒が立てこもりました。十字架やメダイ(メダル)などが見つかっています。(写真:南島原市教育委員会)

暫定リスト記載年	2007年
所在地	長崎県、熊本県
推薦物件	12カ所の教会、集落、遺跡
推薦区分	文化遺産
アクセス	【大浦天主堂】長崎電気軌道「大浦天主堂下」電停から徒歩5分。【出津教会堂】JR長崎駅からバスで約1時間10分の出津文化村で下車、徒歩15分。

ココがすごい! 推薦ポイント

◎250年間も信仰を隠し続け、その後カトリックに復帰したキリスト教徒は、世界でも長崎周辺にしかいない。

◎長崎の教会では、日本とヨーロッパの建築技術が融合している。

苦難のすえに花開いた教会建築

もっと知りたい

長崎の教会群とキリスト教関連遺産には、日本のキリスト教徒が歩んだ3つの時期を示す建物や遺跡が含まれています。ここでは、それぞれの時期の様子を見ていきましょう。

① キリスト教の伝来と普及

幕府がおそれるほどの信者を獲得

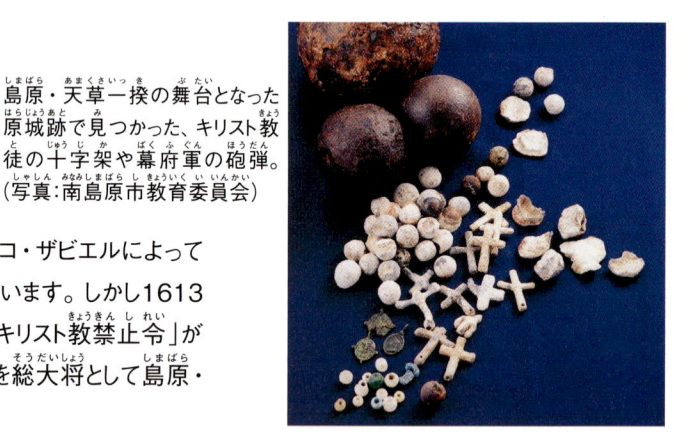

島原・天草一揆の舞台となった原城跡で見つかった、キリスト教徒の十字架や幕府軍の砲弾。
（写真：南島原市教育委員会）

キリスト教は室町時代末期の1549年、スペインの宣教師フランシスコ・ザビエルによって日本に伝えられました。信者は多いときで数十万人になったといわれています。しかし1613〜14年ごろ、信者が一大勢力になるのをおそれた徳川家康によって「キリスト教禁止令」が出されました。禁教令のあと、キリスト教徒は、16歳の少年・天草四郎を総大将として島原・天草一揆を起こしたもののおさめられ、勢いを失いました。

② 禁教下の継承

仏教徒のふりをした潜伏キリシタン

江戸時代のキリシタンは、表面上は仏教徒のふりをして、こっそりとキリスト教を信じていました。こうした人びとを「潜伏キリシタン」といいます。彼らの信仰は長い年月をかけて仏教や神道、さらには祖先信仰などとも融合し、独特のものとなっていきました。こうした歴史をもつキリスト教徒は、世界中でも長崎周辺にしか存在しません。

平戸島では、今でも潜伏時代の伝統が受け継がれている。
（提供：平戸市生月町博物館・島の館）

③ 解禁後の復帰

宗教史上の奇跡「信徒発見」

大浦天主堂の前にある「信徒発見」の場面を表したレリーフ。

1858年に日本が鎖国を終えて開国すると、外国人居留地に限って教会の建設が認められました。長崎の大浦天主堂もそのひとつです。1865年3月17日、この教会の神父の前に潜伏キリシタンが現れ、「私たちも同じ宗教を信じています」と告げました。日本にキリスト教徒はいないと思っていた神父にとって予想だにしていなかった告白であり、「宗教史上の奇跡」と呼ばれました。

漁村にたつ崎津天主堂のように、周囲の風景と調和した教会が多い。

続々とたてられた教会

明治時代に禁教令が解かれると、潜伏キリシタンの子孫は教会をたてるようになりました。最初のころは民家のように素朴なつくりでしたが、やがて石やレンガを使った本格的な教会がたてられるようになりました。長崎の教会建築は、苦難の歴史のすえに開花したものだったのです。

日本とヨーロッパの技術が融合した独特の様式

大浦天主堂は1864年、長崎に住む外国人のためにたてられました。現在の姿は、1875年と79年に増築されたものです。ヨーロッパのゴシック様式でたてられていますが、実際の建設は日本人の大工が行いました。このため、日本とヨーロッパの技術が融合しています。

内部の様子

天井は丸みを帯びている。ヨーロッパの教会は石でつくられるが、大浦天主堂では竹をしならせてつくり、漆喰を塗って仕上げた。

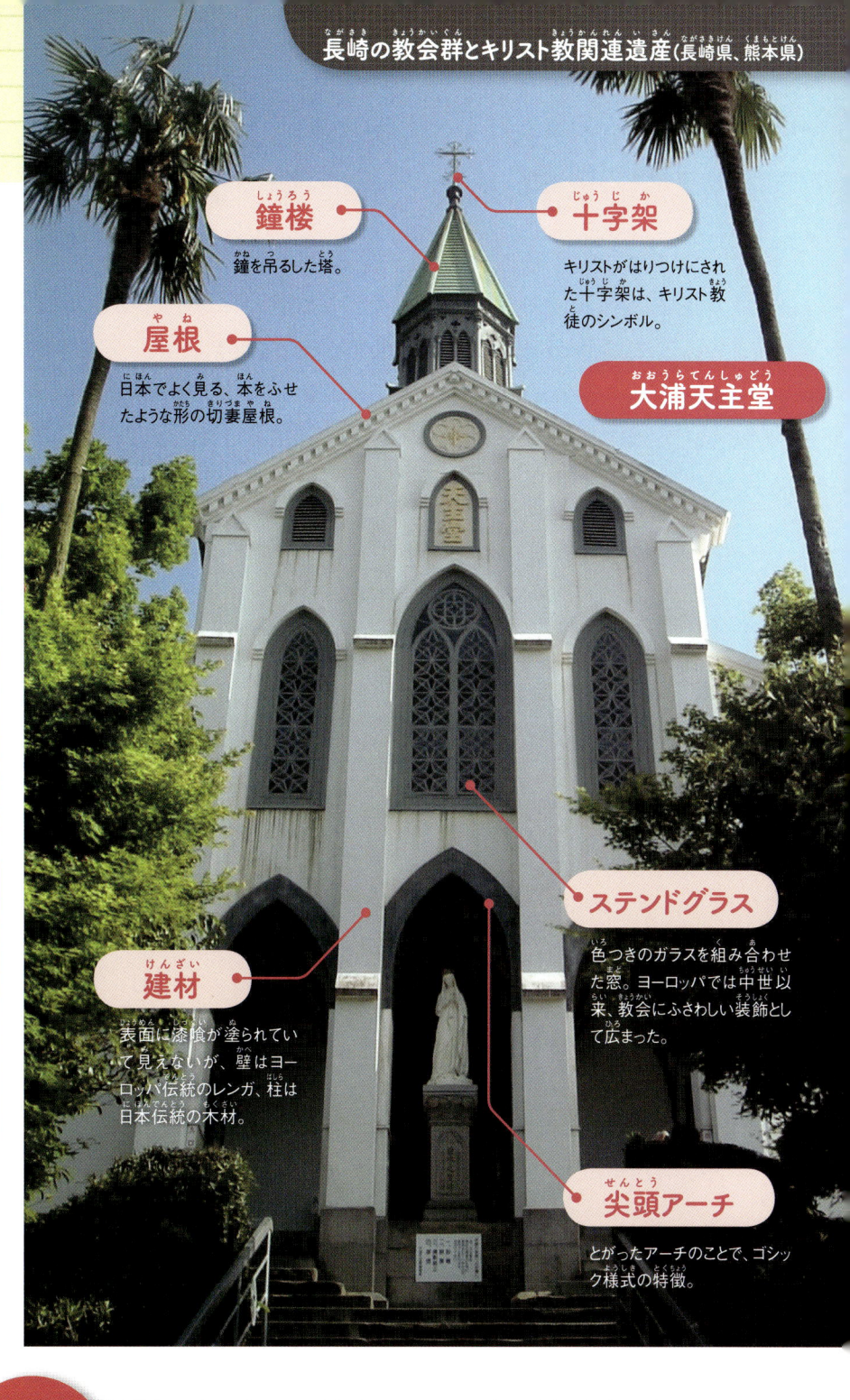

鐘楼

鐘を吊るした塔。

十字架

キリストがはりつけにされた十字架は、キリスト教徒のシンボル。

屋根

日本でよく見る、本をふせたような形の切妻屋根。

大浦天主堂

ステンドグラス

色つきのガラスを組み合わせた窓。ヨーロッパでは中世以来、教会にふさわしい装飾として広まった。

建材

表面に漆喰が塗られていて見えないが、壁はヨーロッパ伝統のレンガ、柱は日本伝統の木材。

尖頭アーチ

とがったアーチのことで、ゴシック様式の特徴。

山口先生の 調べてみよう!

教会とお寺をくらべてみよう!

教会とお寺は見た目がまったく違うが、「お祈りをする場」という意味では同じ。そのため共通点は意外に多く、たとえば鐘は、教会にも寺にもある。そのほかにはどんな共通点があるのか、また、神父(牧師)さんとお坊さんではどこが同じでどこが違うか、調べてみよう。

キリスト教とともに伝わったものを調べよう!

戦国時代の日本にやって来た宣教師たちは、キリスト教だけでなく、さまざまな物や文化、技術を伝えた。どんなものが当時の日本に伝わったのか、調べてみよう。

キリスト教の祝日を調べてみよう!

キリスト教では、クリスマスやイースター(復活祭)など、キリストにゆかりのある日が祝日になっている。それぞれどんな意味があって、どんなお祝いをするのかな?

武家の古都 鎌倉

武家が築いた要塞都市

鎌倉は、江戸時代まで続く「武家（武士）の時代」がはじまった町。武家がつくった日本で最初の要塞都市で、戦いの神様をまつる神社や、武家の守護仏である大仏などが今に残されています。外敵から身を守る工夫が見られるのも、武家の町ならではです。

肉髻相
頭の上の盛り上がった部分で、この像が人間ではなく仏であることを示している。

螺髪
うずまき形に巻いた髪の毛。ひとつは直径24cm。全部で656個ある。

白毫相
仏のおでこに生える白い毛。螺髪と同じように、うずまき形をしている。

金箔
つくられた当時、大仏は全身に金箔が貼られていたといわれている。現在では右頬にわずかに残っている。

定印
指で輪をつくったものを定印という。仏が瞑想していることを表している。

衣服
布を両肩にかけ、胸がU字形に大きく開いている。こうした衣服の像は、日本では珍しい。

高 さ	11.312m（台座をのぞく）
横 幅	9.1m
重 さ	121トン

高徳院の本尊で、正式名称は「銅造阿弥陀如来坐像」という鎌倉大仏。武家社会の守護仏として、鎌倉時代中期の1252年に建造がはじまった。

暫定リスト記載年	1992年
所 在 地	神奈川県鎌倉市、逗子市、横浜市
推薦物件	神社、寺院、武家館跡など21件
推薦区分	文化遺産
アクセス	【鶴岡八幡宮】ＪＲ鎌倉駅から徒歩10分。【大仏】江ノ島電鉄長谷駅から徒歩7分。

ココがすごい！ 推薦ポイント

◎江戸時代まで約700年間続いた武家の文化が育まれた。

◎山と海に囲まれた「攻められにくく守りやすい」場所で、武家による町づくりの様子がよくわかる。

鎌倉の中心には、今も鶴岡八幡宮が鎮座する。

馬に乗ったまま弓を放って的を射る流鏑馬。

武家ってどんな人びとなの？

日本で最初の「武家（武士）の時代」が、鎌倉時代（1185年ごろ～1333年）です。武家とは、剣・弓・馬術などの武術をきわめ、力によって世の中を支配しようとした人びとのこと。鎌倉には、武家としてはじめて東日本を統一した源 頼朝によって幕府が置かれました。当時をしのぶ場所のひとつが、武家の守護神をまつった鶴岡八幡宮です。ここでは神様に見せるためのさまざまな武術がとり行われました。現在でも流鏑馬などの行事が受け継がれています。

武家が信じた禅宗って何？

仏教の一派である禅宗は、「死後、極楽に行けるかは自分次第」という教えをもち、自力に頼る武家の精神に近いものがありました。そのため禅宗は武家に信仰され、鎌倉にはたくさんの寺がたてられました。これらの寺では生きものを殺すことが禁じられていたため、野菜や穀物でつくった精進料理が食べられました。そのひとつが、けんちん汁です。鎌倉の建長寺で考案され、やがて全国に広まったといわれています。

鎌倉時代に開かれた名越切通し。（写真：鎌倉市）

町の出入り口が細い道なのはなぜ？

日々、戦いに明け暮れた武家は、外敵に対して油断する暇はありませんでした。その姿勢は町づくりにも表れています。鎌倉は海と山に囲まれた、攻められにくく守りやすい場所にあります。町に通じる道は、山を削って開かれた7本の「切通し」のみ。これらの切通しを警備すれば、簡単には攻められないようになっていたのです。

建長寺の仏殿。現在の建物は江戸時代のもの（左）。けんちん汁の名は、「建長汁」がなまったものという説もある（上）。（写真：建長寺）

山口先生の

調べてみよう！

今に生きる武家の文化を調べてみよう！

武術のほか、茶道や華道なども武家と深い関わりがある。それぞれの由来を調べてみよう。

町に残る「外敵を防ぐ工夫」にはどんなものがあるかな？

日本の城下町や宿場町には外敵を防ぐ工夫がこらされている。交差点をずらして見通しを悪くしたり、家を斜めにたて、身を隠す場をつくったりしているのだ。自分の住んでいる町に、どんな工夫があるか探してみよう。

1万年続いた平和な暮らし

縄文時代(約1万2000年前〜約2300年前)の人びとは、狩りをしたり、木の実をとったりして生活していました。この時代は戦争がなく、平和な日々が1万年近く続いたことがわかっています。遺跡からは建物の跡や土器、縄文人が食べ残した魚や動物の骨などが発見されています。

大型掘立柱建物
直径1mのクリの木を6本立てた建物。高さは14.7m。何に使われたのかはわかっていない。

掘立柱建物
住居か倉庫だったと考えられている。

縄文遺跡が北海道や北東北に多い理由

縄文時代の遺跡は西日本よりも東日本に多く、大きな遺跡は北海道・北東北に集中しています。これはドングリなど実のなる木や、鮭などの食料を得やすく、生活が安定したからだと考えられています。また、開発を逃れたため保存状態がいいことも、北海道・北東北の縄文遺跡が注目されている理由です。

大型竪穴住居
長さ約32m、幅は約10m。共同の作業場か集会場だったと考えられている。竪穴住居は地面を掘り下げてたてられているため、冬でも暖かい。

青森市にある三内丸山遺跡は日本最大級の縄文遺跡で、1500年以上にわたって生活が営まれた。建物は規則正しく並び、縄文人の計画性を物語っている(現在の建物は、すべて復元されたもの)。

クリの柱が立っていた跡。1つの穴は直径1m。

暫定リスト記載年	2009年
所在地	北海道、青森県、岩手県、秋田県
推薦物件	三内丸山遺跡、大湯環状列石など(右ページの地図上の18件)
推薦区分	文化遺産
アクセス	【三内丸山遺跡】JR新青森駅からバス「ねぶたん号」で約15分。

ココがすごい! 推薦ポイント

◎ 自然とともに生きる「持続可能な生活」が1万年近く続いたことは、世界的にも珍しい。

◎ 縄文人の建築技術や芸術センスを教えてくれる発見が相次いでいる。

なぜ土偶がつくられたの?

土偶は縄文人の宗教や儀式に関係すると考えられていますが、彼らがどんな思いを込めてつくったのかは謎です。ほとんどの土偶は、わざと壊された状態で見つかっています。

亀ケ岡石器時代遺跡の遮光器土偶のレプリカ。(提供:つがる市教育委員会、原品は東京国立博物館蔵)

復元された北黄金貝塚。この貝塚は、お墓としても使われた。

貝塚から何がわかるの?

貝塚は縄文時代のゴミ捨て場。北黄金貝塚からは、貝や魚、オットセイ、クジラなどの骨が見つかり、当時の食生活がわかります。石でできた調理道具や食器も発見されました。

キウス周堤墓群
北海道
入江・高砂貝塚
北黄金貝塚
鷲ノ木遺跡
大船遺跡
垣ノ島遺跡

大平山元遺跡
田小屋野貝塚
亀ケ岡石器時代遺跡
大森勝山遺跡
三内丸山遺跡
小牧野遺跡
青森県
二ツ森貝塚
長七谷地貝塚
大湯環状列石
是川石器時代遺跡
伊勢堂岱遺跡
御所野遺跡
秋田県
岩手県

大湯環状列石に残る日時計のような石組み。(提供:鹿角市教育委員会)

ストーンサークルって何?

北海道・北東北では、大小の石を円く並べたストーンサークルが多く見つかっています。東西南北を指した石組みも発見され、日の出、日の入りの方角から季節を知るカレンダーだったという説もあります。

御所野遺跡は800以上の建物があった巨大遺跡。

小牧野遺跡のストーンサークル。石垣のように石が並ぶ。(提供:青森市教育委員会)

山口先生の　調べてみよう!

縄文人の行動範囲を調べてみよう!

三内丸山遺跡からは、500kmも離れた新潟県でとれる宝石(ヒスイ)を加工した勾玉が見つかった。彼らはどのようにして、遠くのヒスイを手に入れたのかな?

縄文時代の平和のひけつを探ってみよう!

1万年ものあいだ、ほとんど戦争がなかったといわれる縄文時代。縄文人はなぜ、これほど長いあいだ平和を保てたのだろうか。逆に、人はどんな状態になったら戦争をはじめるのだろう。友だちや家族と話し合ってみよう。

世界に知られた「金の島」

佐渡島で金の採掘がはじまったのは、およそ1000年前の平安時代のこと。その後、銀や銅も掘られるようになり、江戸時代になると採掘は本格化しました。佐渡でとれた金の一部は海外にも流出し、やがてヨーロッパの地図に「金鉱山」と記されるまでになりました。

相川金銀山の「道遊の割戸」。地上から金を掘り下げてできた山の割れ目だ。その規模は幅30m、長さ70mにもなる。
（撮影：西山芳一）

暫定リスト記載年	2010年
所在地	新潟県佐渡市
推薦物件	佐渡島の4つの鉱山を中心とする遺跡、町並みなど
推薦区分	文化遺産
アクセス	新潟港から両津港へはフェリーで2時間30分、ジェットフォイルで1時間5分。相川金銀山は両津港からバスで1時間。

日本海
佐渡島
両津港
新潟港
新発田市
佐渡市
新潟市
長岡市
新潟県
福島県
長野県
群馬県
栃木県

ココがすごい! 推薦ポイント

◎江戸時代～昭和時代の400年間に推定で金78トン、銀2300トンが掘り出された、世界的な規模の鉱山だった。

◎金や銀の採掘と加工に関する遺跡がすべて残されている。

時代とともに進化した採掘法

およそ1000年にわたって金や銀の採掘が行われた佐渡島では、時代とともに変化した採掘法を示す遺跡が残されています。これが、佐渡鉱山が世界に誇るひとつの価値だといわれています。

●砂金採り(平安時代〜)

砂金とは、砂状になった金が水に流され、川の底などにたまったものをいいます。人の目で見分けやすく、人類がはじめて金を手にした方法も砂金採りでした。佐渡島では西三川砂金山(写真)で平安時代から砂金採りが行われ、戦国時代になると人工的に土砂崩れを発生させ、土砂の中から金を選びとるようになりました。

●坑内掘り(江戸時代〜)

坑内掘りは「坑道」と呼ばれるトンネルをつくり、地中に埋まっている鉱脈を掘り進める方法です。1601年から開発がはじまった相川金銀山にはたくさんの坑道が残されていて、総延長は400km、もっとも深い場所は海面下530mに届きます。これは日本最大の規模です。

平安時代
戦国時代
江戸時代
明治・大正・昭和時代

1989年閉山

●露天掘り(戦国時代〜)

地上に見えている金や銀の鉱脈を掘り進んでいくことを、露天掘りといいます。戦国時代に発見された鶴子銀山では大がかりな露天掘りが行われ、山中のいたるところに銀を掘った穴が残されています(写真)。その後は相川金銀山でも露天掘りがはじまり、佐渡島のシンボルとなっている「道遊の割戸」の風景が生まれました。

●近代鉱山遺跡(明治時代〜)

明治時代になるとヨーロッパの技術が導入され、金や銀の採掘量が飛躍的に増加しました。なかには日本ではじめて導入された技術や、日本最大を誇る施設もあります。

昭和初期につくられた北沢浮遊選鉱場は東洋一の規模を誇った。

1875年、日本初の西洋式垂直坑道として開発された大立竪坑。

佐渡の金でつくられた小判。裏に「佐」の字が見える。(佐渡市提供)

島でつくられた小判のゆくえ

佐渡島では小判も製造されました。採掘現場の近くでお金をつくることは世界的にも珍しく、佐渡島の大きな特徴です。ここでつくられた小判は長崎・出島での貿易に使われ、世界中に流通しました。

山口先生の 調べてみよう!

佐渡の金が果たした役割を調べてみよう!

江戸時代が260年ものあいだ平和を維持できた理由のひとつは、佐渡島で大量の金がとれたことだといわれている。金がとれると、なぜ時代は安定するのかな? 当時の社会や経済とともに調べてみよう。

金の歴史を調べてみよう!

金はまばゆいばかりの光沢をもち、加工しやすく、さびにくいことから、世界中の権力者に愛されてきた。世界各地の遺跡からは、さまざまな黄金製品や金貨が見つかっている。日本や世界の人びとが金とどのようにつき合ってきたのか、調べてみるとおもしろいよ。

百舌鳥・古市古墳群

長さ486m! 世界最大のお墓

3世紀後半から7世紀ごろまでの古墳時代には、全国各地に16万もの古墳がつくられました。なかでも巨大古墳が多いのが百舌鳥・古市古墳群で、このあたりに強い権力をもった国の中心があったことを教えてくれます。最大の大仙(伝仁徳陵)古墳は長さ486m。世界一大きなお墓です。

百舌鳥古墳群には44の古墳が残っている。前方後円墳に大きなものが多く、100m以上のものが9つあり、そのうち4つは200m以上になる。

堀の内側の長さは486m、3重の堀を含めた全長は840m。一周するのに歩いて約40分かかる、世界最大の古墳だ。まわりにあるビルや道路とくらべれば、その大きさは一目りょう然!

大仙(伝仁徳陵)古墳

長さ365m。百舌鳥古墳群で2番目、全国でも3番目に大きな古墳。

ミサンザイ(履中陵)古墳

陪塚

巨大古墳の周囲には「陪塚」と呼ばれる小さな古墳がつくられた。巨大古墳にほうむられた人の家族や家来の墓、あるいは、ゆかりの品を納める場所だったと考えられている。

暫定リスト記載年	2010年
所在地	大阪府堺市、藤井寺市、羽曳野市
推薦物件	百舌鳥古墳群、古市古墳群
推薦区分	文化遺産
アクセス	【大仙古墳】JR百舌鳥駅から徒歩5分。

岐阜
滋賀県
京都府
京都 ● 大津
兵庫県
神戸 ● 大阪 ● 奈良
百舌鳥 ● **古市**
大阪府
奈良県
名古屋
津
三重県
和歌山
和歌山県
太平洋

ココがすごい! 推薦ポイント

◎数々の巨大古墳が残り、日本の古墳時代の繁栄ぶりを伝えている。

◎古墳建造の中心だったところで、ここで発達した土木技術が全国の古墳建造に役立てられた。

前方後円墳の形には どんな意味があるの?

大仙古墳のような形の古墳を前方後円墳といいます。その名は、前が方形（四角形）、後ろが円形という意味で、こうした古墳は日本と朝鮮半島南部でしか見ることができません。一説では、本来のお墓は円形の部分にあり、四角形に突き出た部分は、お墓に通じる道が変化したものだといわれています。

古市古墳群にある誉田山古墳も前方後円墳。

誰の墓かわかっていない!?

古墳は全国に約16万ありますが、ほうむられている人物がわかっているものはほとんどありません。人物を知る一般的な方法は、古墳がつくられた時代から推測するというものですが、そもそも古墳の建設年代の特定が難しいのです。

百舌鳥・古市古墳群はその巨大さから、一部は天皇の墓だったといわれています。しかし本格的な発掘調査は行われておらず、天皇の墓だという証拠は見つかっていません。今もなお、古墳には謎が多いのです。

大仙古墳から出土した甲冑（復元）。
（写真：堺市博物館）

建造にかかった日数は15年以上!

大仙古墳の建造にかかった日数を計算したところ、毎日2000人が働いたとして、15年8カ月かかったという結果が出ました。建造には高度な設計力や土木技術、金属加工技術も必要で、渡来人（中国や朝鮮半島から渡ってきた人たち）の知識と技術が役立てられました。百舌鳥・古市で高められた古墳の建造技術は、その後全国に広まりました。

地上からは森にしか見えない。大きな古墳は正面に参拝所がある。

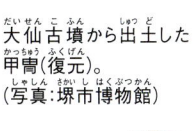

山口先生の　調べてみよう!

身近な古墳に行こう!

古墳は沖縄をのぞく全国各地に残されている。調査された古墳には資料館などがあり、出土品なども展示されているので、見学に行ってみよう。

古墳の種類を調べてみよう!

日本につくられた古墳は前方後円墳ばかりではない。単純な円形の「円墳」、四角形の「方墳」、方墳が2つつながった「前方後方墳」、円墳の両側に方墳がついた「双方中円墳」など、さまざまな形がある。それぞれがつくられた時代や地域に、どんな特徴があるのか調べてみよう。

飾りたてられた国宝の天守

彦根城

彦根城は、江戸時代初期に井伊家が築いた城です。天守は地上3階、地下1階で国宝に指定されています。姫路城（P20）にくらべると小ぶりですが、天守の屋根や窓に飾りも多く華やか。城の周囲には大名屋敷や、武士と町人が暮らした城下町の家並みなどが残されています。

軒唐破風

花頭窓

千鳥破風

廻縁

彦根城天守。小さな城だが千鳥破風や軒唐破風が多く、最上階にはベランダのような廻縁もある。軒唐破風には金色の飾りもつけられていて、見た目も華やか。また、彦根城の窓は花頭窓といって、上が玉ねぎのような形をしている。

暫定リスト記載年	1992年
所在地	滋賀県彦根市
推薦物件	彦根城、松原下屋敷など
推薦区分	文化遺産
アクセス	ＪＲ彦根駅から徒歩約10分。

ココがすごい！推薦ポイント

◎天守をはじめとする城郭建築と、周辺の大名屋敷や町並みがセットで残されている。

◎天守の屋根や窓には飾りが多く、見た目も美しい。

天守だけが城じゃない!?

お城といえば天守を思い浮かべますが、ほかにもさまざまな施設がありました。そのひとつが大名屋敷。彦根城には表御殿（復元）、玄宮楽々園、松原下屋敷という3つの屋敷が残されています。このうち表御殿と玄宮楽々園は城内（堀の内側）にあり、城主の生活の場であると同時に、仕事場としての機能も果たしました。対照的に城外にある松原下屋敷は、完全にプライベートな空間でした。

彦根城天守と玄宮楽々園。天守と大名屋敷がともに残る城は少ない。

風情のある城下町

城下町では、上級武士、中・下級武士、足軽、町人の住む場所が決められていました。こうした当時の町並みが広い範囲に残っているのが彦根城の特徴です。姫路城は城だけが世界遺産に登録されていますが、彦根城は城下町を合わせた推薦が検討されています。

時代劇に出てきそうな町並み。(提供：彦根市教育委員会文化財課)

城主専用の馬屋。

全国で唯一馬屋が残る城

彦根城には、全国の城には見られない特徴がいくつもあります。なかでも価値が高いといわれているのが、城主の馬を飼った馬屋。江戸時代、馬は大切な乗り物だったため、馬屋はどの城にもつくられましたが、現存するのは彦根城だけです。この馬屋は国の重要文化財に指定されています。

山口先生の 調べてみよう！

城下町の町づくりのねらいを考えてみよう！

江戸時代の城下町では、武家の住まい、町家（町人の住む家）、寺院などがグループ分けされ、それぞれ何カ所かにまとめられていた。グループ分けすると、どんないいことがあったのかな？当時の社会に思いをめぐらせて考えてみよう。

城下町をくらべてみよう！

江戸時代、全国にはたくさんの城下町があった。東京（江戸）や大阪（大坂）も、もとは城下町だ。それぞれの町の歴史や特徴、城の様子などをくらべてみるとおもしろいよ。

城にあった建物を調べよう！

このページで紹介したように、城には馬屋や庭園などもつくられた。ほかにはどんな建物があったのか、調べてみよう。

本格的な国づくりがはじまった場所

古墳時代と奈良時代のあいだの約120年間を飛鳥時代（592〜710年）といいます。この時代、日本の首都が置かれたのが、現在の奈良県にある飛鳥と藤原です。中国（隋・唐）にならい、日本をひとつにたばねる本格的な国づくりがはじまったのも、飛鳥時代のことです。

遺跡が伝える飛鳥時代の日本の姿

飛鳥・藤原の世界遺産候補は、「律令国家の形成」「仏教寺院の成立」「律令時代の古墳の変化」を示す3つの遺跡からなります。本格的な国づくりがはじまった飛鳥時代の様子を教えてくれます。

「律令時代の古墳の変化」を示す遺跡のひとつ、石舞台古墳。まわりの土が流され、中心部の石組みだけが残っている。

「律令国家の形成」を示す遺跡のひとつ、藤原宮跡。藤原京の中心にあった天皇の住まいの遺跡で、建物がたっていた柱の跡などが発見されている。

「仏教寺院の成立」を示す飛鳥寺は、日本ではじめてつくられた本格的な寺院。飛鳥大仏は法隆寺釈迦三尊像（P15）と同じく、鞍作鳥がつくったものだ。

暫定リスト記載年	**2007年**
所在地	**奈良県明日香村、橿原市、桜井市**
推薦物件	**藤原宮跡、高松塚古墳など**
推薦区分	**文化遺産**
アクセス	近鉄飛鳥駅、橿原神宮前駅の周辺に遺跡や資料館が点在。

ココがすごい！ 推薦ポイント

◎中国を手本に、新しい社会体制がつくられた時代の遺跡がたくさん残っている。

◎藤原京は、日本ではじめてつくられた本格的な都市だった。

飛鳥時代にはじまった「律令制」って？

飛鳥時代の人びとは中国にならい、国で法律を定め、それにしたがって政治を行うようになりました。こうした社会のしくみを律令制といいます（律令とは、国が定めた法律のこと）。また、天皇が暮らす宮殿や都（宮都）なども中国を手本につくられました。当時の建物は残っていませんが、飛鳥・藤原の遺跡では、柱が立っていた石の土台や井戸の跡などを見ることができます。

飛鳥時代、天皇が暮らした飛鳥宮跡に復元された井戸。

古墳時代が終わったのに古墳がつくられていたの？

飛鳥時代は古墳時代の次の時代ですが、まだ古墳がつくられていました。しかし前方後円墳ではなく、円墳や方墳など単純な形をしているのが特徴です。また、高松塚古墳やキトラ古墳のように、内部に壁画が描かれた古墳もつくられました。飛鳥時代後期になると、こうした古墳もほとんどつくられなくなりました。

高松塚古墳の壁画。古墳の隣にある高松塚壁画館で復元されている。
（公益財団法人古都飛鳥保存財団）

長さ3.6mもある巨大な亀石。

酒船石遺跡。亀をかたどった水槽が地面に見える。

不思議な形の石造物がたくさん！

飛鳥の遺跡では、変わった形をした石が多く見つかっています。そのひとつが酒船石遺跡で、石を敷き詰めた地面に、亀の形に彫られた水槽などが置かれています。ここでは何らかの儀式が行われたと考えられています。このほか飛鳥の各地に亀石や猿石などの石造物が残されていますが、何の目的でつくられたのかはわかっていません。

山口先生の 調べてみよう！

税の歴史を調べてみよう！

飛鳥時代にはじまったもののひとつに、税の制度がある。当時はお金ではなく、農作物を納めたり、都での労働力として大人の男性が駆り出されたりしていた。当時の税のしくみや、現在との違いについて調べてみよう。

藤原京と平城京・平安京をくらべてみよう！

藤原京につくられた薬師寺は平城京（奈良）に、大通りの朱雀大路は平城京と平安京（京都）にもあった。これらは名前だけでなく、役割も同じだったのかな？　ほかにも3つの都に共通するものを探してみよう。

監修 ——— 山口 正
　筑波大学附属中学校元副校長。中学校、高等学校の教員として、長年社会科教育に携わる。
　『学習指導要領完全対応50人　重要人物で覚える日本の歴史』『週刊 マンガ世界の偉人』（朝日新聞出版）も監修。

デザイン ——— sakana studio（角 知洋　小林文佳）
イラスト ——— 岡本倫幸　青山邦彦　黒澤達矢　藤井尚夫　玉城 聡　まつながあき
　　　　　　　榎本よしたか　板垣真誠　小林哲也　加賀美康彦　倉本るみ　かんばこうじ
地図・図版 ——— ジェイ・マップ　ヨシザワスタジオ　谷口正孝
校閲 ——— 朝日新聞総合サービス出版校閲部
　　　　　　（藤井広基　姫野紳子　小倉亜紀　山田欽一　川浪史雄　志保井杏奈）
編集・執筆協力 — 木村 潤　岩佐陸生　浦野 喬
編集 ——— 浅見英治
写真 ——— 朝日新聞社(P9_1・3・5段目,P10上段右下,P12,P13,P15左上・右下,P17,P19上,P25中下,P29右上・右下,P36右上・右下,P39右下,P43右上,P44左上・右下,P46,P47上,P49左下,P50左下,P53左下,P54,P57上・下,P58,P59下,P67左上・右下,P69_1・2・3段目,P72,P73上段,P74,P77,P82左上・左下,P83_3段目,P86左上,P87右上,P89左上・右下,P91,P92,P103中下,P105左上・2段目,P106右上・左上,P108,P109左上・右上・中右・右下・左下,P110右上・2段目右,P112左上・右上・左下,P115,P117右上・左下・右下,P120左上・中左/右・右上・右下,P121上段左/右上,P125右下,P127下,P128左下・中下,P129_2段目,P131右下,P132下,P133下,P135,P137上,P139_2・3段目,P141左下,P142,P143左下,P144,P145上,P146左上・右下,P149右下,P150右上・左上・左下,P151,P152,P153下,P154左上・左下,P155上,P156,P157,P158左上・中左/右,P159_2段目左/中,P163上段,P164,P165上・左下,P166左下,P167右下,P170左上,P171上段左上/右上/右下,P172,P173,P174-175・P174左下,P175中,P179上段,P182左上,P183中左/右,P186左上・中左・左下・右下,P188下,P189上,P191上,P192,P193_1・3段目,P194右下,P195左上,P197_1段目・3段目左,P198左下,P199中下,P201_2段目,P202,P203左上・右下,P205上・右,P206,P207)　朝日新聞出版(P79右上・左下)　Aflo(P63,P76,P84,P94,P184,P185上)　iStock(P8,P9_2・4段目,P10上段右上/左・下段,P15右上,P18,P19下,P20,P21,P25左下,P26右下,P27,P28,P30,P31中・左下,P33右上・右下,P35下,P36,P37中,P40左上,P41,P43中・下,P47中右・左中,P49上,P51,P52,P55,P56,P63右下,P65中・下,P67右上,P73下,P83下,P85右下2点,P87右上,P89中,P93,P102,P103右上,P105右上,P110_2段目左・中左・中右・3段目,P111下,P112右下,P114,P116右上,P119中右,P120左下・中下・右中,P121右中・下,P122,P123上・左下,P124,P125上段・中段・下段左/中,P127上,P128上段・右下,P129上・下,P131上,P137下,P138,P139上・左下,P140上,P145下,P146右上・左下・中下,P148,P149上左/右・中・左下,P151右上,P155下,P159上段・中段右・下段,P162,P163左下・右下,P168,P171下,P179左下・右下,P185下,P193中,P195右上,P196,P204)　PIXTA(P78左上/Ogasawara-Photo,P123右下/リカボンタス,P194_3段目/skipinof)　gettyimages(P26上,P65上)　photolibrary(P40下,P47下,P67左3段目,P69左下2点,P106上,P109_3段目左,P132上・中,P139右下,P140下,P163中下)　shutterstock(P36左上,P67中上・左下・中下,P68下,P69左下3点,P79左上,P179中下)

朝日ジュニア学習年鑑 別冊
イラスト図解と写真でよくわかる! 日本の世界遺産

2016年9月30日　第1刷発行
2018年5月20日　第2刷発行
監 修　山口 正
発行者　今田 俊
発行所　朝日新聞出版
　　　　〒104-8011　東京都中央区築地5-3-2
　　　　電話（03）5541-8996（編集）
　　　　　　　（03）5540-7793（販売）
印刷所　大日本印刷株式会社